一帶一路研究叢刊

中國和印度尼西亞

的·故·事

劉一斌 主編

序

印度尼西亞是亞洲文明古國，地處亞洲和大洋洲、印度洋和太平洋交匯處，資源豐富，文化多元，風光秀美，素有「赤道上的翡翠」之美譽。近年來，在歷屆領導人帶領下，印尼正煥發新的生機與活力，開創出經濟發展、社會穩定、國力蒸蒸日上的良好局面，在國際和地區事務中發揮著日益重要的作用。

中國和印尼地理相近、人文相親，是好鄰居、好朋友、好夥伴。早在兩千多年前的中國漢代，兩國人民就衝破大海的重重阻隔，打開交往的大門。一九五〇年中印尼建交以來，兩國關係歷經風雨，走過不平凡歷程，取得歷史性成就。特別是二〇一三年兩國全面戰略夥伴關係建立後，中印尼關係進入全面、深入、健康、快速發展的新軌道。在最近不到一年的時間裡，習近平主席和佐科總統三次來往訪、二次通話，一致同意對接「二十一世紀海上絲綢之路」倡議和印尼「全球海洋支點」戰略，全面深化和拓展各領域務實合作。中印尼關係春華秋實，正呈現出政治安全、經貿投資和人文交流「三駕馬車」齊頭並進之勢，迎來歷史最好時期。

時值中印尼建交六十五週年，我高興地看到外交筆會和五洲傳播出版社聯合出版《中國和印度尼西亞的故事》。本書的各位作者是中印尼關係一路走來的開拓者、親歷者和見證者，他們長期為中印尼友好默默耕耘，在各自領域為兩國全面戰略夥伴關係這棵參天大樹生根發芽、枝繁葉茂作出重要貢獻，我謹致以崇高敬意。各位作者結合自身經歷，從不同側面講述中

國和印尼友好的動人故事，帶我們重溫激情燃燒的崢嶸歲月，體會中印尼關係碩果來之不易。相信本書的出版將為兩國人民搭建溝通和友誼的橋樑，吸引更多民眾參與到兩國友好的偉大事業中來，續寫中印尼友誼的新篇章。

謝　鋒

中國駐印度尼西亞大使

二〇一五年十月二十六日

序

二〇一五年正值印度尼西亞共和國獨立七〇週年和印尼與中國建交六十五週年。看到這些年來兩國在各個領域的雙邊合作所取得的長足發展，我感到十分興奮。

兩國的友好關係可追溯到幾個世紀前。鄭和下西洋的故事就是印尼民間傳說的一部分。儘管如此，兩國在相互了解、理解和感知上仍然存在隔閡。然而，隨著兩國雙邊關係在各個領域的日益發展，我堅信我們一定能共同戰勝這些挑戰。

在此，我對五洲傳播出版社出版的「我們和你們」系列叢書之《中國和印度尼西亞的故事》這本書表示歡迎。希望通過印尼與中國關係問題專家學者和觀察家的思想和闡述，能夠更清晰地展現兩國關係的歷史和未來發展。

本書通過各界有關人士對拓展兩國在各個領域雙邊合作的經歷，將為加強印尼與中國的密切關係作出有益的貢獻，同時，也能縮小我們人民之間所存在的隔閡，從而鞏固印尼與中國全面戰略夥伴關係發展的基礎。

兩國領導人為兩國的密切合作奠定了堅實的框架，創造了有利的條件。因此，兩國人民肩負著具體落實上述合作的重任。

借此機會，我願對本書的主編劉一斌、周剛大使等各位作者及其他有關方面為此書的出版所付出的努力表示感謝。

蘇更拉哈爾佐

印度尼西亞共和國駐華兼駐蒙古國大使

二〇一五年十二月

目

錄

文化篇

記憶篇

友誼 篇

中印尼復交和開啟中國──
東盟關係的大門

徐敦信

（中國外交部原副部長、前駐日本大使）

中國地處東亞，和東南亞各國或山水相連，或隔海相望。自古以來，中國和東南亞各國就有互利通商和人文交流的傳統，留下了許多膾炙人口的佳話。

二戰後，中國人民贏得了解放，東南亞國家也相繼取得獨立。由於有相似的歷史遭遇，又都面臨著維護獨立主權和建設國家的現實使命，儘管西方一些大國敵視新中國，儘管因社會制度不同，彼此還有一些不夠了解的隔閡，但中國和東南亞各國之間發展睦鄰友好合作關係互有需要，也是地區共同利益之所在。

印度尼西亞在東南亞是人口眾多、國力較強的「龍頭老大」，也是東盟國家中最早承認新中國並同我建交的國家之一。一九五五年四月，著名的萬隆會議（亞非會議）召開之後，中印尼高層交往啟動，兩國關係有了進一步發展。但在冷戰的大背景下，六〇年代中後期，印尼國內政局發生巨變，中國也步入「文化大革命」時期，正是在這樣的情況

下，發生了所謂「9・30」事件，兩國關係遭受嚴重挫折。所謂「9・30」事件，據印尼方面報導，是指一九六五年九月三十日，印尼總統警衛隊的一些軍官以印尼陸軍將領陰謀發動軍事政變為由，逮捕槍殺了六名陸軍將領。對此，陸軍方面立即採取反制措施，挫敗了警衛隊的行動。接著，在印尼開始了一場鎮壓印尼共產黨和清除親蘇加諾總統政治勢力的運動。

對「9・30」事件，中國事前一無所知，事後很長一段時間也沒有吭氣。但是，印尼軍方從一開始就認定中國策劃並支持了「9・30」政變，指責中國干涉印尼內政，甚至派軍隊搜查中國駐印尼大使館商務處。一九六七年，兩國關係進一步惡化，直至十月三十日兩國外交關係中斷。但是，事實勝於雄辯，隨著時間的推移，人們逐步看清了事實真相，說中國是「9・30」事件後台的不實之詞不攻

自破。

　　二十世紀七〇年代，國際和地區形勢發生了許多重大變化。一九七一年，聯合國大會通過第2758號決議，中國恢復了在聯合國的合法席位；一九七二年美國總統尼克松訪華，中美發表《上海公報》；同年九月日本首相田中角榮訪華，中日實現邦交正常化；一九七三年美國從印支撤軍，收縮在東南亞地區的軍事力量，東盟國家的對外政策也相應作了重大調整；從一九七四年到一九七五年，馬來西亞、菲律賓、泰國相繼同中國建交，中新雖尚未建交，但雙方經貿、人員來往不斷並開啟了高層互訪；一九七八年，中日締結和平友好條約；一九七九年，中美正式建交；中國領導人鄧小平應邀訪問新、馬、泰三個東盟成員國，就維護地區和平穩定，增進中國和東盟各國關係坦誠交換意見，起到了增進了解和增信釋疑的作用。此後，中國和東盟各國在柬埔寨問題上不斷擴大共識，並共同為促成柬埔寨問題政治解決發揮了積極作用。

　　中國和印尼作為東亞地區的兩個大國，外交關係長期處於中斷狀態對雙方不利，對地區的和平發展與合作也不利。雙方雖可通過聯合國、香港等有關渠道溝通信息，通過廣交會也重啟了經貿往來，但終究仍處於不正常狀態，因此，相機恢復中斷二十多年的外交關係，已成為彼此的客觀需要。

　　一九八九年一月，日本裕仁天皇病逝。日本政府決定於二月二十四日舉行國葬，邀請各國政要出

徐敦信拜會印尼外長
阿拉塔斯。

席。國際上不斷傳來信息，許多國家元首或政府首
腦將應邀前往。戰後，印尼同日本恢復邦交後經貿
關係發展較快，日本是印尼石油的最大進口國，印
尼則是獲得日元貸款最多的國家。印尼方面宣布蘇
哈托總統親赴東京參加葬禮。鑑於近代中日關係中
的那段不幸歷史，裕仁天皇又是日本軍國主義發動
全面侵華戰爭的主要當事人，中國是否應邀、由誰
前往出席，一時成為國內外關注的敏感話題。我當
時任外交部亞洲司司長，妥善處理好這個問題責任
重大。在幾個可供選擇的設想中，中央最後決定派
錢其琛外長作為國家主席的特使赴東京參加葬禮。
中央的決策顧全了內外兩個大局，從政治上和外交
禮儀上看都可稱之為恰到好處。與此同時，作為主
管地區司我們還特別關注另一個機遇，即中印
（尼）都有政要出席葬禮，東京是否可成為雙方接
觸的舞台。當時從多個渠道獲悉，蘇哈托總統的主

要隨行官員中沒有外長，而是一位國務部長。亞洲司主管處開始覺得如何同對方提起會晤有些為難，說外長拜會總統有些唐突，說希望同一位素不相識的部長會晤也不自然。經進一步研究，大家認為不必拘泥於細節，只要雙方政治上都有意願，抓住機遇，促成此事就沒有什麼困難。於是，我仍舊向對方提出「兩國外長會晤」。印尼方面果然很快作出積極回應稱，阿拉塔斯外長雖不陪同總統去東京，但國務部長穆迪奧諾願同錢外長會晤。據了解，穆迪奧諾國務部長是蘇哈托總統深為器重的親信，經常跟隨總統出行，地位和作用比外長有過之而無不及。這樣，雙方很快就會晤達成了一致。

二月二十三日，即日方葬禮的頭一天，被中外媒體廣為關注的「葬禮外交」就在東京帝國飯店展開。帝國飯店是蘇哈托總統一行下榻之處，陪同錢外長前往的除我外，還有日本處的王毅和一名英語翻譯。穆迪奧諾國務部長在他的房間裡接待了我們。會晤開始，雙方都談及國際、地區形勢和兩國近年開始直接貿易，以及在柬埔寨問題上的良好合作。接著，錢外長著重就我在對外關係中堅持和平共處五項原則，特別就相互尊重主權、互不干涉內政等闡明了我原則立場，強調不僅在國家關係中如此，在黨際交往中也是如此，中國絕不會利用黨的關係干涉別國內政。穆迪奧諾說，印尼在處理國內問題方面也有個五項原則，那就是「建國五基」——信仰真主、公正與文明的人道、國家統

一、民主、社會正義與繁榮。他說：印尼的國家哲學和意識形態可能與別國不同，但願與別國發展關係。印尼尊重其他國家的意識形態，也希望其他國家尊重印尼的意識形態，尊重印尼上述處理國內事務的原則。他還強調，印尼歷來堅持「一中」政策。談話中，印尼方未涉及「9‧30」事件。錢外長有針對性地表示：中方尊重印尼在國內所採取的原則，同時希望在雙方關係中共同信守和平共處五項原則。中國同印尼共產黨已沒有任何聯繫，就連現在有沒有這樣一個黨也不知道。關於如何實現兩國關係正常化的問題，雙方都表達了希望實現正常化的願望並同意通過各自駐聯合國代表團繼續討論。至此，穆迪奧諾提議休息片刻，他隨即起身去向蘇哈托總統稟報情況。

接下來，蘇哈托總統在隔壁房間單獨會見了錢外長。蘇哈托表示，印尼一直遵守萬隆會議的「十項原則」，最重要的是相互遵守主權和互不干涉內

徐敦信與印尼外交部政治總司長羅哈納佩西簽署會談紀要。

政。「9‧30」事件後，印尼在國內取締了共產黨，但並不意味著印尼對共產黨執政的國家採取敵對或敵視政策。只要彼此的政府和政黨都按和平共處原則辦事，兩國發展友好合作就沒有什麼問題。蘇哈托還說，印尼一直是承認中華人民共和國的，今後的政治磋商應在兩國之間進行，無須通過第三國。同蘇哈托會晤後，雙方商量了如何向媒體發布消息，並達成以下三點一致意見：（1）兩國關係正常化的進程已經啟動，雙方同意進一步採取措施實現關係正常化；（2）兩國關係應建立在和平共處五項原則和萬隆會議十項原則的基礎上；（3）雙方將通過駐聯合國代表團就正常化問題進行具體商談。

穆迪奧諾陪同錢外長剛走出房門，樓道裡已站滿了來採訪的記者，走到稍寬敞一點的地方，新聞發布就開始了。按照約定，由穆迪奧諾宣布上述三點內容，錢外長作補充說明。我一看在場的有日本

徐敦信在雅加達機場休息室接受媒體採訪。

記者、印尼記者，還有其他第三國記者，唯獨沒有中國記者。中印尼當天舉行會晤並非祕密，能談出什麼結果事先很難預測，媒體搶新聞是其職業需要，許多記者聞風而至，敬業精神可敬。中國駐東京的記者知道當天有這場重要活動，都雲集中國大使館等候「吹風」。這在當時是中國式的新聞採訪習慣（現在早就與時俱進了）。沒有中國記者在場，葬禮外交取得進展的信息發布肯定為別人搶先，怎麼辦？情急之下，我抄起走廊服務台上的電話，給使館值班室打電話，叫來新華社記者，告知上述三點內容及相關情況，要他立即發布消息。放下電話，看到這邊記者們還在聽錢外長作補充說明，我這才放下了心。當天，日本媒體作了大量報導，「葬禮外交」也一舉成名。

一九八九年春夏之交發生在北京的政治風波以及以後西方國家聯手對華制裁，使中國外交面臨前所未有的嚴峻考驗。在此背景下，印尼對中印尼關係正常化的後續工作一度有些遲疑觀望，但隨著我國內局勢恢復平靜，打破制裁工作取得進展，印（尼）方態度又很快轉向積極。當年八月，兩國外長在出席柬埔寨問題國際會議期間，商定中方年內組團赴雅加達就兩國關係正常化的技術性問題進行磋商。所謂「技術性問題」，是阿拉塔斯外長的說法，意思是說兩國關係正常化（復交）的大方向已定，剩下來的自然是技術性問題。有哪些問題呢？一是外交關係中斷前雙方簽訂的條約、協定如何處

置；二是印尼方關切的華人、華僑和雙重國籍問題；三是中方關切的印台關係的問題；四是迄今雙方債權、債務的清理問題；五是中方在印尼的房地產問題。此外，還有重開大使館的規模和雙方為對方重新開館提供方便的問題等。此類問題認真梳理起來確實不少，我方原先設想，當務之急應是宣布復交，具體問題可待建館後從容商談。印尼方面既然希望循序進行，當然也未嘗不可。但是，由雙方駐聯合國代表團來談，倒是真的有些技術性困難了。因為，不了解有關具體情況，事事都要向國內請示報告，豈不捨近求遠，繞大彎子了？！

一九八九年十二月四日至八日，我以外交部長助理兼亞洲司司長身分率談判團赴雅加達。談判團一行九人，由外交部、外經貿部相關地區業務司官員和英文、印尼文翻譯組成。中印（尼）外交關係中斷後，去雅加達沒有直達航班。我們一行十二月三日取道香港，次日傍晚抵達雅加達。由於是外交關係中斷二十三年來兩國官方首次在雅加達接觸，當地媒體十分關注，大批記者守候在機場。我們一步入候機大廳，記者們便蜂擁而上，閃光燈此伏彼起。看到這種場面，我們再次感受到兩國關係正常化深受矚目，意義非同小可。我的談判對手、印尼外交部政治總司長羅哈納佩西和禮賓官員到機場迎接。我們坐下來稍事寒暄後，記者們又圍攏過來。新聞媒體如此關注，這是我們事先沒有完全預料到的，同時又覺得：這不正好是一次通過媒體增進相

互了解的好機會嘛！羅哈納佩西總司長此時可能覺得由他搭理或婉拒記者都不方便，於是徵詢我的意見。我說主人如無不便，願同記者朋友們交流。我簡要說明此訪來意之後，就開始了一問一答。提問無非是此行任務、目的，中印（尼）復交的意義，何時宣布復交，還有哪些困難，對兩國關係前景的展望，對中國和東南亞其他國家關係的影響，中國對華人、華僑和雙重國籍的政策主張等。記者們提問踴躍，態度友好，沒有挑刺、挑釁，我也以誠相待，有問必答，盡量滿足他們的要求。如此，會談尚未開場，便通過媒體就我方針、政策預作了一番宣講。

印尼是我一九八八年就任亞洲司司長以來出訪的第一個東南亞國家，素有「千島之國」美稱的這個東南亞大國地跨赤道，高溫多雨。十二月在北京早已是深秋初冬時令，早晚外出的行人都穿上了風衣，可是此間仍似盛夏，離開有空調的機場大廳，頓時有悶熱難當之感，趕緊鑽進轎車才鬆了一口氣。縱目窗外，綠油油的花草樹木連綿不斷，有些地段好像剛下過陣雨，地面還是濕漉漉的。主人安排我們一行下榻市中心的印度尼西亞飯店。這是一幢利用日本戰爭賠償修建的飯店，一層大廳和通常所見賓館飯店別無二致，二樓以上的客房區牆壁都是透風的，讓人感受熱帶建築的特色。透風是透風，還是有一陣陣熱浪襲來，走過一道門進入客房走廊，才又重新感到了清涼。

談判從十二月五日開始，儘管議題較多，但談得比較順利。中方內定的方針是「堅持原則，適當靈活」，使印尼方感到中方有備而來，充滿誠意。有兩件事多少有點出乎意料。一是關於印尼和台灣的關係，中方強調復交後，印尼和台灣只能保持民間性的經貿、人員交往，不應有官方往來。印（尼）方表示，印尼從來只承認中華人民共和國，即使在外交關係中斷期間，這一立場也沒有變化，印尼同台灣從未有過官方關係。為了說明問題，印尼外交部亞洲司司長特拿出印尼外交部編印的常駐雅加達外交使團及外交官名冊，其中仍印有中華人民共和國一頁，只是沒有外交官名單，以顯示印尼從未將台灣在雅加達的民間機構視為官方代表。二是關於兩國外交關係中斷前遺留下的信貸、貿易結算問題，印尼方面所欠數額不大，本來原則說清楚就可以了，至於每筆帳目細數、何時以何種方式償還等，不一定一一清算。可是印尼方主動提出「親兄弟明算帳」，要求我方提供原始借貸帳目憑證，以便如數償還。這兩件事讓人感到，印尼畢竟是個大國，辦事有板有眼，其認真態度令人敬佩。

　　經過幾場會談，雙方在主要問題上達成一致並簽署了會談紀要。留下來的帳務問題，經雙方專家小組在各自查閱原始資料和檔案的基礎上，於一九九〇年三月和五月在北京和香港會談、核實後達成了協議。

　　一九九〇年七月初，阿拉塔斯外長應邀訪華。

在外長會談中，阿拉塔斯表示：復交的有關問題都已談妥，蘇哈托總統的意思是，年內適時完成復交。鑑於兩國五○年代已建立外交關係，現在是復交，方式可簡便一些，可以互換照會形式進行。蘇哈托總統擬邀請李鵬總理訪問印尼，復交可在訪問時正式宣布。錢外長表示贊同以互換照會方式實現復交，讚賞蘇哈托總統將復交和高層訪問結合起來的建議。阿拉塔斯外長此訪是兩國斷交後印尼外長第一次訪華，他說外界對其訪華十分關注，需要發表一項公報，內容包括兩國關係正常化日期八月八日、屆時李鵬總理將應邀訪問印尼等。關於台灣及印台關係問題，中方讚賞印尼堅持「一個中國」原則立場，鑑於事關政治敏感問題，雙方須達成一項內部諒解，中方可派員赴印尼磋商達成諒解備忘錄，待李鵬總理訪問印尼時簽署。應印尼方面要求，中方允諾儘快提交兩國政府貿易協定草案供印方研究。七月三日晚，雙方在釣魚台國賓館芳菲苑簽署了上述公報和解決債務問題的協議。

為磋商關於台灣問題的諒解備忘錄，我於七月二十二日至二十八日再度赴雅加達，同印尼外交部新任政治總司長維爾約諾進行磋商並達成一致。李鵬總理於八月六日至九日應邀訪問印尼。在蘇哈托總統和李鵬總理見證下，雙方簽署了復交諒解備忘錄和中印（尼）政府貿易協定。至此，中國、印尼關係正常化大功告成。

中國和印尼復交的意義不僅在於兩國關係恢復

正常並為雙方進一步發展全面睦鄰友好合作開闢了
廣闊前景，同時對地區的和平、穩定和發展也起到
了積極推動作用，並在國際上特別是東南亞國家中
引起了良好反響。一九九〇年十月和一九九一年九
月，我國先後同新加坡和文萊談判建立了外交關
係。至此，中國同東盟成員國全部建立了外交關
係，也為中國—東盟關係的建立開啟了大門。

印尼國務部長穆迪奧
諾（右）會見徐敦信。

重建中印尼友誼

錢永年

（中國原國務院外辦主任、前駐印尼大使）

一九九〇年八月八日，中斷二十三年之久的中國—印尼外交關係得到恢復。自此以後，兩國友誼和友好合作關係得到了迅速的恢復和發展。作為兩國復交後我國派駐印尼的首任大使，我曾參與和見證了兩國重建友誼並進一步發展友好合作關係的一段歷史，感到十分榮幸。我雖然離開印尼已有二十年之久，但有些往事仍歷歷在目。現寫下一些親身經歷與見聞，與大家分享。

復交要選個吉日

隨著國際和地區形勢的發展變化以及兩國各自內部形勢的變化，中國和印尼雙方逐漸產生了復交的願望。就印尼方而言，蘇哈托總統早在一九七五年就表示印尼正在準備改善對華關係。進入上世紀八〇年代，雙方的外交和貿易接觸逐漸增多，後來就通過聯合國渠道正式進行復交商談。直至一九八九年二月，錢其琛外長和蘇哈托總統在日本東京會晤，雙方才最後作出了復交的決定。一九九〇年七月三日，印尼外長阿拉塔斯應邀訪華，與錢外長共

同簽署了復交公報，宣布雙方決定從一九九〇年八月八日起正式恢復外交關係。這一具體日子是印尼方堅持提出的，當時中方還不甚了解其中之意。七月三日已簽署復交公報，卻還要等到八月八日才能真正復交，這是什麼意思？後來才聽說，此日期是蘇哈托總統親自定的，原因是「八」是吉祥數字。原來，廣東話中的「八」同發財的「發」諧音。印尼由於華人、華僑眾多，華人的某些語言和傳統習慣也被印尼社會所吸收、認同。八月八日復交，寓意今後兩國關係將「發」了又「發」。這完全是出於好意，表明了印尼對復交寄予的厚望。此一傳說是否完全符合事實，有待進一步證實，但無論如何這表示了印尼政府對今後中印尼關係越來越好的期望。

出任使節，成為新聞

　　建交國之間互派使節本屬常態，一般來說並無

多大新聞價值，更不構成連續報導的新聞。世界各國年年都要互派許多使節，但很少見到有關任命使節的新聞報導。可是，由於中印尼關係的特殊性，我作為復交後的首任大使就受到中外媒體的特別關注。

在我被任命的消息公布後，中新社的記者就堅持要採訪我。我拗不過她，同時也出於多做工作、增進了解的考慮，便接受了採訪。記者寫了一篇採訪特稿，在十月十七日的《人民日報·海外版》頭版刊出。香港和新加坡的一些報紙立即轉載，印尼和某些西方的報紙也刊登了摘要。

從抵達印尼首都雅加達的那刻起，我就成為印尼記者跟蹤報導的對象。

在一九九〇年十月二十三日到達雅加達機場的當晚，就有來自印尼通訊社、《雅加達郵報》、《羅盤報》和電視台等的三十名左右記者包圍了我。攝

一九九〇年十月二十七日，錢永年大使向印尼總統蘇哈托呈遞國書。

影記者的閃光燈不停地閃爍，文字記者的提問一個接著一個。但我注意到，所有提問中並沒有不友好的、挑釁性的問題，更沒有人對過去那段不愉快的歷史插曲舊事重提，主要都是想了解我對今後兩國關係發展前景的看法和工作打算。第二天，各報均在頭版顯著位置報導我到任的消息和答記者問的內容，並刊出大幅照片。這與各國駐印尼使節到任時幾乎不受媒體注意的情況相比，是十分突出的，表現出印尼社會對兩國復交的關注和重視。這是中印尼關係史上的一段特殊情況造成的。

緊接著，印尼新聞界對我向蘇哈托總統遞交國書也作了詳細的報導，特別是較長時間的電視報導。特別值得一提的是，我國中央電視台在《新聞聯播》節目中也轉播了我向印尼總統遞交國書的莊嚴隆重的場面，使廣大電視觀眾也許第一次見到我駐外使節是如何向外國元首呈遞國書的。據說，中央電視台的這一做法也是多年來的首次。這說明中國新聞界和人民群眾也是十分關心兩國復交的。遞交國書後，印尼記者幾乎總是如影隨形地跟隨著我，對我禮節性拜會印尼副總統、議長、部長等高級官員的活動均作了報導。一些報刊提出的專訪要求也接連不斷。幾個月來，在印尼媒體上總能看到有關我活動和談話的報導，我儼然成了「新聞人物」。這充分說明了兩個亞洲大國重歸於好確實引人注目。

開局良好，增添信心

對於復交後全面恢復和發展兩國友好合作關係，中方是持積極態度的。但是，印尼方是否也持同樣的積極態度，我並不十分有把握。鑑於兩國交惡已有二十三年之久，雙方之間有很多誤會和互不信任，我估計要恢復友好關係可能需要一段較長的時間，工作也會有相當的難度。

但我到任不久後發現，實際情況比我預料的要好，印尼方對於恢復兩國友好關係的積極性一點也不比中方差。

我們知道，復交之事是由蘇哈托總統親自掌控和決定的，並由他的親信、國務部長穆迪奧諾直接操辦。他作出這一決定是有戰略考慮的：同經濟建設成就巨大、國際地位蒸蒸日上的中國早日恢復和發展友好關係，符合印尼和東南亞地區的利益。因此，一旦作出了復交決定，印尼在恢復友好關係方面不會再猶豫不決。有許多具體事例可以證明這點。

我到印尼上任之初，非但未受到冷遇，反而在許多方面受到了特殊待遇。按照印尼的禮賓慣例，新大使到任後一般要等待一至一個半月才能安排遞交國書。我是一九九〇年十月二十三日晚才抵達雅加達的，十月二十七日上午就向蘇哈托總統呈遞了國書，速度之快，出乎許多人的意料。這裡面固然有蘇哈托十一月下旬即將訪華的因素，但印尼政府

對復交後發展兩國友好關係的重視不能不說起了決定性的作用。遞交國書儀式結束後，總統與我進行了較長時間的熱情友好的談話，他強調了發展兩國友好關係的重要性，特別強調要大力發展經貿關係和互相借鑑建設經驗，以使兩國人民從復交中得到實實在在的好處。

我到任後不久，舉行了一次到任招待會。由於我們剛建館不久，人生地疏，沒有什麼朋友，原以為不會有多少重要人士出席。結果卻大出所料。使館所在的婆羅浮屠大酒店宴會廳門口和寬大的走廊兩邊擺滿了印尼各界知名人士和各大企業送來的歡迎大使蒞任和祝賀兩國復交的花籃及用鮮花做成的大型花匾。好幾位部長和許多高級官員、工商界知名人士及社會名流都前來出席。一向不參加外交使團招待會的總統最主要助手、國務部長穆迪奧諾也破例前來出席，引起了各國使節的注意，甚至有些羨慕。一些知名人士和工商界人士我們還不認識，也未發請帖，卻不請自來或「聞風而來」。招待會自始至終洋溢著熱情友好的氣氛，絲毫也看不出兩國關係曾有過一段不愉快的插曲。這表明兩國人民的傳統友誼源遠流長，不會因一時的關係破裂而受到嚴重傷害。

復交後才三個月，蘇哈托總統就對中國進行了國事訪問。這次訪問對恢復兩國友好關係和增進相互了解起了非常重要的作用。訪問大大改變了蘇哈托對中國的看法，他不僅非常讚賞中國的古代文

江澤民總書記會見印尼總統蘇哈托後雙方人員合影。印尼方主要陪同人員：左2為外長阿拉塔斯，右4為政治安全統籌部長普拉維羅，右2為國務部長穆迪奧諾。

明，而且特別欽佩中國的建設成就。據說，他回國後曾多次在內閣會議上談到訪華觀感，並鼓勵部長和高官們去中國訪問，學習中國的建設經驗。這就為增進相互了解、加強友好合作創造了良好的條件。

復交前後，印尼官員曾多次表示，印尼同中國並沒有斷交，而只是暫時中止（suspend）外交關係，印尼還是承認中華人民共和國、堅持「一個中國」政策的。復交後，印尼外交部的官員告訴我們：在整個二十三年中，外交使團名冊上仍保留中華人民共和國大使館的頁面，只不過沒有大使和外交官員的名字罷了。過去中國大使館專用的車號是二十五，一直保留下來，現在大使館回來了，繼續

使用原號。我們發現，這些情況基本屬實。

　　來印尼後，我們也發現，上至總統，下至記者和普通老百姓，沒有人再舊事重提，沒有人再糾纏過去的是是非非。大家都抱著「向前看」的態度。看來，恢復友好關係沒有原來想像的難。這為我們努力推動重建友誼的工作增添了信心。

推動交往，增進了解

　　在中斷外交關係的二十三年中，兩國幾乎斷絕了一切交往。不僅如此，兩國媒體還長時間相互指責和報導對方的負面新聞、虛假新聞。日積月累，就造成了嚴重的互不了解和互不信任。復交後，我們面臨的首要問題就是增進了解、加強互信、恢復友誼。而要達到這一目的，最有效的方法之一就是大力推動官方和民間的相互來往。

　　我在印尼的幾年，一直努力推動印尼高級官員訪華。在蘇哈托總統的鼓勵下，從一九九一年開始，印尼的內閣部長和高級官員們分批前往中國進行同本領域工作相關的考察訪問；與此同時，中國的相應官員也陸續前來印尼訪問。據不完全統計，在復交初期的四年內，雙方領導人、部長、副部長和總司長以上高級官員的互訪達一百五十餘次之多，範圍遍及政治、經濟、軍事、議會、政黨、司法、貿易、文化、教育、衛生、體育等各個領域。這些高級官員的互訪，大大促進了相互了解與合

作，特別是印尼方對中國的了解。許多印尼政府部長和高級官員訪華歸來後談到觀感時不約而同地說：「真是百聞不如一見！」「我所見到的中國與我想像中的中國完全不同！」「訪問使我對中國的認識從五〇年代躍進到九〇年代！」少數六〇年代曾去過中國的部長或高級官員驚嘆中國變化之大、發展之快，說「許多過去很熟悉的地方今天已認不出來」。一位高級將領訪華歸來後說：「一般來說，訪問都能促進了解和友誼，但這次訪華與眾不同，我真正從內心感受到了中國人民對印尼人民的友好感情。訪問深深打動了我。」一位資深部長則表達了更深一層的見解，說：「有些人擔心中國有擴張主義野心。當我登上長城時，回顧歷史，深深體會到中國自古以來的戰略思想就是防禦。我不相信今後的中國會是擴張主義的。」許多來印尼訪問的中國部長和高級官員同樣讚揚印尼的建設成就，體會到印尼人民的友誼，也普遍有「百聞不如一見」之感。

復交後，兩國民間團體的互訪活動也十分活躍。兩國經貿界、文化界、藝術界、科技界、教育界、新聞界、醫學界和宗教界等的相互訪問接連不斷。中國的歌舞團、雜技團、京劇團、魔術團、交響樂團和時裝表演團等在印尼的訪問演出，受到久未欣賞過中國文化藝術的印尼觀眾的熱烈歡迎和高度評價，增進了人民之間的友好感情。同樣，印尼傳統歌舞團在中國的幾次演出也受到了久違的中國

觀眾的極其熱烈的歡迎。我曾有機會在北京觀看印
尼藝術團的演出,當再次聽到優美抒情的《梭羅
河》、《哎喲,媽媽!》和《寶貝》等印尼民歌和
印尼特有的樂器「安克隆」奏出的美妙動聽的樂曲
時,當再次看到爪哇、蘇門答臘、峇里和亞齊等地
的優美動人的傳統舞蹈時,觀眾無不報以經久不息
的掌聲。四五十歲以上的觀眾被喚起對中印尼傳統
友誼的甜蜜回憶。我還看到,許多從印尼回國定居
的歸國華僑被熟悉的音樂、舞蹈感動得淚流滿面。
兩國人民之間的友誼和感情就是這樣被重新激發和
逐步恢復的。

在發展兩國民間交往、增進兩國人民友誼方
面,印尼工商界人士特別是著名企業家、印尼工商

總會前會長蘇坎姆達尼先生作出了重要的貢獻。他在兩國復交前就呼籲恢復兩國直接貿易，並於一九八五年率領第一個印尼貿易代表團訪華。兩國復交後，他積極做促進兩國友好交往的工作。一九九二年，他倡議成立了印尼—中國經濟社會文化合作協會，並親自擔任總會長（中國方面也相應成立了由王光英副委員長任會長的中國—印尼經濟社會文化合作協會）。該協會自成立以來就積極做促進兩國友好合作的工作，中國來印尼訪問的許多貿易代表團、經濟考察團和藝術團組等都由該協會負責接待或提供協助。中國國家領導人訪問印尼時，該協會一般都會舉行盛大的歡迎宴會。為表彰蘇坎姆達尼先生的重要貢獻，中國人民對外友好協會於一九九四年授予他「人民友好使節」榮譽稱號。

廣泛接觸，增信釋疑

到復交後的印尼工作，同到任何新建交的國家工作有很大不同。新建交的國家主要是對中國不了解，而印尼則除了不了解外，還存在對中國的一些偏見和懷疑。儘管印尼方對恢復兩國友好關係持積極態度，但不可否認的是，無論是官方還是民間，都對中國持有不同程度的偏見和疑慮。因此，我到印尼後除了大力推動高級官員訪華外，就把廣泛接觸各界人士、多做增信釋疑工作作為自己的重要任務之一。

記得上任之初，鑑於印尼高級官員對中國情況極不了解，我就盡量利用拜會和會見的機會向他們扼要介紹中國的有關情況。每次會見之前，我都查閱資料，作比較充分的準備。我不僅向對方介紹我國在某一領域的政策和目前的概況，而且還介紹了取得的成就以及存在的問題和不足。這樣就把禮節性的會見變成了介紹中國有關情況的簡短吹風會。由於大多對中國的有關情況很不了解或了解不多，他們對我介紹的情況十分感興趣。許多部長或高級官員都聽得津津有味，一下子就拉近了同我的距離。有的提出了許多希望了解的問題，有的希望我提供更詳細的資料，有的則當即表達了希望訪華和同我國合作的願望。記得有幾次同執政黨和重要政界領導人會晤時，我相機向他們介紹了我國的政治體制和共產黨領導下的多黨合作和政治協商制度。他們聽後感到非常新奇，說過去只知道中國是一黨專政，從未聽說過中國除了共產黨外，還有八個民主黨派，而且是實行多黨合作、政治協商，與印尼的政治體制有些相似之處。這些會見使印尼一些政界領導人對了解中國的政治、經濟和國家發展情況產生了強烈的興趣，從而推動了他們不久後就去中國考察訪問。一位軍政界元老率團訪華時帶去了一個電視攝製小組，把訪華時所見所聞製成了一部紀錄片，返國後在電視台上接連播放了三次，對促進印尼各界對中國的了解起了很好的作用。

　　對於我國一些早就公之於世的政策，許多印尼

官員特別是省級和省級以下的地方官員實際上並不了解，有的甚至從未聽說過。就拿印尼十分關心的華人和華僑問題來說，許多印尼高級官員和地方官員對我國的有關政策並不清楚。他們分不清什麼是華人和華僑，內心並不把華人當作印尼人，對華人有許多歧視、限制、指責和偏見，對中國也有不少疑慮。對於這樣一個十分敏感的問題，迴避是不行的，必須耐心地做工作。因此，凡是有官員或記者問到華人華僑問題，我就不厭其煩地向他們介紹中國在華人華僑問題上的政策和立場，說明中國不承認雙重國籍，中國和印尼早在一九五五年就簽訂了關於解決雙重國籍問題的條約，凡是選擇印尼國籍的就不再是中國公民，中國政府就不再對他們負有法律責任，也絕不會利用他們為中國謀取利益。我同時指出，印尼社會也不應歧視華人，而應把他們真正視為自己的公民。這些儘管是眾所周知的，但對於很多印尼官員來說似乎還是第一次聽說，聽後覺得解決了一些困惑。有時候光說這些政策還不夠，還得推心置腹地交換一些深入的看法。我記得有一位同我比較熟悉的統籌部長（副總理級的高官）曾單獨請我到他家赴宴和交換意見，話題主要是華人和「支那」問題。他表示，幾十年來華人問題一直沒有很好解決，引起不少社會矛盾，成為發生動亂的因素，究竟該如何解決，希望聽聽我的個人看法。我就以個人名義談了一些看法，大概意思是：印尼華人好比是中國嫁到印尼的女兒，中國是

娘家，而印尼是婆家。娘家希望女兒能被婆家接納並完全融入婆家，如婆家對她好，她就能很快融入婆家；如對她不好，她必然會想念娘家，甚至逃回娘家。因此，在我看來，聰明的辦法是取消對華人的一切偏見、歧視和限制，把他們真正當作自己的公民，承認他們是少數族裔，賦予他們應享受的一切公民權利。華人擁有較多的資金、知識和技能，對印尼來說是資產而不是負債；對華人歧視只會引起資金和人才外逃，用暴力手段迫害華人只會破壞印尼的經濟和遭到全世界的譴責，對印尼十分不利。中國對待海外華人如同對待其他國家的公民一樣，只是多了一層親戚關係，正如印尼同已獲得外國國籍的印尼人也保持一定的關係一樣。我們同樣也希望華人能夠自律，多為印尼經濟建設和社會公益作貢獻，儘快融入主流社會……這些雖然只是私下交談中發表的個人意見，但對方很聽得進，覺得很有道理，表示很受啟發，很有參考價值，今後有機會還要繼續交換意見。

當我有機會去外省，特別是華人華僑眾多的地方訪問時，向當地軍、政領導人介紹我國對華人華僑的政策就成為主要的話題之一。他們對我所作的介紹都十分感興趣，好像解決了內心中存在的許多問題。有的地方報紙第二天就報導了我的談話內容。記得有一位重要的軍區司令聽了我的介紹後說：「我是第一次從中國官員那裡聽到中國政府對華人華僑政策的介紹，我認為中國的這一政策是十

分正確的。我們這裡華人、華僑眾多，請閣下相信，我們今後一定會把已入印尼籍的華人真正當作自己公民的一部分，對於仍保留中國籍的華僑，我們也會保護他們的合法利益。」

除了向官方做工作外，應邀向各界人士作報告和回答他們所關心的問題，也是促進相互了解和解疑釋惑的重要手段之一。由於印尼各界對中國的情況和內外政策十分感興趣，我上任後就不斷接到去各社團和有關單位作演講或參加研討會的邀請。邀請單位涉及的範圍很廣，包括印尼工商總會、雅加達商業俱樂部、外交學院、國防學院、陸軍參謀學院、海軍參謀學院、國際記者俱樂部、雅加達名流俱樂部、印尼——中國經濟社會文化合作協會、印尼—加拿大商會和一些地方工商會等等。作報告的內容涉及中國的改革開放、經濟建設、對外貿易、

一九九〇年十一月十五日，印尼總統蘇哈托在中國外經貿部部長鄭拓彬（前排右1）陪同下，向人民英雄紀念碑敬獻花圈。（後排左1為錢永年大使）

外國投資、對外關係、對外政策、對重大國際和地區問題的看法、港澳問題、台灣問題和南海問題等，幾乎無所不包。報告會中，聽眾最感興趣的部分是現場回答問題。那段時期，印尼聽眾最感興趣的是了解中國為什麼能發展得這麼快、了解中國有關的內外政策和我對兩國關係的展望。沒有人提挑釁性的問題，也沒有人提比較敏感的問題。工商界比較關心的是所謂中國商品在印尼「傾銷」問題，軍校師生要問的是「中國既然宣稱不搞擴張，為何要買航母」，我採取擺事實、講道理的辦法，對這些問題作了令他們滿意的回答。

當然，要真正讓廣大社會了解中國，小範圍的交流還是不夠的，還必須重視新聞媒體的作用。我到印尼後，新聞媒體不斷向我提出採訪要求。只要我有時間，只要對方是負責任的、有一定影響力的新聞單位，我總是盡量滿足他們的要求。粗略估計，我在任內接受各種媒體的採訪少說也有四五十次，這對增進印尼人民群眾對中國的了解是有作用的。

歷史問題，耐心解決

兩國儘管已經復交，但尚未解決的歷史遺留問題還有不少，如非法移民問題、三十多萬無證華僑的登記和申請入籍問題、禁止中文書刊問題、「支那」稱謂問題和中方房產問題等。這些問題中，有

的涉及國家主權和法律法令，有的涉及民族尊嚴和民族感情，如遲遲不能解決，對於恢復和發展兩國友好關係無疑是不利的。但由於問題積時已久，且涉及法律法令的更改，或涉及一些人的利益，解決起來難度很大。如何積極穩妥地推動上述問題公正合理的解決，成為擺在我們面前的十分艱巨的任務。

根據中央的方針和從印尼的實際情況出發，我們採取了多做工作、耐心說服、友好協商、積極合作、體諒對方困難、成熟一個解決一個的辦法，而不是急於求成，強人所難。事實證明，這樣的態度得到了印尼方的讚賞、配合和合作。印尼官方同樣也表現出了逐步解決歷史遺留問題的願望和誠意，並採取了許多積極步驟。

在這些歷史遺留問題中，「支那」稱謂問題可說是一個解決起來難度極大的問題。在一九六七年兩國中斷外交關係之前，印尼長期以來一直稱我國為「Tiongkok」（中國）或「Tionghoa」（中華）。可是，在兩國交惡後，印尼就改稱我國為「支那」（Cina）。毋庸諱言，這一稱呼對我們含有侮辱和蔑視之意。由於此事涉及民族感情，不僅中國人民不接受，幾千萬海外華人和僑胞也堅決反對。在復交談判之時，我國政府就收到許多海外華人、華僑來信，一致要求中國政府同印尼政府交涉，儘快改變這一中國人不能接受的侮辱性稱謂。可是，當我方同印尼方談判時，對方一再

堅稱「支那」一詞並無惡意，不同意修改。於是，
這個問題就留到復交以後解決了。如何解決此
事，成為我面臨的一大難題。我來印尼工作一段
時間後體會到，隨著歲月的流逝，印尼大部分年
輕人稱我國為「支那」時確實並無惡意和蔑視，因
為他們已不了解此事的歷史背景。可是，中年以
上的人不可能不記得當時改稱謂的含義。鑑於雙
方不能達成共識，我想最好的辦法就是耐心解
釋，加強溝通。幾年裡，上至統籌部長（相當於我
國副總理）、國務部長、新聞部長、外交部有關總
司長和司長，下至新聞記者和社會知名人士，只
要有機會我就耐心向他們解釋中國人民為何不能
接受「支那」稱謂。我向他們解釋說：過去日本軍
國主義侵略中國時曾侮稱我們為「支那」和「支那
人」，中國人民極為憤怒。海內外的中國人，只要
一聽「支那」，就會立即想起日本軍國主義當年對
中國的侵略和蹂躪，就會感到滿腔怒火。第二次
世界大戰後，日本已不敢再把中國稱作「支那」
了，你們為何還要堅持稱中國為「支那」呢？如果
當初荷蘭殖民主義製造了一個侮辱印尼民族的稱
呼，中國今天仍然對你們沿用這個老稱呼，你們
會作何感想？即使不談一九六七年改稱謂時的歷
史背景，即使你們今天說沒有惡意，你們為何偏
偏要用一個使對方反感和不接受的字眼去稱呼一
個友好國家呢？……看來，這些動之以情、曉之
以理的解釋是有說服力的，聽者莫不感到中方有

理，都認為印尼政府應採取措施及早解決這一問題。當然，除了說服外，我們也抓住一些關鍵時刻向印尼外交部進行正面交涉。值得一提的是，印尼—中國經濟社會文化合作協會從成立開始就旗幟鮮明地把協會印尼文名稱中的中國稱為「China」。許多對華友好人士也從不把中國稱為「支那」，印尼文報紙《獨立報》在斷交的二十三年中一直堅持稱中國為「Tiongkok」。在各方努力下，印尼政府終於在一九九四年四月宣布以後在印尼文的官方文書中一律稱中國為「China」。至此，「支那」稱謂問題在官方層面已算基本解決。有的印尼文報紙也隨之作了改變，但要所有報刊和人們將日常用語都改過來，還需要一個較長的過程。即使是印尼官方文書，有時候也有重犯錯誤之時。有一次，印尼內閣秘書處送來一份印尼總統致中國國家主席的信，要求使館轉送國內。我們發現信內竟又出現「支那」稱謂，就把信退了回去，要求改正。對方不得不承認是技術錯誤，並作了改正。因此，改變這一稱謂，對印尼政府來說也是不容易的，因為它已使用了二十三年之久，何況還有一部分勢力不同意改。對中方來說，改用「China」也只是一種暫時的妥協，因為「China」乃是英語，而非印尼語詞彙，問題並沒有完全解決。但這樣至少在官方和文字層面棄用了令中國人反感的「支那」，可說是階段性成果。我相信，隨著兩國關係的不斷改善，將來恢復

「Tiongkok」的稱謂是完全有可能的。

在我在印尼的任期內，通過雙方的共同努力，確實解決了許多重要的歷史遺留問題。除了「支那」稱謂問題外，主要的還有：

一九九一年七月，印尼政府宣布放寬印尼公民到中國的旅行限制，從而恢復了兩國人民的正常往來，特別是印尼華人同中國的往來；

一九九二年五月，兩國司法部長為解決中國在印尼的非法移民問題達成了諒解備忘錄，使困擾雙方多年的兩千多名非法移民的問題全部獲得解決。對於復交後新產生的中國非法移民，中國政府同意經核實後把他們全部遣返回中國；

一九九三年二月，印尼政府又發布通告，解決三十萬無照華僑的登記和申請入籍問題（這可是涉及改變幾十萬未解決印尼國籍問題的貧苦華人的命運的重大舉措）；

一九九四年八月，印尼政治和安全統籌部長宣布，在旅遊領域可開設中文班，培訓講華語的導遊和印刷中文小冊子（這實際上是取消使用中文禁令的開始）；

一九九四年十二月，印尼政府批准某私立大學可聘請中國教師來印尼教授中文。印尼貿易部長又通知中方，中國出口商品的中文商標可在印尼註冊；

關於斷交前印尼欠中國的債務，印尼政府也按期逐年償還。

至此，二十三年中斷關係所造成的歷史遺留問題絕大部分已獲解決或基本解決，為兩國進一步發展友誼和友好合作關係奠定了堅實的基礎。

富饒美麗，天府之國

作為中國政府的外交代表，我在印尼工作期間也有機會應邀或主動安排到印尼各地去參觀訪問，拜訪地方官員，會見當地工商界人士和華僑華人代表。四年半的時間內，我先後訪問過西、中、東爪哇，蘇門答臘，峇里，加里曼丹，南、北蘇拉威西以及遙遠的伊裡安查雅等地，深感印尼是一個非常美麗、富饒，傳統文化遺產十分豐富，同中國的歷史聯繫非常密切的國家。

印尼是一個橫跨赤道的東南亞大國，它由一萬七千多個大小島嶼組成，是世界上最大的群島之國。它的陸地面積有近二百萬平方公里，東西逶迤長達五千餘公里。它就像一條綠色的翡翠飄帶，安詳地蕩漾在南太平洋和印度洋的萬頃碧波之中。

印尼的熱帶風光非常迷人，它不僅在海岸線附近有大片大片亭亭玉立的椰樹林，而且漫山遍野都是熱帶雨林和原始森林。印尼自然風光給我留下的一個突出印象是終年一片蔥綠——綠色的山巒、綠色的田野、綠色的森林。無論在陸上旅行，或是乘坐直升機在低空飛行，極目所望，總是一片令人心曠神怡的青翠。許多島嶼猶如一塊塊綠寶石，鑲嵌

在蔚藍色的平靜海洋中。有的島嶼山巒起伏，雲霧繚繞，恰似蓬萊仙島。北蘇拉威西島馬納杜附近的有些海域，海水是如此的清澈透明，以至可以清楚地觀賞到水下十幾米深的千姿百態的珊瑚和色彩繽紛的游魚。在北蘇門答臘的多巴湖，迷人的湖光山色令人陶醉。舉世聞名的峇里島，更被世人譽為「人間仙境」。

　　印尼雖地處赤道附近，但並不像人們想像的那樣炎熱，它甚至比不上北京盛夏時的酷熱。印尼大部分地區的絕對最高氣溫為三十二到三十四攝氏度，因為海洋的微風、充沛的雨量和漫山遍野的森林大大降低了赤道烈日的威風。記得有一次我訪問加里曼丹島的一個地方，站在從那裡穿過的赤道線上，雖身穿西服，也未熱得出汗。如果你去一些海拔較高的地方，也許還得穿毛衣。當然，對大多數中國人來說，不習慣的是這裡的潮濕。印尼雖地處赤道南北，但在西太平洋上生成的颱風和熱帶風暴從不光顧這個國家，而長達半年之久的雨季卻帶來了十分充沛的雨水，這可能是大自然給印尼的特別恩賜。

　　印尼自然資源的富饒也是世上少有的，稱得上是一個名副其實的「天府之國」。在它的陸地和近海中，埋藏著大量的石油和天然氣，地下還有金、銀、銅、鎳、錫、煤等許多寶藏。地面資源更是有目共睹：全國約有百分之八十的土地被森林和植被所覆蓋，珍貴的柚木、檀香木、黑檀木和浸泡在水

裡幾百年也不腐爛的鐵木以及造紙用的速生樹木提供了大筆森林財富。一望無際的椰林、油棕林、橡膠林和香蕉園、咖啡園、茶園遍布全國。榴蓮、菠蘿蜜、芒果、椰子、香蕉、木瓜、山竹、蛇皮果和「紅毛丹」等熱帶水果隨處可見。有人開玩笑說：「在印尼要想餓死都難！」我感到新奇的是，在廖島和加里曼丹島，有些地方的泥土也能成為出口商品！那裡千萬年來積累起來的腐殖質變成了鬆軟的泥土，只要烘乾、篩細，就能裝袋出口，成為高爾夫球場草地使用的上好肥料和表土。在平原地區，阡陌縱橫，稻田連片。有趣的是，印尼農民種稻可以不分季節，只要有水源保證，隨時可種。在水稻生產地區，人們經常能見到從插秧、生長、抽穗到收割的幾種不同階段在附近的幾塊稻田裡同時並存的奇異景象！這是我在中國從未見到過的。印尼的水產也是舉世聞名，龍蝦、大蝦、螃蟹、海參和石斑魚、蘇眉魚、「懶魚」等各種名貴魚類以及數以萬公頃計的養蝦場出產的活蝦，使印尼成為海產品出口的大國。在旅遊勝地，許多飯店就開設在海灘邊或架設在水面上，活魚活蝦就在你腳下游弋，你想吃什麼就撈什麼，真是吃「生猛海鮮」的絕佳地方。

印尼繼承和發揚優秀民族文化傳統的努力也令人印象深刻。無論是伊斯蘭教、印度教和佛教的文化遺產，都得到很好的保護。建於八世紀的婆羅浮屠佛塔至今仍是印尼人民的驕傲，成為舉世聞名的

旅遊勝地。印尼人對峇里島的印度教寺廟和文化傳統更是備加維護。各民族都十分珍惜自己的文化和傳統習慣。到印尼觀光的各國旅遊者住進既有印尼建築特色、又有現代化設備的舒適旅館，被饗以印尼各地的民族歌舞，而不是西方的流行歌曲或搖擺舞。正是這一點，每年吸引了四五百萬國際遊客。在印尼，色情旅遊和賭博都在被禁止之列。

　　印尼和中國的友好交往和文化聯繫更是源遠流長。大約一千多年前，就有中國人到現今的印尼訪問或定居。西元十五世紀，明朝著名的「三保太監」鄭和七次下「西洋」時就曾多次到過爪哇和蘇門答臘，中爪哇的三寶壠市迄今仍完好保留了著名的「三保公廟」。由於明末清初、清末和第二次世界大戰前後的幾次中國人民向南洋遷移，印尼的華裔公民和華僑大約有六七百萬之多。中國的一些習俗、服飾、圖案甚至語言，已被印尼社會所吸收。印尼舞蹈家穿戴的服裝、頭飾、衣服的色彩、刺繡的圖案，有些同中國的十分相似。北蘇門答臘有些男舞蹈演員的服裝打扮，令我想起了中國京劇舞台上的武松。在中國早已絕跡了的「萬民傘」，在印尼舞台上和傳統節日慶典中卻還常見。印尼打擊樂器和雕刻著龍頭的樂器支架，同中國古代的如出一轍。中國老百姓用扁擔挑東西的習慣，在世界其他國家已很少見到，但在印尼卻還很普遍，甚至目前在大城市中還能見到商販挑擔叫賣。中國的一些詞彙也被印尼吸收，「豆腐」、「豆芽」等名詞已成為

印尼語。有些華人多的地方，不少原住民還能講點
福建或廣東方言。這一切充分說明，中印尼兩國人
民有著十分深厚、悠久的傳統友誼，兩國發展友好
合作關係有著堅實的基礎。

展望未來，信心百倍

　　光陰如白駒過隙，我離開印尼已整整二十年。
但每當談起印尼，我仍有一種很自然的親切感，似
乎在印尼工作的日子離現在還不遙遠。現在記下復
交初期的一些親身經歷，一是為有興趣研究兩國關
係的學者提供一點資料，二是可以起到今昔對比的

一九九四年十一月，江
澤民主席訪問印尼期
間，會見印尼副總統
特里·蘇特里斯諾。
江主席的主要陪同人
員有：國務院副總理
兼外長錢其琛（右
3）、中共中央書記處
書記溫家寶（右2）、
中央辦公廳主任曾慶
紅（右1）。

作用。記得我當初卸任時，對於復交四年多就解決了那麼多歷史遺留下來的難題，兩國已經恢復了友好關係，我已感到相當滿意。對於兩國關係進一步發展的前景，我也感到相當樂觀。但是，我能想像兩國關係可以發展到今天這樣的程度嗎？不能，完全不能。當年，我們曾為改變「支那」稱謂問題大力遊說；今天，「Tiongkok」一詞已經成為印尼全國一致的用語。當年，印尼全國見不到一張中文報紙，看不到一塊中文招牌；今天，中文書報隨處可見，學習中文已經成為全國的熱潮。當年，華人問題還是一個很敏感的問題，需要我們去做工作、作解釋；今天，華人（在經歷了一次空前殘酷的劫難後）終於享受到了公民的基本權利，有了自己的政黨、報紙以及在國會和政府中的代表。當年，兩國人民幾乎完全斷絕往來；今天，成千上萬的中國和印尼旅客每天在兩國之間自由來往。當年，兩國貿易額僅為十一點八億美元（我卸任時大約是 38 億美元）；今天，兩國貿易額已達六百三十八億美元。當年，兩國好不容易才逐步恢復友好關係；今天，「全面戰略夥伴關係」以及海上絲綢之路把兩國緊緊地聯繫在一起……這一切變化在當年是難以想像的，但它卻在不到一代人的時間裡實現了。這是兩國人民和兩國政府共同努力的結果。能看到這一切變化，我感到十分欣慰和榮幸。我相信，有著深厚傳統友誼的兩國人民攜手合作，一定會創造出更加美好的明天。

我和印尼二三事

盧樹民

（中國人民外交學會常務副會長、前駐印尼大使）

今年是中國與印尼建交六十五週年。六十五年前，中國和印尼剛剛經歷了戰火洗禮，兩個人口眾多、幅員遼闊的新生共和國在反帝、反殖、聯合自強的發展道路上毅然選擇了彼此。從那時起，中印尼交往續寫了許多佳話，其中舉世矚目的萬隆會議可謂高潮。當然，作為鄰近的兩個大國，在不同階段的交往也出現過波折和反覆。但是，世界潮流，浩浩蕩蕩，人們總還是能順應時代和現實的需要，走在正確的道路上。今天看來，兩國的關係更加成熟、更加全面、更加深入了，其戰略意義和價值也越來越為雙方有識之士認可和珍視。作為一位曾從事兩國友好事業的使者，我對此感到欣慰。在印尼工作和生活的日子是我常常念及的章節，儘管時間不很長，但我對印尼的人民縈繞於懷，對兩國的友誼總掛心間。

我是二〇〇二年五月赴印尼工作的，是兩國一九九〇年復交後的第四任中國大使。此前，兩國關係已走出二十餘年的低迷，中國在亞洲金融危機中的擔當和道義更是贏得了印尼等受害國的高度評

價。在地區層面，中國與東盟的關係也得到長足發展，受到東南亞國家的歡迎。印尼政府積極調整內外政策，為兩國關係的大發展創造了良好的氛圍。我的前任們也為兩國關係的持續發展殫精竭慮。我慶幸自己赴任時趕上了兩國關係大幅發展的好時機。記得我到雅加達的第二天便遞交了國書副本，第三天就向梅加瓦蒂總統面呈了國書，開始了我外交生涯首任大使的生活。安排中國大使如此快遞交國書，也從一個側面反映了當時印尼方面發展兩國關係的良好用心和積極態度。上任伊始，我便一心為兩國的友好合作大業勤奮工作，也確實親歷和目睹了兩國關係中許多令人鼓舞的良性互動新局面。

二〇〇二年，中國全國人大常委會委員長李鵬

二〇〇四年十月，正在訪問印尼的時任中共中央政治局常委、中央紀委書記吳官正觀看演出後與印尼演員合影。後排左 1 為時任中聯部部長王家瑞，右 3 為盧樹民大使。

訪問印尼。二〇〇三年，溫家寶總理赴峇里島出席第七次東盟與中日韓（10+3）領導人會議、東盟與中國（10+1）領導人會議，並代表中國作為首個域外國家正式簽署《東南亞友好合作條約》及其附加議定書。二〇〇四年，中共中央政治局常委、中央紀委書記吳官正訪問印尼。他們都受到印尼政府和領導人的熱烈歡迎和親切友好的接待，使兩國各領域的雙邊合作得以快速推進。經過平等互利協商和認真的商業談判，兩國達成中國長期購買印尼液化天然氣的協議，兩國間還建立了能源論壇，至今運行平穩。中方對印尼的基礎設施建設提供優惠貸款，一批電廠項目相繼上馬，對緩解印尼各地的用電缺口發揮了積極作用。馬都拉大橋項目確立，並啟動建設。如今，這一中印尼友好的標誌性大橋高高聳立在泗水和馬都拉之間，給當地居民出行、經商和生活帶來極大便利。

在雙方的共同努力下，兩國在文化、社會、教育等領域的交流與合作也發生了新的可喜發展。中斷了二十多年的文藝團體互訪得到恢復。記得中國文化藝術團訪問印尼時，兩國藝術家同台獻藝，載歌載舞。梅加瓦蒂總統夫婦和印尼國會議長等不少政府高官到場觀看，演出結束後還登台祝賀並與演職員合影留念，成為當時雅加達的一段佳話。此後，兩國藝術交流團互訪不斷，印尼合唱團每年來華演出，至今仍很受歡迎。春節是中國傳統節日，在印尼也成為特別的日子，印尼政府決定春節為全

國性公共節日。二〇〇三年和二〇〇四年，我均陪同梅加瓦蒂總統參加當地華人社團的春節慶祝。經歷了長期的壓抑與驚恐，當時許多華社朋友激動無比。我也在心裡感到由衷的高興。那些日子裡一張張興奮與釋然的面孔至今仍歷歷在目，恍如昨日。隨著兩國友好關係的不斷發展和印尼對華政策的持續調整，一度在印尼比較敏感的漢語教育問題也冰消雪融，印尼甚至成為中國向海外派遣漢語教學志願者的首批對象國之一。二〇〇四年，二十一名志願者從中國走向印尼各地學校。

記憶的閘門一旦打開，往事並不都如煙：我代表中國政府和有關部門向雅加達警察贈送摩托車；向婦女組織捐贈電腦；向漁民捐贈漁船……不一而足。而最扣人心弦的是下面這段特殊的日子。

二〇〇四年十二月二十六日，正當世界各地人民沉浸在聖誕的歡樂和年終歲末的輕鬆之中時，一場前所未有的海嘯災難襲擊了印尼北蘇門答臘的亞齊地區。事後我們知道，印尼蘇門答臘島北部近海發生了 9.0 級強烈地震，引發印度洋海嘯，波及印度、斯里蘭卡、馬爾代夫、馬來西亞、泰國等沿岸國家，造成重大人員傷亡，其中印尼受災最為嚴重。根據印尼衛生部的數字，截至當年十二月三十日，印尼已有近八萬人死於此次災害。

當人們認識到這場災難的破壞性和當地人民的痛苦後，一場大規模的國際救援開始了。當時的情形，除非置身其中，是難以想像的。通往亞齊的交

二〇〇四年十月，盧樹民大使到蘇西洛總統家中拜訪。

通、通訊基本中斷，雅加達政府、軍方全力投入救援仍顯杯水車薪、鞭長莫及。中國成為最早向印尼提供援助的國家之一。我和使館的同事們夜以繼日地工作，許多時候都是採用了非常規的工作方式。載著大批救援物資的中國飛機十二月三十日就飛到了棉蘭上空，可是機場卻處於超負荷和應接不暇的狀態，中國的救援飛機無法降落。幾經聯繫未果，飛機只好在新加坡暫停待命。為此我十分著急，想盡辦法，動員一切渠道，不斷與印尼政界和軍界的負責官員和朋友聯繫，最後找到了正在災區指揮救災的人民福利統籌部長哈利姆先生。他答應我加緊與機場和有關部門協調，儘快讓中國飛機在棉蘭機場降落卸貨。終於，在二〇〇五年到來之前，即二〇〇四年十二月三十一日，中國的救援飛機降落在棉蘭機場。同日，中國的醫療隊開始進入災區亞

齊，其後陸續有新的小隊增援，現場分成四個小隊：第一組在機場對等待外轉的重傷員進行治療，第二組前往亞齊省首府班達亞齊市郊進行醫療救治，第三組到災情最嚴重的海邊小鎮，第四組在機場為難民應診。大使館與醫療隊保持密切聯繫，提供所需幫助和支持。醫療隊的工作十分辛苦，但救災形勢逐漸好轉起來。

後來，在印尼舉行的中國紅十字會就印尼海嘯災難向印尼紅十字會捐款儀式上，我代表中國紅十字會向印尼紅十字會轉交了十萬美元捐款，並再次轉達了中國政府和人民對印尼災區人民的慰問，表示：中國政府和人民對印尼的災情十分關注，願盡我們所能向印尼提供幫助。相信在印尼各界的共同努力以及國際社會的幫助下，印尼政府和人民一定能夠戰勝災害，克服困難，早日恢復受災地區的正

常生產、生活秩序。哈利姆統籌部長代表印尼政府和紅十字會對中國政府和紅十字會向印尼提供災害援助表示衷心感謝。他激動地說：患難見真情，中國政府和人民在印尼海嘯災難發生不久即提供援助，並及時派出救援隊伍趕赴災區協助救災，充分表明中國是真正能與印尼人民同甘共苦的朋友。印尼人民將永遠記住中國人民的無私幫助和友好情誼。希望中印尼兩國關係不斷得到加強，造福兩國人民。

隨後，來自中國的又一批價值五百萬元人民幣的救災物資抵達印尼，包括帳篷、線毯和食品。中國政府還表示將視災情的最新發展，繼續向印尼提供各項援助。二〇〇四年年底，印尼政府為了應對突如其來的這場災難，向包括中國在內的國際社會提出，希望盡快在雅加達召開東盟災後重建特別峰會。我在得到印尼外交部的詳細情況介紹後，立即報告國內並建議考慮派出高級別領導與會。國內研究後復告使館，中國政府將由溫家寶總理率團出席峰會。這一決定使印尼政府甚為滿意，也極大地鼓舞了使館的同志們。儘管印尼方面提出倡議和溫總理參會的日期之間相隔也就短短的幾天，使館的同志們還是以十分飽滿的熱情和鬥志，克服困難，千方百計為總理和代表團的與會作了十分充分的安排和準備。溫家寶總理於二〇〇五年一月五日飛抵雅加達參加東盟災後重建特別峰會，此行減少了隨行人員，用

專機又帶去十六噸救災物資。這使印尼方面十分
感動。在那段特殊的日子裡，我和使館的同事們
工作量是非常大的，但我們不畏艱難，圓滿完成
了我國政府和人民交付的任務。事後，駐印尼使
館因在此次賑災救援中的表現，得到外交部的嘉
獎，榮立集體三等功。看到印尼災情得到舒緩，
人民生活逐漸恢復正常，看到中印尼關係也由於
這場救援得到了進一步加強和發展，我們感到由
衷的高興和欣慰。

　　在印尼的中資公司也積極行動，踴躍捐款捐
物。在短短十天之內，中資公司共捐贈十三點一萬
美元現金和價值八十八萬美元的物資，包括藥品和
程控交換機等。華為公司全力以赴，在最短時間內
幫助搶修恢復了災區的通信系統，為救災工作有序
展開起到關鍵作用。印尼政府和人民對中國人民的
親情和道義是心知肚明的。據了解，這次救災中，

中國政府向印尼支援了總共六億元人民幣用以賑災，以實際行動詮釋了我國「與鄰為善、以鄰為伴」的友好周邊外交政策。

二〇〇五年二月下旬，我奉命調離印尼，前往加拿大出任大使。當時，使館正傾力籌備胡錦濤主席出席萬隆會議五十週年慶祝活動，中印尼兩國關係也面臨新的發展契機。人非草木，孰能無情。我多麼想在印尼多待一些時間！然而，國家的大局和使命永遠是第一位的。好在當我離開印尼的時候，兩國戰略夥伴關係的框架業已確定。我雖不捨，還是帶著不辱使命的欣慰奔赴了新的崗位。這裡還要提及一件事，那就是在我離開印尼一年之後，印尼總統蘇西洛先生決定授予我「支持印尼經濟建設傑出貢獻勳章」，以表彰我在任期間為中印尼友好合作關係的發展所作的努力。當然這絕非只是對我個人的表彰，而是對全體中國大使館工作人員工作和努力的表彰和肯定，也是對中國府對印尼友好外交政策的肯定。

二〇一一年八月，我離任中國外交部駐澳門特派員的崗位，返回北京出任中國人民外交學會常務副會長。中國人民外交學會由周恩來總理倡導，於一九四九年十二月成立，是新中國第一個專門從事人民外交的機構。其宗旨是增進中國人民與世界各國人民之間的相互了解和友誼，促進中國與世界各國之間友好關係的建立與發展，謀求世界和平、和諧、發展與合作。新的工作的使命和需要，使我有

機會重新踏上印尼這塊魂牽夢繞的熱土。外交學會與印尼戰略與國際問題研究中心（CSIS）是對口合作夥伴，近幾年來雙方每年都輪流聯合舉辦中印尼關係研討會，就雙邊關係、地區形勢等熱點問題進行研討。我曾多次參加中方代表團赴印尼或在北京與瓦南迪先生率領的印尼代表團出席研討會，每次與會都受益匪淺，雙方專家學者就政治、經濟、人文等各方面發展中印尼關係提出了很好的建議。我認為，中印尼研討會本身就是中印尼人文交流的一種很好的形式，為促進兩國互相理解發揮了積極的作用。此外，近三年來，我還以中國外長代表的身分每年率團赴峇里島出席由蘇西洛總統倡導舉辦的「峇里民主論壇」，介紹中國在民主建設方面的一些做法，同與會各國代表進行交流。會議期間，總能見到蘇西洛總統和不少印尼政府和機構的老朋友，感到十分親切。

今天的中印尼關係已非往日可比。兩國已進一步提升雙邊關係為全面戰略夥伴關係。習近平主席自二〇一三年年底以來已三次到訪印尼，佐科總統二〇一四年十月就職以來已兩次訪問中國。兩國領導人在發展戰略對接方面保持著高度一致，雙方均表示中國的「二十一世紀海上絲綢之路」發展倡議與印尼的「全球海洋支點」戰略高度契合。雙方都視彼此為最重要的區域合作夥伴。我們有理由期待兩國關係迎來大發展的黃金時期。截至去年底，中印尼貿易總額已高達六百三十五點九億美元；中國

印尼駐加拿大大使代
表蘇西洛總統為盧樹
民大使頒發勳章。

對印尼工程承包合同額累計四百三十二點四億美
元，營業額累計二百七十九點五億美元；印尼來華
留學生達一萬三千六百八十九人；中國已成為印尼
第一大旅遊來源國。作為一名在印尼工作過、致力
於兩國友好事業的使者，看到今天的大好局面，我
由衷地感到高興。我也願繼續以飽滿的熱忱，為兩
國關係的進一步發展貢獻自己的力量。

印尼與中國國防合作的十年

夏弗里·沙姆蘇丁

（印尼國防部前副部長，中將）

印尼與中國的關係史

印尼與中國交往的歷史源遠流長，甚至在兩千年前，兩國就建立了往來。一九五〇年四月十三日，中國與印尼建立了外交關係，並在一九五五年萬隆會議的推動下得到了迅速的發展。一九六一年四月一日簽訂的中國—印尼文化合作協定標誌著兩國關係的高潮。儘管兩國關係經歷了起伏不定的發展，然而，兩國人民友好的情誼從未因此而斷絕，印尼各屆總統也都為增強兩國的友誼和親情發揮了積極的作用。

印尼與中國的戰略夥伴關係

二〇〇五年四月二十五日，印尼時任總統蘇西洛和中國時任國家主席胡錦濤簽署的關於建立戰略夥伴關係的聯合宣言，為兩國雙邊關係發展翻開了新的篇章。最具有歷史意義的事件就是同年在萬隆舉行的亞非會議五十週年紀念活動。十

二〇一五年三月二十六日，中國國家主席習近平在人民大會堂北大廳舉行儀式，歡迎印尼總統佐科訪華。（供圖：中新社）

年後，正值亞非會議六十週年之際，佐科總統和習近平主席見證了兩國經濟關係發展的成果。兩國戰略夥伴關係中最重要的一點，就是要致力於加強兩國的政治安全和經濟合作。二〇一五年可謂是印尼和中國在國防領域合作的又一個十年最好的開端。

國防合作新時代

二〇〇五年在雅加達確立的兩國戰略夥伴關係立刻得到了兩國防務部門的積極響應。二〇〇六年二月九日，中國人民解放軍向印尼國防部表達了在國防領域與印尼合作的意願。

兩國在國防領域的合作，最初體現在由中國人民解放軍總參謀長助理章沁生率領的中國國防部高級代表團對印尼進行的正式訪問。中國軍方代表團的來訪受到了印尼時任國防部長尤沃諾‧蘇達爾索諾（Yuwono Sudarsono）和時任國防部秘書長夏弗里‧沙姆蘇丁（Sjafrie Sjamsoeddin）中將的接待。雙方就兩國戰略夥伴關係、國防雙邊合作、地區安全、互換情報、提高能力建設和國防工業等問題進行了交流。

　　自二〇〇六年起，兩國的國防合作通過每年在雅加達和北京輪流舉行的防務安全磋商會實現。兩國關係不僅是建立在友誼的基礎之上，而且更突出的是建立在兩國所擁有的相似的文化背景之上，並促成了兩國在國防領域合作的密切發展，這就是我所稱的具體合作。

　　兩國在國防領域建立了友好甚至是兄弟般親密的合作關係。從這一點就能體會到印尼與中國相互尊重和互利合作的益處。

建立國防和軍事合作

　　前國防部長尤沃諾‧蘇達爾索諾曾表示，中國的崛起是一個全球性的實質變化，印尼應該充分利用，以實現國家的利益。印尼前任國防部長普爾諾莫（Purnomo Yusgiantoro）進一步擴大了與中國的合作，特別是利用外交途徑協調解決中國南海問

題，並拓展了兩國在製造 C-705 型反艦導彈等國防工業領域的合作。這是一種具有相當戰略性能的導彈。

前任國防部副部長夏弗里・沙姆蘇丁自二〇〇六年任國防部秘書長後，就一直在積極地通過雙邊防務磋商推動兩國的務實合作。雙邊防務安全磋商的主要目的就是為了具體落實兩國在國防各個領域的合作，包括從部級至各個軍種間的合作，甚至加強軍官和士兵之間的來往。

國防領域達成的合作共識

二〇〇七年十一月七日，兩國國防部長在北京簽署了加強戰略關係、軍隊專業合作和國防工業合作等領域的合作協議。

印尼和中國在國防和軍事領域的合作是為了加強相互尊重和相互理解基礎上的相互信任，真誠相待，以免發生誤解。印尼國民軍和中國人民解放軍互相學習，共同提高軍事能力。兩國一致同意將在相互尊重主權和領土完整的基礎上，開展維護馬六甲海峽、龍目海峽和巽他海峽等戰略航海通道安全的合作。

兩國在國防領域的合作十分密切，無論是作為政策決策者的部長、由國防部副部長率領的代表團、中國人民解放軍副總參謀長、高級軍官和士兵之間的來往都十分頻繁和密切，甚至士兵們在開展

聯合演習時也表現出親密友好的合作。這一切都體現了兩國親密友好的往來，同時也是落實兩國戰略夥伴關係的具體行動。

具體問題

在台灣問題上，印尼在每次兩國防務安全磋商會上都強調了「一個中國」的原則。

南海問題是一個熱點問題。在這個問題上，印尼總是以理智和冷靜的態度對待，希望在中國南海區域具有領土爭議的國家能與中方通過協商對話的方式解決問題，而勿使用武力，為本地區創造一個和平穩定的氣氛。印尼希望能夠保證航行自由，以促進本地區的和平與安全。印尼期望南海問題的解決機制能夠通過《南海各方行為宣言》和「南海各方行為準則」等外交渠道實現。

在國防工業合作領域，希望印尼國防工業公司能夠與中國國防工業開展合作，爭取技術轉讓。中國一些國防工業已經與印尼陸軍兵工廠和海軍造船廠等國防工業公司開展合作。印尼國防部和中國國家國防科技工業局簽署了「反艦海上武器系統生產合作與發展意向書」，該合作通過聯合生產的形式進行。

加強軍事合作

印尼和中國已經和將要開展的具有「硬實

二〇一四年八月二十六日，中國中央軍委副主席范長龍在北京八一大樓會見來華參加第九屆孫子兵法研討會的印度尼西亞國防部副部長夏弗里·沙姆蘇丁。（供圖：中新社）

力」的軍事合作包括：印尼國民軍陸軍特種部隊和中國人民解放軍特種部隊聯合舉行的「利刃」系列軍事演習、印尼國民軍空軍和中國人民解放軍空軍聯合舉行的「空降利刃——二〇一三」軍事演習。兩國海軍特種部隊也參加了為慶祝中國人民解放軍海軍成立六十三週年而在青島舉行的多國軍事演練。

同時，在各個軍種之間也加強了「軟實力」的合作，舉辦教育培訓班和研討會。最突出的合作就是印尼國民軍海軍和中國人民解放軍海軍建立了海軍之間的合作對話機制，討論專業性的問題。

在二〇〇五到二〇一五年的十年裡，印尼經常派海軍艦隊到中國進行友好訪問，同時，中國海軍也曾於二〇一三年派「和平方舟」號醫院船赴努沙登加拉群島和雅加達的丹戎不碌港訪問，並為當地民眾提供醫療服務，體現了印尼海軍和中國人民解

放軍海軍之間的友好往來。

提高戰略關係

　　中國國家主席習近平二〇一三年十月三日對印尼進行國事訪問時，將兩國雙邊關係提升為全面戰略夥伴關係，兩國國防合作關係也隨著兩國雙邊關係的進一步提高而得到加強。在國防合作方面，兩國國防部長承諾將擴大兩國國防和軍事的全面合作，通過建立國防聯委會，具體落實兩國所達成的合作協議。

　　在知識交流方面，時任印尼國防部副部長出席了二〇一四年在青島舉行的第九屆中國孫子兵法國際研討會，並發表了關於孫子戰略思想對印尼的影響的演講。孫子的哲學理論不僅適用於軍事，而且還適用於政治、經濟和社會等領域。這表明中國的哲學與印尼的文化是相吻合的。

　　二〇一五年，印尼和中國在國防領域的合作經歷了十年的里程。國防合作是兩國全面戰略夥伴關係的一個組成部分。印尼總統佐科來華訪問和中國國家主席習近平訪問印尼，更進一步加強了兩國的夥伴關係，實現了印尼與中國以相互尊重的友情為基礎造福兩國人民的願望。

患難與共見真情

楊玲珠

（中國前駐印尼大使館公使銜參贊、駐棉蘭總領事）

中國和印度尼西亞是亞洲兩個大國，人口眾多，地域遼闊，同時也是自然災害多發的國家。進入二十一世紀後，相繼發生的海嘯、地震等特大自然災害，分別給兩國造成了重大人員傷亡和財產損失。在抗擊印尼亞齊海嘯和中國四川汶川地震中，中印尼兩國人民「同舟共濟、患難與共」，譜寫了兩國合作救災的新篇章，成為二十一世紀中印尼友好合作的佳話。

二〇〇七至二〇一一年間，我作為中國駐印尼大使館公使銜參贊、臨時代辦，多次訪問亞齊，出席「中國—印尼友誼村」（簡稱「友誼村」）和「中國—印尼紅十字會友誼村」（簡稱「紅會友誼村」）的竣工交接儀式；代表四川汶川災區人民接受印尼政府的援助以及來自印尼各社會團體和廣大民眾的捐款；為印尼國際醫療隊赴甘肅隴南救援送行並歡迎他們順利歸來。這些都讓我深深感受到中印尼兩國和兩國人民之間那種真誠朋友般的深厚情誼，體會到了患難之交的真正涵義。

海嘯無情，大愛無疆

鄭和當年送給亞齊王子的大鐘

　　班達亞齊特區省（簡稱亞齊）是印尼三個省級特區之一，位於印尼最西端，北臨孟加拉灣，西臨印度洋，東臨馬六甲海峽，南邊和東南邊緊鄰北蘇門答臘省，面積約五點七萬平方公里，人口四百多萬，百分之九十多的民眾信奉伊斯蘭教，是印尼穆斯林人口比例最高、唯一實行伊斯蘭教法的省份。

　　亞齊被更多中國人知曉，或許是因為二○○四年肆虐的印度洋海嘯對該地造成的毀滅性破壞。其實，亞齊與中國的友好交往源遠流長。據史書記載，早在宋、元時期，亞齊已成為中國商船前往阿拉伯國家的必經之地。明朝著名的航海家鄭和七下

西洋曾多次經停亞齊，亞齊博物館至今仍保存著鄭和當年送給亞齊王子的一口大鐘。在亞齊海嘯救災和災後重建中，中國政府和人民的無私與真誠援助，增進了兩國人民的傳統友誼，書寫了中印尼友好合作的新篇章。

二〇〇四年十二月二十六日清晨，印尼蘇門答臘附近海域發生 9.0 級地震，並引發特大海嘯，殃及東南亞和南亞多個國家，造成二十多萬人死亡、數十萬人無家可歸，其中印尼亞齊特區省受災情況最為嚴重。海嘯衝擊力之大，令人難以置信，亞齊三分之二的面積變成了廢墟，至今人們仍能看到一艘數噸重的海上發電船被海浪拋上岸，四平八穩地坐落在市中心（現已成為海嘯遺址公園）。每當談起印度洋海嘯，一座清真寺孤零零地佇立在一片廢墟上的鳥瞰圖即浮現在人們的眼前。肆虐的海嘯造成亞齊近十三萬人遇難、九萬多人失蹤、二十多萬人流離失所，經濟損失難以估算，給亞齊人民造成的心靈創傷更是刻骨銘心，終生難忘。

中國政府和人民對印尼亞齊人民遭受的特大自然災害感同身受，對災區人民給予極大的同情與關注。中國政府在亞齊災後第一時間向印尼政府提供五百萬元人民幣的食品、藥品及用於興建學校和辦公室的活動板房等緊急救災物資，先後派出一支國際救援隊和二支醫療隊深入災區，開展救死扶傷，展開了歷史上我國首次大規模的海外救援行動。

亞齊海嘯也牽動了億萬中國人民的心，社會各

界紛紛自發捐款，充分體現了中華民族「一方有難、八方支援」的優良傳統。據不完全統計，中國政府、中國紅十字會和中華慈善總會等民間組織以及駐印尼中資企業等對亞齊海嘯的援助達到五億多元人民幣。

中國政府和人民對亞齊的無私援助贏得了印尼政府和人民的高度讚賞。二〇〇八年三月六日，印尼亞齊—尼亞斯重建機構主席昆多羅向中國駐印尼大使蘭立俊遞交了由印尼總統蘇西洛親自簽署的感謝證書，代表印尼政府和人民感謝中國政府和人民對亞齊地震海嘯的救災援助。昆多羅說，亞齊—尼亞斯遭受地震海嘯襲擊後，中國政府積極參與救援和災後重建。中方援建的亞齊預製板房、地震海嘯早期預警系統、尼亞斯索托利山醫院、亞齊「中國—印尼友誼村」等項目先後竣工，極大地改善了

被海嘯拋上岸的發電船

災區人民的生活，也提高了印尼應對自然災害的能力。這些援助體現了中國政府和人民的全球夥伴精神和慷慨大方、樂於助人的高尚精神。昆多羅表示，印尼政府和人民高度讚揚並感謝中國政府和人民以及駐印尼的中國企業對亞齊災區的慷慨援助。為此，特向中方頒發由蘇西洛總統親自簽署的感謝證書，以表達印尼政府和人民對中國政府和人民的感激之情。

中國—印尼友誼村

海嘯發生後，亞齊成為一片廢墟，災民亟待安置，災後重建迫在眉睫。為讓亞齊人民早日重返家園，中華慈善總會和中國紅十字總會決定利用民間捐款在亞齊捐建「中國－印尼友誼村」。二○○五年，中華慈善總會和中國紅十字總會與印尼亞齊特區省政府、大亞齊縣政府、亞齊－尼亞斯災後重建機構以及北蘇門答臘省華社賑災委員會五方共同簽署了「中國──印尼友誼村」項目的諒解備忘錄。

「友誼村」位於班達亞齊以東約十五公里處的大亞齊縣默斯吉拉鎮尼亨村，占地面積二十二點四公頃，共建住房六百零六套，總耗資一點一億人民幣（約合 1440 萬美元），主要資金來源於中國民間捐款。二○○六年五月，由中華慈善總會和中國紅十字會負責實施、中國水電建設集團承建的「友誼村」破土動工，至二○○七年七月竣工並交付使用，歷時十四個月。

「友誼村」是中國民間在海嘯援助中規模最大、投入資金最多的海外援建項目，是中國民間對外人道主義援助的標誌性工程。中國駐印尼大使館、中華慈善總會、中國紅十字會和中國水電建設集團傾注全力，在設計和建設過程中充分考慮到當地居民的生活特點和宗教習俗，房屋的設計、抗震性、隔熱性等均超過當地標準。中國工人頂烈日、揮汗水、戰高溫，克服雨季給施工造成的困難，加班加點，按時高質量地完成了承建工程。

　　如您有機會前往訪問，一進「友誼村」村口，中國式牌坊將首先映入您的眼簾，由中國書法家沈鵬書寫的「中國—印尼友誼村」格外醒目。牌坊附近用中、英、印尼文刻寫的紀念碑介紹了建造「友誼村」的背景。「友誼村」依山傍海，景色優美。設計美觀、功能齊全的六百零六套住房，錯落有致地排列在海拔一百五十米高的山坡上，紅頂黃牆在藍天和陽光下色彩斑斕。村民的房屋面向大海，碧海藍天盡收眼底，習習涼風拂面而來，令人心曠神怡。村內設施齊全，配備了學校、幼兒園、診療所、運動場、巴剎、清真寺、供水系統等，村內水泥馬路平坦寬闊，各家房前屋後都留有一些空地，供居民種菜養花美化環境，村民生活出行十分便利。

　　二〇〇七年七月十九日，「友誼村」彩旗招展、鮮花飄香，村民們打著手鼓，穿著民族盛裝翩翩起舞，共同慶祝「友誼村」竣工和交接儀式舉

中國援建的友誼村碑銘

行。我當時作為中國駐印尼大使館臨時代辦，代表大使館致辭，表示：無情的印度洋海嘯給印尼亞齊人民造成巨大災難，「友誼村」的建造凝聚著億萬中國捐款人的愛心，也凝聚著中國建設者的辛勤勞動和汗水，是兩國人民患難與共的見證，是中印尼兩國人民友誼的象徵。中華慈善總會范寶俊會長致辭並向亞齊縣縣長達翁交鑰匙，向部分村民分發了鑰匙。與會嘉賓還共同種植了友誼樹。

「友誼村」無論是建設規模、房屋質量還是施工速度，在國際社會對亞齊援建項目中均名列前茅，被公認為亞齊災後重建的「樣板工程」。亞齊副省長納扎爾和印尼亞齊—尼亞斯重建機構主席昆多羅主席均表示，「友誼村」是中印尼友好史上一座偉大的豐碑，是亞齊目前規模最大、設計最好、功能最全的外國援助項目，希望亞齊人民永世不忘中國人民的愛心和奉獻，珍惜「友誼村」的一草一

木，創造一個美好的生活環境。華人村民老倉民讚歎說，中國工人僅用十四個月的時間就高質量完成了「友誼村」的建設，讓亞齊人見識了什麼叫「中國速度」。一些村民也翹起大拇指，稱讚中國援建的房屋美觀、堅固、實用。如今的「中國—印尼友誼村」被當地人稱為「中國村」，已成為當地著名的旅遊景點之一，許多國內外遊客慕名而來。

十年來，中國駐印尼大使館和駐棉蘭總領事館十分關心並關注「中國—印尼友誼村」的建設與後續發展。歷任駐印尼大使蘭立俊、章啟月、劉建超分別訪問了「友誼村」，與村民座談，暢敘友誼，了解「友誼村」的發展情況，並提供了力所能及的幫助。

二〇一四年新年伊始，曾為當年中國政府海嘯慰問考察團成員的時任駐印尼大使劉建超再次踏上了亞齊這片土地，專程到「友誼村」看望那裡的村

民。當劉大使一行步入「友誼村」時，村長在村口牌坊下迎候，熱情的村民們揮舞著中印尼兩國國旗，可愛的孩子們跳起亞齊傳統舞蹈，歡迎遠道而來的中國朋友。村長表示，海嘯沖毀了他們的家園，奪走了他們的親人，但「友誼村」給他們帶來了安定的生活和美好的希望。他誠摯地歡迎更多中國朋友到「友誼村」參觀，相信中國朋友一定會為中國政府和人民援建的「友誼村」感到驕傲。在村民紛紛與劉大使合影留念時，突然一位年過七旬的老奶奶步履蹣跚地從人群中走來，雙手緊緊握住劉大使的手，雙眼噙著熱淚激動地說，海嘯奪走了她全家人的生命，她是唯一的倖存者，是中國政府和人民幫助她重獲家園。

訪問期間，劉大使代表中國駐印尼大使館向「友誼村」小學捐贈了一批課桌椅和電腦等教學用品，並幫助修繕教室和草場，進一步改善了學生們的學習和活動環境。

中國－印尼紅十字會友誼村

根據二〇〇五年中印尼兩國紅十字會簽署的協議，雙方合作在亞齊特區省亞齊查雅縣大印德拉鎮拉姆諾鄉河口村建造「紅會友誼村」。項目包括三百一十七套住房，總投資近四百萬美元，其中大部分款項由中方提供。

二〇〇七年十月三十日，「紅會友誼村」彩旗

招展，花團錦簇，身裝鮮豔民族服裝的村民聚集在竣工交付儀式現場，中國紅十字會常務副主席江亦曼和印尼紅十字主席馬里在村民的熱烈掌聲和歡呼聲中共同為「紅會友誼村」揭幕，並向村民分發鑰匙。江副會長在致辭中說，印度洋海嘯發生後，中國政府和人民對亞齊人民遭受海嘯災難深表同情並伸出援手，對亞齊災後重建予以高度關注和大力支持。「紅會友誼村」是中印尼兩國和兩國人民深厚友誼的新象徵，亞齊人民將永遠擁有中國人民的祝福，願幸福與安寧、和平與發展永遠降臨在印尼這塊美麗的土地上。印尼紅十字會主席馬里、亞齊查雅縣縣長及「紅會友誼村」村長致辭，盛讚兩國紅十字會為建設「紅會友誼村」作出的貢獻。村民在

二〇一四年初，中國駐印尼大使劉建超（中）到亞齊中國—印尼友誼村看望村民，在中國式牌坊下留影。左3為楊玲珠。

交接儀式上還演唱了自創歌曲，飽含深情地歌頌中印尼兩國政府和紅十字會為亞齊災民提供的幫助。我作為中國駐印尼使館公使銜參贊代表使館出席了交接儀式，見證了「紅會友誼村」的落成。

如今，代表著中國人民愛心的「中國—印尼友誼村」和「中國—印尼紅十字友誼村」坐落在美麗的亞齊海濱，譜寫了中印尼兩國人民友好的新篇章，永載中印尼友好史冊。

抗震救災譜新篇

二〇〇八年五月十二日，中國四川汶川地區發生強烈地震，全中國人民眾志成城，展開了抗震救災，包括印尼在內的國際社會對這一舉世震驚的災難迅速作出反應。震後數日，印尼國家救災委員會主席沙姆蘇爾緊急約見我，通報印尼對華援助事宜。沙姆蘇爾表示，印尼政府對四川強震造成的重大人員傷亡和財產損失深表同情，為支持中國政府抗震救災，決定為四川災區提供價值約五十萬美元的救援物資，並將派一支二十人的醫療隊前往災區開展人道主義救援。我立即報告國內，使館各部門立即就印尼救災物資起運及醫療隊赴災區安排與印尼方和國內有關部門進行積極協調。

五月二十三日，兩架飛機滿載四川災區急需的救援物資從雅加達哈利姆空軍機場起飛，前往中國成都。沙姆蘇爾主席在救援物資起運儀式上表示，

印尼曾經歷過亞齊海嘯、日惹地震等重大自然災害，因此印尼人民對汶川地震給災區人民造成的損失和痛苦感同身受。印尼政府決定向中國提供三十六噸救援物資，包括二百一十五頂帳篷、五噸藥品、四噸嬰兒輔助食品和一噸方便麵等，並將派遣一支國際醫療隊赴災區進行醫療救助，希望能夠在災區救援、傷員救治、災民安撫等方面起到積極作用。

我代表中國政府和災區人民感謝印尼政府的援助，表示印尼是一個地震等自然災害頻發的國家，在自身不斷受災的情況下，仍向中國人民提供援助，充分體現了中印尼戰略夥伴關係和兩國人民的友誼，相信援助物資將在汶川救災工作中發揮積極作用。

印尼國際醫療隊在隴南

經過一週多時間的緊張籌備與協調，五月二十七日，由二十名外科、內科、兒科等醫生組成的印尼國際醫療隊從雅加達蘇加諾—哈達國際機場啟程，前往中國甘肅隴南市文縣地震災區，開展為期兩週的醫療救援行動。這是一支來自印尼軍隊和各大醫院，並擁有豐富災害救援實戰經驗的醫療隊。

五月三十一日，印尼國際醫療隊到達甘肅後，不顧路途疲勞，馬上趕赴受地震破壞最為嚴重的隴南市文縣。抵達文縣後，隊員們不顧餘震危險，即

投入忙碌的救治傷員工作中，並主動為當地群眾和學生進行義診和心理輔導。在文縣災區救援期間，印尼國際醫療隊共診治住院病人二百六十名，做手術七例，為八百四十四名居民和一百二十名學生進行了義診和體檢。

印尼國際醫療隊六月七日結束在隴南市文縣的救援任務，於十日晚返抵雅加達。印尼救災全國委員會、衛生部和印尼國民軍在機場舉行儀式，歡迎印尼國際醫療隊圓滿完成任務凱旋。醫療隊隊長尤拉代表全體隊員匯報了在隴南文縣災區開展醫療救援的情況，並表示他們在華期間得到了中國外交部和當地各級政府的精心關照，得到了中國同行的全力配合，也受到了當地民眾的熱烈歡迎和善待。醫療隊駐地周圍的村民自發為他們提水、曬被子，文縣街頭的水果攤主們和出租車司機都不收他們的錢，如此熱情讓他們不敢上街購物或打車。在隴南的醫療救援讓他們深切感受了中印尼兩國人民業已建立的深情厚誼，堅信兩國友好將世代相傳。

醫療隊中唯一能用華話與災區群眾交流的華裔骨科醫生亨利說，他們赴文縣城郊的清水坪村考察災情時，當看到當地大部分房屋倒塌後，醫療隊隊員們當即向村民捐出了隨身所帶的七千七百元。次日，清水坪村村民步行數公里，把一面繡著「海內存知己，患難見真情」的錦旗送到了醫療隊的駐地。

薩姆蘇爾在歡迎儀式上說，中印尼兩國是友好

鄰邦，當災難降臨時，兩國政府和人民總是相互支持、相互幫助。亞齊海嘯發生後，中國政府和人民向印尼人民伸出援手，印尼醫療隊前往中國災區救援也是為了表達印尼人民對中國人民的感激之情。同時，他表示為印尼醫療隊能夠成為為數不多的赴華救援的外國醫療隊而感到驕傲與自豪。

我代表中國政府和災區人民感謝印尼政府派遣一支醫術精湛的醫療隊赴中國抗震救災第一線，讚揚白衣天使救死扶傷的精神，表示醫療隊的義舉充分體現了崇高的人道主義精神和對中國人民的友好情意，為中國抗震救災作出了積極貢獻，必將促進中印尼戰略夥伴關係的發展，增進兩國人民的友誼。

慷慨解囊獻愛心

汶川地震發生後，印尼政界、新聞界、商界人士以及各國駐印尼使節及國際組織代表、華人華僑、中資機構、中國志願者教師及留學生等上千人前來使館弔唁地震遇難者。印尼華人和華人社團更是傾注了極大的關切，並以各種方式表達對災區人民的同情和慰問。很多華人家庭扶老攜幼，祖孫三代同來弔唁，他們中既有八十歲高齡的耄耋老人，也有不滿七歲的稚嫩孩童，很多人還當場慷慨解囊，為災區人民奉獻愛心。

印尼各大媒體，特別是作為當地華人社會信息

傳播平台的雅加達《國際日報》、《印尼星洲日報》、泗水《千島日報》、棉蘭《訊報》和《棉蘭早報》等華文報紙全面報導四川災情，並以專版或特刊形式詳細介紹中國政府和人民抗震救災的情況。華文報紙相繼開設「炎黃兒女情系四川地震災區」等賑災窗口和慈善信箱，發起「一方有難，八方救援」愛心募款等活動，呼籲社會公眾發揚博愛精神，踴躍捐款，為汶川災民奉獻愛心，並將捐款送到中國駐印尼大使館。印尼華人、華社和華文媒體的真摯情懷和無私善舉充分體現了炎黃子孫血濃於水的兄弟情誼，令我敬佩並為之感動。

最令我感動的是，「中國—印尼友誼村」村民在生活尚不富裕的情況下，緊急行動起來為汶川災區捐款。六月十日，「友誼村」村民代表阿非弗汀及華人老倉民等人從千里之外的亞齊乘飛機趕到中國大使館捐款。阿非弗汀代表村民們對汶川災區人民深表同情，表示儘管亞齊與汶川相距遙遠，但村民們每天在為汶川人民祈禱，並願為災區人民捐獻一份綿薄之力。捐款數額與中國人民給予亞齊人民的巨大幫助相比雖微不足道，但代表了大家的一片心意，希望汶川人民早日重返家園。我代表使館感謝並接受了「友誼村」村民捐款，表示村民們在重建中仍不忘為汶川災區捐款，充分體現了中印尼兩國人民的友好情誼。

對印尼政府和人民為汶川地震災區所提供的無私援助，我國領導人在訪問印尼期間曾多次感謝並

高度讚賞。二〇一一年四月二十九日，正在印尼訪問的國務院總理溫家寶會見了曾赴隴南抗震救災的印尼國際醫療隊隊員，並與他們一一合影留念。溫總理代表中國政府和人民，對為增進中印尼友好作出特殊貢獻的印尼國際醫療隊隊員們表示敬意和感謝。溫總理說：汶川地震發生後，印尼政府和人民在第一時間向中國人民伸出援手，向甘肅省隴南市文縣災區派遣了由二十人組成的醫療隊。醫療隊員們以實際行動詮釋了偉大的國際人道主義精神，你們帶來的不僅僅是緊急醫療救治服務，也帶來了印尼人民對中國人民的友好情誼。希望中印尼繼續積極開展防災減災合作，共同提高應對重大自然災害的能力。

二〇一三年十月三日，習近平主席在印尼國會發表演講，再次感謝印尼人民在中國人民遇到嚴重自然災害時伸出了援助之手。習主席說，二〇〇八年中國汶川發生特大地震，災區人民急需救援。印尼在第一時間向中國人民伸出了援手，派出醫療隊趕赴災區。印尼國際醫療隊抵達災區後，不顧災後餘震的危險，夜以繼日工作，並向災區人民捐款。印尼人民還自發為汶川地震災區捐款捐物，有的專程來到中國駐印尼大使館捐款，以表達他們的祈願和祝福。印尼民眾的舉動讓中國人民深受感動。這樣的故事，在兩國人民友好交往中數不勝數，充分印證了中國和印尼都有的一句成語，叫作「患難與共」。

印尼—中國：邁向和平與繁榮的夥伴關係

尤里・坦林

（印尼外交部前發言人、東亞和
太平洋地區事務司前司長）

　　二〇一五年是印尼與中國雙邊關係史上重要的
一年——建交六十五週年。自一九五〇年建立外交
關係以來，兩國之間的友誼和合作不斷鞏固與發
展。兩國始終相互輔助，彼此互為發展互利合作的
理想夥伴。

　　二〇一三年十月印尼和中國全面戰略夥伴關係
的確立正是凸顯了上述觀點。那是印尼—中國雙邊
關係發展史上的一個分水嶺，體現了雙方為實現國
家目標以及在地區乃至全球範圍內作出建設性貢獻
而不斷努力的信念。印尼與其他國家建立的友好關
係中，有我們熟悉的戰略夥伴關係和全面夥伴關
係。然而，印尼與中國則是建立了上述兩種關係相
結合而成的全面戰略夥伴關係。這反映了與中國建
立雙邊關係對印尼意義之重大。印尼—中國關係的
重要性不僅體現在雙邊範疇，在更廣泛的地區和全
球範圍也有體現。這就是確立戰略關係的原因——
具有影響力與潛力的不僅僅限於雙邊的戰略關係。

印尼和中國不僅是戰略合作夥伴，更是全面合作夥伴。從這點我們可以看出中印尼兩國領導人在促進更加廣泛的、在未來更受重視的雙邊關係事業上的決心。

　　目前，印尼和中國的雙邊關係上升到了新高度——一個目標明確、計劃清晰的全面戰略夥伴關係，並仍在不斷發展。

　　印尼與中國現有的雙邊合作機制途徑包括統籌部長與國務委員級別磋商、外交部長級別磋商以及高級官員級別磋商。這些雙邊機制對確保所有倡議、計劃和目標的落實是至關重要的。

　　現在，是該付諸行動的時候了。兩國必須在貿易、投資、人與人之間的關係及其他領域共同建設，為真正實現全面戰略夥伴關係的構想而努力。

　　在經濟方面，二〇一四年雙邊貿易額達四百八十二點三億美元，相比二〇〇五年的一百二十五億美元，這是一個顯著的飛躍。然而，儘管雙邊貿易額不斷上升，兩國仍需注重並確保一種實現互利並造福兩國人民的穩固、平衡和可持續的經貿關係。

　　為實現到二〇二〇年雙邊貿易額達到一千五百億美元的目標，印尼和中國仍需在以下方面共同努力，包括為印尼商品進入中國市場提供更多途徑，減少關稅和非關稅壁壘，增加兩國貿易代表團互訪頻率等。

　　在投資方面，我們也看到中國對印尼投資不斷增加的積極趨勢。二〇一四年，中國在印尼共投資

五百零一個項目，總額達到八億美元，與二〇一三年對印尼四百一十一個項目、二點九六九億美元的投資額相比有了大幅度的提升。中國目前是印尼的第八大投資國，考慮到中國的投資潛力，印尼希望中國能在年內成為印尼的五大投資國之一。

在旅遊方面，中國是印尼第四大遊客來源國。去年，共有八十八萬三千七百二十五名中國遊客到印尼旅遊。一方面，預計今年中國出境遊客將近一億人次；另一方面，印尼政府近期出台了對中國遊客實行免簽的政策，期待兩國人民的關係也因此得到進一步加強。

總而言之，印尼和中國目前的雙邊關係日益穩固。

在此意義上，除了加強雙邊合作，印尼和中國還必須促進地區和全球利益合作。確保地區和平與穩定是印尼和中國的核心利益。然而，在相互關聯和相互依存的當今世界，各國之間的不信任，即所謂「信任赤字」日趨明顯。地區內外局勢緊張、領土爭端帶來的潛在衝突問題再次出現在我們面前。

在這方面，作為地區最大的兩個國家，印尼和中國應在將「信任赤字」轉變成戰略互信的過程中起主導作用。在此，我們可以帶動本地區其他國家在地區內外宣傳和平文化。印尼和中國需要通過減少政治分歧及尋求平衡合作來提升共同責任感。

印尼和中國所面臨的下一個挑戰是：在更大的背景下推進全面戰略夥伴關係。

朝著更廣闊的夥伴關係邁進需要鞠躬盡瘁和無私奉獻的精神，制定長遠目標與短期措施二者缺一不可。雙方需秉持誠心誠意的態度，繼續維護、保持和提升全面戰略夥伴關係。只有如此，這種夥伴關係才有意義。

　　我希望，歷經磨礪而確立的兩國各個方面的友誼與合作將隨著時間的推移變得愈加牢不可破。

「三好政策」與華人華僑歸僑的不了情

許育紅

（中國外交部領事司領事）

　　我出生於閩南僑鄉，家鄉人稱華人、華僑、歸僑為「蕃客」。通俗地說，「華人」是指具有中國血統但不具有中國國籍的人，「華僑」是指定居在國外的中國公民，「歸僑」是指回中國定居的華僑或華人。我的高中英語老師有兩位，其中楊老師是從印度尼西亞歸國的「蕃客」。她工作勤勤懇懇，是我經過高考成為外語專業學生的直接導師。楊老師於新中國成立之初回國參加社會主義建設，在母校晉江市第一中學從事英語教學工作至退休，為改革開放的僑鄉培養了一批又一批的外語人才。這是印度尼西亞歸僑在我心目中的第一印象。

　　大學畢業之後，由於工作需要，我接觸了更多的華僑華人和歸僑僑眷，尤其是二〇一三年參與《中國領事工作》（上下冊）編寫工作期間，我通過對新中國同印度尼西亞協商解決華僑雙重國籍問題的歷史脈絡的梳理，進一步了解到新中國的「三好政策」對華人華僑和歸僑僑眷的巨大影響，深切體

會到中國外交對華人華僑和歸僑僑眷的那份深情與
厚誼。

海外華僑雙重國籍問題是懸而未決的歷史
遺留問題

　　雙重國籍是指個人在同一時期具有兩個國籍，
海外華僑雙重國籍問題由來已久。對新中國來說，
東南亞國家特別是印度尼西亞華僑的雙重國籍問
題，是一個懸而未決但必須解決的歷史遺留問題。

　　唐宋時期甚至更早時候，中國人通過陸、海兩
路到東南亞各地經商或者移居東南亞。一九〇九
年，清政府以「血統主義」原則頒布的《國籍條例》
規定：父為中國人，或者母為中國人而父無國籍或
無可考者，不論本人是否生於中國，均屬中國國
籍。據此，僑居世界各地具有中國血統的人均擁有
中國國籍。由於第二次世界大戰結束之前，東南亞
大部分地區包括印度尼西亞系採用「出生地主義」
原則的殖民主義國家屬地，因此，旅居東南亞各地
的華僑及其子女普遍存在雙重國籍。據不完全統
計，二十世紀五〇年代初，海外華僑共約一千二百
萬人，印度尼西亞華僑約為二百七十萬人，其中三
分之二生長於當地，具有雙重國籍。

　　第二次世界大戰結束後，東南亞各國相繼獨
立。一方面，它們作為主權國家要求解決其國內具
有雙重國籍人士的法律地位問題，如印度尼西亞政

府規定：一九五一年十二月二十七日之前，雙重國籍華僑如未表示不加入本國國籍，均被視為本國國民並加以登記入冊；另一方面，由於舊中國政府未採取措施予以解決，致使華僑雙重國籍問題日益凸顯，許多華僑期盼新中國對此有所表示。

這是新中國必須予以解決的歷史遺留問題。正如一九五四年九月二十三日周恩來總理在第一屆全國人民代表大會第一次會議上所作的政府工作報告中所指出：「華僑的國籍問題是中國過去反動政府始終不加以解決的問題，這就使華僑處於困難的境地，並且在過去常常引起中國與有關國家之間的不和。為了改善這種情況，我們準備解決這個問題，並且準備首先同已經建交的東南亞國家解決這個問題。」

以和平共處五項原則解決印度尼西亞華僑雙重國籍問題

一九五一年五月，考慮到歷史的原因並根據現實的需要，新中國出台了第一個解決華僑雙重國籍問題的政策性文件——《關於處理印度尼西亞華僑國籍問題的三條原則》，規定：凡父母雙方或父母一方具有中華人民共和國國籍者，子女出生時即具有中華人民共和國國籍的權利；華僑變更國籍，根據本人自願原則；出籍華僑有要求復籍權利。同年十一月，中國駐雅加達總領事館據此發表聲明：

「出生於印度尼西亞共和國的華僑的國籍問題是中華人民共和國政府與印度尼西亞共和國政府之間的問題，必須由兩國政府通過正常外交談判才能獲得最合理解決。」印度尼西亞政府對此表示同意。

一九五三年元旦，中央人民政府通過《人民日報》社論宣布，新中國將開始執行國家建設的第一個五年計畫。同年七月，朝鮮停戰協議簽訂，中外人員往來數量從此開始增多。據統計，一九五三年前十一個月，中國內地的因公出國人數共達八千五百一十六人次，比一九五二年全年多出三倍以上。因此，中央人民政府要求在外交方面展開積極活動，為新中國剛剛起步的大規模經濟建設爭取一個較長時期的國際和平環境。同年十二月，周恩來總理兼外長在北京接見印度談判代表團時，首次提出了「和平共處五項原則」，即互相尊重領土主權、互不侵犯、互不干涉內政、平等互惠、和平共處，後來調整為「互相尊重主權和領土完整、互不侵犯、互不干涉內政、平等互利、和平共處」五項原則。

一九五四年六月，在日內瓦會議休會期間，周恩來總理應邀訪問印度和緬甸兩國，分別同印度總理尼赫魯、緬甸總理吳努舉行會談並發表「總理聯合聲明」，共同倡導將「和平共處五項原則」作為處理不同社會制度國家間關係包括領事關係的準則。在此項原則的指導下，為進一步解決華僑雙重國籍問題，保護華僑在當地的合法權益，新中國逐

步同印度尼西亞溝通協商解決問題的辦法和途徑。

　　一九五四年十一月二日至二十三日，中國同印度尼西亞就華僑雙重國籍問題舉行初步談判。一九五五年四月二十二日，兩國外長簽署《中華人民共和國和印度尼西亞共和國關於雙重國籍問題的條約》，規定：同時具有兩國國籍的人都應根據本人的自願原則，選擇一種國籍；成年人和未滿十八歲的已婚人，在兩年內選擇國籍，如在規定的時間內沒有選擇國籍，應隨其父國籍，如與父方沒有法律關係或父方國籍不明，則隨其母國籍；未成年人，應在成年後一年內選擇國籍，如在規定的時間內未選擇國籍，則被視為選擇其未成年時期的國籍；在印度尼西亞出生的兒童，無論他們的父母雙方或僅父方具有中國國籍，在出生後即具有中國國籍；在中國出生的兒童，無論他們的父母雙方或僅父方具有印度尼西亞國籍，在出生後即具有印度尼西亞國籍；條約有效期為二十年。

　　一九五五年六月，周恩來總理在北京同來訪的印度尼西亞總理阿里·沙斯特羅阿米佐約就上述條約的目的和實施辦法交換意見，並就達成的諒解進行換文。換文規定：在具有雙重國籍的人當中有一類人，由於他們的社會和政治地位，證明他們已不言而喻地放棄了中國國籍，可以被認為只具有一種國籍，不需要按照雙重國籍條約的規定選擇國籍。為順利地進行選籍工作，中國和印度尼西亞成立聯合委員會。一九六〇年十二

月，雙方公布了《關於雙重國籍問題的條約的實施辦法》。

「三好政策」是新中國尊重華僑自願選擇國籍的溫馨體現

一九六一年五月，中國和印度尼西亞聯合委員會正式開始辦理雙重國籍華僑的選籍手續。在此過程中，中國駐印度尼西亞使領館在華僑中深入細緻地宣傳「三好」政策，即：自願加入印度尼西亞國籍的，很好；自願保留中國國籍的，同樣好；願意回到中國的，也好。從此，自願選擇加入印度尼西亞國籍的，成為「華人」；自願選擇保留中國國籍的，成為「華僑」；自願選擇回到中國的，成為「歸僑」。在充分尊重本人意願的前提下，華僑選籍工作順利完成，印度尼西亞華僑雙重國籍問題基本上得到解決。由此，具有當代法律意義的「華人」之

周恩來總理在萬隆會議期間簽署《中華人民共和國與印度尼西亞共和國關於雙重國籍問題的條約》。（供圖：FOTOE）

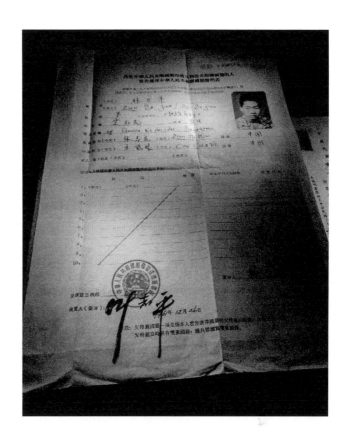

雙重國籍人士選擇國籍聲明表（1961年），中國華僑歷史博物館藏。（供圖：FOTOE）

稱，從「選擇加入印度尼西亞國籍的雙重國籍華僑」中產生。

印度尼西亞華僑雙重國籍問題的解決，既符合華僑本身的長遠利益，也符合印度尼西亞人民的根本利益，為中國同其他國家處理同類問題創立了良好範例。此後，中國先後同馬來西亞、菲律賓、泰國等國在建交聯合公報中確認解決雙重國籍的原則和政策，妥善處理歷史遺留的華僑雙重國籍問題，促進了中國同這些國家友好關係的發展。同時，華僑雙重國籍問題的解決也有利於取得僑居國國籍的

華人安居樂業，贏得了廣大華僑華人的擁護和國際社會的讚譽，沉重打擊了帝國主義挑撥東南亞國家與中國友好關係的企圖。儘管中國同印度尼西亞的關係後來出現曲折，但中國政府以和平共處五項原則解決歷史遺留問題、履行護僑職責、發展睦鄰友好關係的誠意和決心已載入史冊並昭示天下。

　　總之，可以說，「三好政策」是新中國尊重華僑自願選擇國籍的溫馨體現。

「三好政策」與華人華僑、歸僑僑眷的不了情

　　根據《中華人民共和國歸僑僑眷權益保護法》及《關於界定華僑外籍華人歸僑僑眷身分的規定》，「華人」即「外籍華人」是指已加入外國國籍的原中國公民及其外國籍後裔，中國公民的外國籍後裔；「華僑」是指定居在國外的中國公民；「歸僑」是指回國定居的華僑；華人、華僑、歸僑在中國境內的眷屬稱作「僑眷」。華人與華僑、歸僑、僑眷雖國籍不同，但血脈相連。印度尼西亞等東南亞國家的華僑雙重國籍問題，是一個懸而未決但必須解決的歷史遺留問題。為了妥善解決這一問題，新中國製定並實行的上述「三好政策」，體現了新中國解決華僑雙重國籍問題的誠意、智慧和人文關懷，體現了新中國保護華人華僑乃至歸僑僑眷利益的那份深情與厚誼。

二〇一三年九月二十五日，第十二屆世界華商大會在四川省成都市隆重開幕，中國國家主席習近平在賀信中表示：「長期以來，廣大華僑華人秉承中華民族優秀傳統，艱苦創業，拚搏進取，積極融入住在國社會，同當地人民和睦相處，在事業上取得長足發展，為各國經濟發展和社會進步作出了積極貢獻。中國改革開放事業取得偉大成就，廣大華僑華人功不可沒。」二〇一五年九月二十三日，習近平主席在美國西雅圖出席僑界歡迎招待會時表示：實現中華民族偉大復興是海內外中華兒女的共同夢想，相信廣大旅美僑胞一定能夠在這一偉大進程中作出獨特貢獻，希望僑胞們積極融入美國主流社會，推動當地經濟社會發展；發揮學貫中西、融通中美的優勢，為中美互利合作牽線搭橋；積極主動宣傳中華文化，講好中國故事。

　　我想，上述賀詞與講話，既是對廣大海外僑胞的尊重和感謝，也是對廣大海外僑胞的信任和期待，同時表達了中國對華人華僑乃至歸僑僑眷的不了之情。希望楊老師讀到此文時，也能感受到學生的感恩之情！

人物 篇

蘇加諾總統的中國情結

黃書海

（中國外交部印尼文高級翻譯）

　　蘇加諾總統有很深的中國情結。我在上世紀五六十年代擔任中方印尼文翻譯時，就深切感受到這一點。

無比崇敬孫中山

　　追本溯源，蘇加諾的中國情結應萌發於對孫中山的崇敬，對「三民主義」的景仰。他曾不止一次公開說過：「我閱讀過『三民主義』，不是一次兩次，而是三次四次，從頭到尾仔細閱讀。『三民主義』，即民族、民權、民生，鼓舞了我年輕的靈魂。」

　　一九五六年八月，蘇加諾總統在歡迎宋慶齡副委員長訪問印尼的宴會上深情地說：「我沒有忘記孫中山先生領導的中國革命在思想上所給予我的啟示。『三民主義』鼓舞我去鬥爭和熱愛我的國家和人民。」類似這樣的話，不勝枚舉。

　　一九四九年中華人民共和國成立，蘇加諾領導的印尼政府很快給予承認；一九五〇年，兩國建立

正式外交關係。從此，兩國友好關係迅速發展。蘇加諾和新中國第一代領導人毛澤東、劉少奇、周恩來、陳毅、宋慶齡等頻密交往，建立起新興發展中國家領導人之間相互尊重、互相支持的嶄新模式。

通過這種平等互利、友好協商的合作關係，蘇加諾總統和周恩來總理引領亞非國家共同促成萬隆亞非會議的成功召開，並取得劃時代的豐碩成果。這是蘇加諾總統第一次接觸新中國的外交家周恩

一九五六年一月十一日，蘇加諾總統在雅加達華僑紀念孫中山誕辰九十週年大會上演講。（供圖：FOTOE）

來，特別是對周恩來在亞非會議期間所表現出的非凡外交才能，有「相逢恨晚」之感。於是，他特邀周總理訪問雅加達，破例陪同周總理坐敞篷汽車遊覽雅加達市容，破例出席周總理在中國駐印尼大使館舉行的招待會。

蘇加諾總統這些史無前例的舉措，引起印尼媒體特別是國際媒體的高度關注。輿論離不開左中右三種傾向，但絕大部分還是看好中印尼友好合作關係的迅猛發展。

接著，一九五六年七月，蘇加諾總統盛情邀請宋慶齡副委員長訪問印尼。當時，我在中國駐印尼大使館工作，有幸隨團作為翻譯，親歷蘇加諾總統以最高禮儀接待宋慶齡代表團的整個過程。

蘇加諾十分敬重宋慶齡，幾乎把他對孫中山的景仰之情都傾注在她身上。蘇加諾邀請宋慶齡代表團下榻國家宮（即總統府），並破格在獨立宮為宋慶齡舉行盛大的歡迎宴會。

一九五六年九月三十日，印度尼西亞總統蘇加諾訪問中國，受到毛澤東等國家領導人和首都群眾的熱烈歡迎。（供圖：FOTOE）

蘇加諾讚揚宋慶齡為中國革命和世界反帝反殖鬥爭的偉大女性之一，還親切地稱呼她為「姐姐」。訪問行程由總統親自規劃並全程陪同。

　　宋副委員長英文很流利，不通過翻譯用英語和蘇加諾交談，更感親切、水乳交融。有幾篇講稿是宋副委員長親自用英文撰寫的。黃鎮大使還安排一名英文翻譯把講稿譯成中文，以備公開演講時使用。

　　宋慶齡高雅端莊的談吐和講究得體的衣著，給印尼朋友留下極其深刻和美好的印象。

　　宋副委員長代表團的訪問，除了增進同蘇加諾總統的友誼，還促進了中印尼兩國議會之間的友好交往與合作。同年八月，印尼合作國會議長沙多諾率領包括印尼各黨派議員在內的龐大代表團應邀對中國進行了回訪。

一九五六年十月一日，蘇加諾總統（左5）與中國領導人毛澤東、周恩來、劉少奇、朱德及尼泊爾首相阿查裡雅（左3）一起在天安門城樓上觀看中國國慶七週年慶典。（供圖：FOTOE）

蘇加諾總統則應毛澤東主席的邀請，於同年九月三十日至十月十四日對中國進行國事訪問。這是有史以來第一位訪問中國的印尼國家元首。毛澤東主席、朱德副主席、劉少奇委員長、周恩來總理等國家領導人親臨機場迎送。毛主席還破例與蘇加諾總統並排乘坐敞篷汽車接受沿途群眾的熱烈歡迎。

　　蘇加諾總統先後訪問了北京、鞍山、上海、南京、廣州等地，還專程拜謁了南京中山陵，瞻仰了上海孫中山故居。他擅長演說，一路訪問，一路演說。

　　他高度評價孫中山領導的辛亥革命對早期印尼民族獨立鬥爭的影響；他提出的「建國五基」與孫中山的「三民主義」是一脈相承的。

　　他高度讚揚以毛澤東為首的新中國第一代領導人的豐功偉績，讚揚新中國是反對侵略、捍衛世界和平的堅強力量。

　　他一再強調，中印尼兩國和兩國人民是反帝反殖戰線上並肩戰鬥的戰友。

　　他的這些充滿中國情結和兄弟友誼的講話，贏得了中國人民的熱烈歡迎和高度讚賞。

　　後來，蘇加諾總統還於一九六一年六月和一九六四年十一月相繼對中國進行短暫訪問，主要目的就是與中國領導人交換對國際形勢熱點問題的看法。這充分體現了中印尼兩國在政治外交上的合作已經達到史無前例的高度。

一九六一年六月，劉少奇主席舉行國宴歡迎來華訪問的印尼總統蘇加諾。（供圖：中新社）

迎來兩國關係新高潮

一九五九年，蘇加諾總統受到國內右翼勢力的多方掣肘，不得不簽署第十號總統條例，禁止華僑小零售商在一級和二級行政區以外的地區經商，不准華僑在鄉鎮地區做買賣。這個法令帶有明顯的排華色彩，沉重地打擊了成千上萬的貧窮華僑小商販。於是，印尼各地出現了驅趕華僑小商販的排華事件，頓時使中印尼兩國友好關係發生大逆轉。

為了制止排華逆流進一步蔓延擴大，妥善解決歷史遺留的華僑問題，維護中印兩國來之不易的友好大局，陳毅副總理兼外長審時度勢，於一九五九

年十二月九日主動寫信給蘇班德里約外長，提出全面解決華僑問題三項建議：（1）立即交換關於雙重國籍問題條約的批准書，同時討論和規定實施條約的辦法；（2）切實保護自願保留中國國籍或選擇印尼國籍未獲批准的華僑的正當權益；（3）對於流離失所或不願繼續留居的華僑，中國政府準備安排他們回國參加建設，希望印尼分期分批遣送他們回國，並保證他們歸途中的安全。

陳毅的信很快得到蘇班德里約的正面回覆。印尼各地的排華活動有所收斂。接著，一九六一年四月，陳毅外長應邀訪問印尼，同蘇班德里約副首席部長兼外長進行友好會談，並簽訂了中印尼兩國有史以來第一個友好條約。

蘇加諾總統向陳毅外長頒發印尼共和國二級勛章，以表彰他對促進中印尼兩國友好關係所作出的卓越貢獻。

兩國關係明顯回暖。一九六一年六月蘇加諾總

統進行環球旅行，十三日突然改變行程，從莫斯科特地飛往北京進行兩天的工作訪問。

蘇加諾此行顯然是為了修復在處理華僑問題上失當而造成的兩國友好關係的嚴重裂痕。他在劉少奇主席舉行的國宴上一再強調：中印尼友誼是發自內心的友誼，是牢不可破的。雖然在華僑問題上發生糾紛，但這是兄弟之間的糾紛，中印尼仍然是兄弟。

蘇加諾總統還借訪問之機，向劉少奇主席、朱德委員長、周恩來總理頒發印尼共和國一級和二級勛章。

中印尼兩國不愉快的一頁就這樣翻了過去。接著，便迎來了兩國友好交往的新高潮：

一九六一年八月，郭沫若率全國人大代表團訪問印尼；

一九六二年九月，蘇加諾總統夫人哈蒂妮訪華；

一九六三年四月，劉少奇主席、陳毅副總理兼外長訪問印尼；

一九六四年四月，蘇加諾總統訪問上海；

一九六五年一月，蘇班德里約首席部長（即總理）率龐大的代表團訪華；

一九六五年四月，周恩來總理和陳毅外長應邀參加萬隆亞非會議勝利召開十週年慶典活動；

一九六五年，陳毅副總理兼外長應邀參加印尼獨立二十週年慶典。

與此同時，兩國文化藝術、宗教、工農青婦民間代表團的交往也十分熱絡，構成兩國友好關係進入鼎盛時期的景象。

對中國高度信任

在此期間，蘇加諾總統還作出兩項具有濃厚個人色彩和充滿中國情結的決定：

一是把蘇加諾文集和藏畫集交由中國出版。

據總統府畫家杜拉（Dullah）稱，當時確實有個別西方和印尼出版社曾經覬覦這兩項出版業務，他們提出，要以高稿酬出版上述文集。但蘇加諾總統並沒有因此而動心，因為他對他們不信任。

蘇加諾文集《在革命的旗幟下》交由外文出版社出版。一九五九年和一九六五年出版了第一、二卷，其中有幾篇講話稿由我翻譯（沒有署名）。第三、四卷因「9‧30」事件而擱淺。

《蘇加諾藏畫集》共六卷，由人民美術出版社出版。當時出版社派遣著名畫家邵宇到印尼洽商此事，我當翻譯。出面接待的是總統府畫家杜拉。雙方合作得很愉快。杜拉說，你們是第一批獲准全面觀賞總統藏畫（包括他寢室裡著名的裸體油畫）的中國人。

當出版計畫初步落實後，杜拉便邀請邵宇等訪問茂物、萬隆、日惹、泗水、峇里等地。邵宇非常勤奮，畫筆不離手。一路覽勝，一路或寫生或速

描。這是我第一次親眼目睹一個畫家的工作狀態，其認真精神令人敬佩。

這裡，我要莊重地寫上一筆：在出版《蘇加諾藏畫集》的整個過程中，中國駐印尼大使館文化參贊司馬文森和隨員張瓊郁都作出了令人難忘的重要貢獻。

二是聘請中國醫生為總統本人治療腎病。

上世紀六〇年代初，蘇加諾患腎結石，有一顆結石掉入尿道出不來。蘇加諾多次求助奧地利名醫，均無效。名醫的結論是非開刀不可。蘇加諾很怕開刀，萬般無奈，只能求助中醫。

當時，他對中醫療效沒有切身體會，只能將信將疑，試試看。

周總理對蘇加諾的要求十分重視，決定派遣以泌尿科著名專家吳階平為組長、心臟病專家方圻為副組長的中國高級醫療組到印尼為蘇加諾治病。醫

療組共九人，其中有著名老中醫岳美中、針灸專家楊甲山、放射科專家胡戀華等。

醫療組於一九六二年一月飛抵雅加達，下榻於印尼政府安排的賓館裡，生活設施一應俱全。

姚仲明大使委派我去當翻譯。所謂翻譯，實際上就是聯絡員，由我負責與總統府聯繫，照顧醫療組的生活和出行。

談體檢和病情，均由吳階平組長用流利的英語直接同總統和總統私人醫生交談。只有當總統集體會見醫療組成員以及岳美中老中醫每天給總統號脈時，我這翻譯才派上用場。

整個治療採用中西醫結合——總統對中醫的接受是有個過程的。後來有幾件事，不能不使總統折服於中醫的療效。

經過服用一個療程的湯藥（總統稱之為「中國咖啡」），原先堵在尿道的結石居然被碾碎，並排出體外。醫療組拍的 X 光照片已經確認無誤，但總統還是將信將疑，為此還專程到奧地利醫院複查。醫生告訴他，結石確已排出體外，右腎功能也比過去有所好轉。這下總統才心服口服，對中醫刮目相看。

中國醫療組治好了蘇加諾總統的腎結石病，消息一傳開，在印尼社會和輿論界引起強烈反響。印尼達官貴人前來求醫問診者絡繹不絕。中國醫療組在印尼足足待了五個月。

後來，一九六三年、一九六四年和一九六五

年，醫療組又三次赴雅加達為蘇加諾總統治病。

這裡順帶提一筆，一九六一年六月黃鎮大使調任回國。在任期間，大使和總統不但建立了良好的工作關係，私交也挺好。有一天，大使囑我與總統府大管家聯繫，說大使將托翻譯給總統送上他愛吃的芝麻酥餅。大管家說，下午二點三十分即可送來。

使館名廚把做好的酥餅碼放在大使從北京帶來的船形水晶籃裡。我捧著酥餅按時到達總統府。大管家在指定地點迎候我。

一見面寒暄幾句。大管家說：這是吃的東西，還是請你當面送給總統吧。總統正在喝午茶，我領你去。

我毫無思想準備，但並不緊張，因為此前在外交場合曾多次見過總統。

總統在獨立宮後院草坪上，正獨自一人在飲茶。

大管家領我到總統跟前，說了幾句介紹的話。總統微笑著和藹地跟我握手，並請我落座。大管家命侍從給我端上一杯咖啡後便離去。

我首先向總統轉達黃鎮大使的親切問候，隨即打開保鮮紙，向總統介紹三種餡料（紅豆沙、棗泥和黑芝麻）的酥餅。總統一一品嚐，讚不絕口。臨別時，總統一再要我轉達他對黃大使的深切謝意和問候。

大管家把我送到車門口，我握住他的手說：感

謝你對大使館和我本人的信任。

他深情地笑了。

當時總統穿著便裝，沒有戴帽子，頭頂禿了。事隔半個多世紀，這一幕依然時常清晰地浮現在我眼前。

一九七〇年六月二十一日，印尼開國元勛、印尼民族一代英豪蘇加諾在軟禁中含冤去世。

雖經幾十年打擊和抹黑，蘇加諾的歷史功績是磨滅不了的。他在印尼人民和世人心中的形象和歷史地位，已開始恢復到應有的高度。

可以告慰他的是，如今中印尼兩國友好關係已經提升到全面戰略夥伴關係的高度。

陳毅與蘇加諾

劉新生

（中國前駐文萊大使、前駐印尼使館政務參贊）

一九五八年二月，陳毅接任中國外交部長的時候，正是世界各種力量在動盪中分化、改組，國際形勢多變的新時期。他運用毛主席、周總理關於統一戰線的理論和實踐經驗，以勇於開拓和進取的精神，遵循和平共處五項原則，大力發展對外關係，打開了外交工作的新局面。

在國際舞颱風雲變幻的十多個春秋中，陳毅與印尼官員接觸較多。早年我在印尼工作時，耳聞目睹了不少動人故事。他曾四次率團赴印尼訪問，如果加上陪同周恩來總理和劉少奇主席出訪，總共有七次之多。陳毅的熱情爽快、大度謙遜和博學睿智，深深打動了蘇加諾總統，彼此結下了深厚情誼。

以誠相待的朋友

蘇加諾與陳毅同歲，都是一九〇一年出生。在一九五五年的萬隆會議上，他們初次相識，彼此留下了深刻印象。但蘇加諾真正了解陳毅，是在萬隆

會議後第二年首次訪華的時候。一九五六年九月三十日至十月十四日，蘇加諾應毛主席的邀請訪問中國。訪問期間，除與中國領導人會談和出席國宴外，其餘時間始終是由陳毅陪同，到各地參觀遊覽。

他們一起遊覽了北海公園和天壇，觀賞北京的秋色；他們一起參觀故宮博物院，陳毅親自向蘇加諾介紹故宮歷史。身為萬隆工學院工學學士的蘇加諾，對中國古代建築的高超水平產生了濃厚興趣，他一邊仔細地觀賞了三大殿的整體設計，研究宮門、窗櫺、飛簷、斗栱、階石、欄杆的結構和所用的材料，一邊還聽陳毅說天道地，談古論今，講述皇帝們在宮中專權和作樂的許多掌故。蘇加諾發現陳毅不似想像中威嚴粗獷的赳赳武夫，相反，倒是一位熟知歷史、通曉人情、豁達大度、很有政治眼光又很有文化修養的人物。他開始讚賞並且喜歡上這位中國元帥。

在參觀鞍山高爐、軋鋼廠、長春汽車製造廠等大型工業企業時，陳毅向蘇加諾詳細介紹了新中國建設的經驗體會、舊中國遺留的弊病和問題。這些介紹在蘇加諾聽來是新鮮的，也是親切實在的。他在出訪巴黎、華盛頓或莫斯科時，從未聽到過這樣誠懇磊落、不玩弄外交辭令的談話。在旅順檢閱年輕而雄壯的中國海軍後，陳毅向蘇加諾談到了中國人民解放軍的建軍原則、紀律、傳統、制度。蘇加諾聽得入神，越聽越有興趣。

十月十日，陳毅陪同蘇加諾來到上海。那時，陳毅仍然兼任上海市市長，自然要盡地主之誼，熱情地招待他的這位極其高貴的朋友。當晚，陳毅陪同蘇加諾到上海市少年宮，與上海少年兒童聯歡。孩子們的精彩演出使蘇加諾驚喜萬分，他不斷地對陳毅說：中國少年兒童太幸福了。從少年宮出來，陳毅又設盛大宴會招待蘇加諾一行。

在宴會上，陳毅熱情地發表講話說：「能創造一切奇蹟的人民，擺脫了殖民主義的羈絆，失去的只是貧困、飢餓和落後，換來的是繁榮、幸福和富強。中國人民將永遠是印度尼西亞人民忠實的朋友。」宴會之後，陳毅陪同蘇加諾出席文藝晚會，觀看中國京劇大師梅蘭芳主演的《洛神》，欣賞上海樂團交響樂隊的演奏節目。蘇加諾對中國的藝術水平之高讚不絕口，對梅蘭芳大師的精彩演出永生難忘。

次日上午，陳毅陪同蘇加諾參觀孫中山故居。蘇加諾告訴陳毅，他早就對孫中山敬仰萬分，今天算是滿足了多年的心願。下午，陳毅陪同蘇加諾前往人民廣場出席上海各界舉行的歡迎大會，蘇加諾眼見廣場上人海無際，紅旗如林，耳聽歡迎的歌聲陣陣，掌聲似雷，直衝九霄，感動得熱淚盈眶。

陳毅含笑致辭說，蘇加諾在北京發表的演說，引起上海人民的共鳴，它把我們的理想同印尼人民的理想緊密地連接起來了，這就是：獨立的理想、和平的理想、新世界的理想。陳毅在致辭中還介紹

了上海人民的光榮革命歷史。在熱烈的掌聲中，陳毅代表上海人民向蘇加諾贈送了珍貴的禮品，蘇加諾緊緊地握著陳毅的手，一再表示感謝。當晚，陳毅陪同蘇加諾前往宋慶齡在上海的住所，參加為歡迎蘇加諾訪問上海而舉辦的宴會。

宴會上，賓主雙方歡聲笑語不斷。蘇加諾稱讚道：「陳毅副總理兼外長是元帥，是詩人，善辭令，會說出動人的詩句；黃鎮大使既是將軍，又是畫家，會說又能繪出悅目的書畫。可敬，可敬！」陳毅緊接著回答說：「蘇加諾總統是三軍最高統帥，是演說家，是印尼人民的喉舌，善於喚起群眾千百萬，為印尼共和國的繁榮和富強而奮鬥！」

蘇加諾大笑，愉快地轉身問黃鎮道：「在雙方互不相讓的僵局下，怎麼辦？」黃鎮也是久經外交沙場的外交家，他順口回答說：「團結起來，為維護世界和亞洲的和平、促進人類進步事業而共同奮鬥！」陳毅和中外人士都對黃鎮的出色回答拍案叫絕，一個個喜形於色。宴會廳裡愉快非凡，清脆的碰杯聲把兩國友好關係推向一個新高峰。

十月十二日，陳毅陪同蘇加諾離開上海，前往杭州等地訪問。一路之上，雙方就宗教、統一戰線、民主黨派參政等問題熱烈交談，陳毅向蘇加諾介紹新中國的外交政策，收到良好的效果。在杭州，陳毅陪同蘇加諾乘遊艇遊覽西湖，他親自介紹西子湖畔的人間天堂美景，以詩人的語言講述西湖的動人傳說，使蘇加諾大開眼界，受到印尼貴賓的

衷心稱讚。

十三日，陳毅陪同蘇加諾一行到達廣州，受到廣東省省長陶鑄的熱烈歡迎。在陶鑄主持的歡迎蘇加諾大會和晚宴上，陳毅反覆強調說明，世界各國之間確實存在意識形態、國家制度的不同，各民族各有其特點，但全世界大多數人民反對殖民主義的奴役，反對帝國主義的壓迫和侵略，是共同的思想。陳毅還特意舉杯走到蘇加諾席前，深情地稱讚蘇加諾根據世界各國先進人物的思想、結合印尼的實際情況所創造的「潘查希拉」五項原則學說，表示對其中體現的一個國家領導人的民主精神應給予極高的評價。

在從廣州飛往昆明的飛機上，蘇加諾誠心誠意地向陳毅請教：作為一個擁有九百六十萬平方公里國土和六億人口的大國的領導人，有什麼領導方法沒有？陳毅答道：「毛主席對領導方法是掌握最好的，他講過，主要在於出主意和用幹部兩條。」陳毅舉例詳細說明了這兩個問題之後，又談到自己在上海、中央工作的體會。陳毅說：中國受帝國主義侵略很久、範圍很廣，因而帝國主義留下的毒瘡特別多。我們當時想，身上的毒瘡必須割治，光在外面貼塊膠布不解決問題。帝國主義留下的政治勢力、經濟勢力、軍事勢力，都是中國身上的毒瘡，我們就接著改造、鎮反、剿匪……蘇加諾一邊聽，一邊頻頻點頭。

十月十四日，陳毅陪同蘇加諾到達訪華的最後

一站——春城昆明，共同領略中國邊陲城市的秀麗
風光，高興地與印尼貴賓、昆明群眾一起跳起舞
蹈，將中國和印尼人民的友好氣氛推向高潮，讓蘇
加諾帶著中國人民的友好感情返回千島之國。從
此，陳毅與蘇加諾也結下了深厚情誼。

心悅誠服的知己

一九五九年十一月，印尼政府頒布《總統第十
號法令》，企圖用排擠華僑經濟的辦法解脫國內經
濟困難。針對日益猖狂的反華排華活動，中國政府
同印尼當局進行了有理、有力、有節的鬥爭，給予
了有力回擊。一九六〇年七月，印尼宣布派出久已
缺任的駐中國大使，印尼國內的反華排華活動也逐
漸緩和下來。

一九六一年三月二十八日，陳毅應邀到印尼訪
問。一時間，陳毅的雅加達之行引起世界輿論的廣
泛注意，都認為陳毅此次必然為華僑問題而來。西
方國家惡意地煽風點火，說陳毅到印尼必定要大吵
一場，肯定要有一場「好戲」上演。

中國和印尼協商解決華僑問題取得的成就，對
中國和印尼人民有利，對亞非各國人民的團結也有
利。但這次訪問印尼，陳毅認為不能把著眼點放在
華僑問題上，而應加強兩國友好關係，討論反對新
老殖民主義問題，探討兩國合作的可能性，並就一
系列國際問題交換意見，力求取得一致看法。因

此，陳毅向中央提出，他這次到印尼，不主動提華僑問題，不算舊帳。對此，周恩來完全贊成。

由於此訪是印尼掀起迫害華僑事件之後中國政府代表團首次訪問印尼，前來採訪的記者雲集機場，神采奕奕走下舷梯的陳毅自然格外引人注目。只見中國這位外交部長一身白色西服，與淺灰色的領帶、深色墨鏡兩相映襯，更顯得威風凜凜，令人肅然起敬。陳毅在雅加達機場發表書面談話，稱讚自從萬隆會議以來，亞非人民爭取和維護民族獨立的鬥爭蓬勃興起，他這次訪問印尼是帶著中國人民的友好願望，為加強中國與印尼的傳統友誼而來。

印尼的接待規格之高使陳毅很感意外，中國代表團沒有被送到外交部長下榻的高級賓館，而被直接送進總統府。蘇加諾在那裡久候多時，一見陳毅到達，馬上迎上前去與陳毅親切擁抱，像老朋友久別重逢一般詢問別後離情，然後把陳毅請到總統府裡的國家宮，讓陳毅住在蘇加諾府邸後面的一座豪華別墅裡，以政府首腦一級的規格款待。

從當天下午開始，陳毅分別拜訪印尼首席部長和兩位副首席部長，到印尼烈士陵園敬獻花圈，向在印尼民族解放戰爭中犧牲的烈士恭敬地默哀。許多印尼老百姓前來觀看，認為中國人與西方人不同，是印尼人民的真正朋友，紛紛向陳毅和中國代表團人員贈送香蕉、椰子等各色熱帶水果。陳毅深深感受到印尼人民對中國人民的真摯感情。

三月二十九日上午，陳毅到獨立宮拜會蘇加

諾，遞交劉少奇主席邀請蘇加諾訪問中國的信件，向蘇加諾贈送了禮物。蘇加諾表示感謝，拿出一枚印度尼西亞共和國二級勛章要授予陳毅。陳毅知道二級勛章只授予總理和首席部長級的人物，但蘇加諾這一授勛儀式，事先並無安排，請示北京已經來不及了。蘇加諾不容考慮就將金光燦燦的勛章授給了陳毅，滿面春風地致辭說：「陳毅元帥，你是為爭取自由和社會主義而奮鬥的戰士，也是印度尼西亞的偉大朋友！」

接著，蘇加諾設午宴招待陳毅一行。酒過三巡，蘇加諾打開了話匣子，慢慢說出了心裡話：「我的生活方式、我講的話，是資產階級的一套，恐怕你們不願意聽。」陳毅彬彬有禮地回答說：「我們是把你當作朋友看待的，你是反帝反殖的領袖嘛。」蘇加諾風趣地說：「很感謝你沒有給我戴上資產階級的帽子。」

陳毅為如何評價蘇加諾早就動了一番腦子，他盡量使用能夠使蘇加諾接受的方式說：「總統閣下，我認為做個資產階級革命家並沒有什麼壞處。我們的孫中山先生就是中國資產階級革命的領袖，無論如何，他是先驅者，是中國歷史上的偉大人物。即使是資產階級工商業家，也有有利於國計民生的一面。中國共產黨與民族資產階級是有合作共事的經驗的，在今天的中國，我們還是對他們採取團結、改造的辦法，給他們定息。在社會主義建設中，他們還是可以發揮作用的嘛！」

蘇加諾深感陳毅學識淵博，並非一介武夫，能
夠說出這樣具有高度外交水平的話，雖然含蓄地觸
及了如何對待在印尼的華僑商人的問題，卻能讓人
愉快地接受。兩人在對國際形勢和經濟合作等問題
上的立場基本一致，越談越投機。其後，蘇加諾多
次懷著極其欽佩的心情，對陳毅讚不絕口：「每次
跟陳毅元帥談話，總感到有股激盪的力量，往往得
到一種滿足。對於一個比較複雜的問題，只用寥寥
數語，就可以說清楚。」陳毅與印尼各界領導人進
行了多次會談，結交了許多新朋友。訪問期間，雙
方簽署了三個重要文件：聯合公報、文化交流協
定、中國與印尼友好條約。

　　三月三十一日晚，陳毅在印尼總統府的國家宮
舉行盛大告別宴會。蘇加諾親臨出席。陳毅熱情洋
溢地致辭說，他這次訪問印尼，圓滿地實現了增進
兩國友好關係的願望，通過與印尼領導人的會談，
加深了相互了解和信任，在有關保衛世界和平、反
對殖民主義、促進亞非團結等重大問題上取得了共
同的認識和一致的意見。所有這一切，將大大有助
於進一步促進兩國的友好關係，有助於在國際事務
中更加密切的合作。在關於雙重國籍問題條約的實
施辦法的協議上也已找到正確的處理辦法，這都是
可喜的事情。陳毅還熱情地稱讚說：「蘇加諾總統
閣下在訪問中國的時候說得好：『只有能阻止太陽
和月亮運轉的人，才能保住殖民主義不死亡！』」
陳毅這番話說得蘇加諾心花怒放，親手向陳毅贈送

了一柄製作精巧的峇里短劍，然後才讓蘇班德里約外長致答詞。就在告別宴會即將結束之際，蘇加諾手舉酒杯又發表即席講話說：「陳毅元帥閣下、陳毅同志、陳毅兄⋯⋯」「兄」，在印尼語中稱作「朋」，蘇加諾用這樣親切的稱呼，這樣火熱的語言講話，充分表達了印尼人民對中國人民的深情厚誼，立刻把告別宴會的氣氛推了向高潮。

四月一日，蘇班德里約舉辦歡送宴會，招待陳毅和中國代表團全體成員，蘇加諾又趕來參加。陳毅發表講話，祝賀印尼在平定叛亂和剷除顛覆活動之後國家建設取得的巨大發展，指出中國與印尼兩國人民的友誼是永恆的，然後滿含深情地說：「人與人之間有一個認識過程，國與國之間也有一個認識過程。究竟中國是好是壞，要經過一段時間看一看，真好就真好，真壞就真壞⋯⋯朋友是不是好朋友，要經過一個長時間的艱難困苦的考驗。」蘇加諾、蘇班德里約對此深受感動，都表示要大力促進兩國人民的友好關係。

四月二日，陳毅率領中國代表團離開印尼之前，在機場舉行記者招待會，散發書面談話並回答記者提出的問題，感謝印尼人民的熱情接待和蘇加諾總統的關懷，強調兩國簽訂的友好條約和文化合作協定及聯合公報標誌著兩國友好關係進入了一個新階段。

外交史上的佳話

　　為順應亞非民族獨立運動蓬勃發展的新形勢，毛澤東、周恩來決定與廣大亞非國家一道，倡議召開第二次亞非會議，讓陳毅適時提出倡議。陳毅敏感地看到，美國和蘇聯對第二次亞非會議的召開極其驚恐，採取政治攻擊、經濟收買、軍事威脅、挑撥離間等手法，使出渾身解數進行破壞，甚至造謠說第二次亞非會議將完全由中國控制，誣衊中國企圖利用這次會議達到自己的目的，一時也頗矇蔽了一些人，誤認為中國對第二次亞非會議另有所圖。

　　直至第二次亞非會議籌備會議前兩天——一九六四年四月八日，會議東道主印尼還未向中國外長發出邀請。為澄清事實、表明心跡，中國外交部照會籌備會召集國印尼政府：只要第二次亞非會議的籌備會議能夠開成，就對亞非事業有利，中國體諒東道國的困難，中國可以不參加這次籌備會議。

　　蘇加諾非常讚賞中國政府的意見，認為中國外交家的確是胸懷寬闊，頗有大國風範。但當他看到已有二十個國家的外長到達雅加達之後，膽子便壯了起來，打消了對中國參加的顧慮，為提高籌備會的地位，突然向中國發出邀請外長參加的要求。

　　周恩來看到印尼政府明確希望陳毅能夠率領中國代表團出席籌備會，便在四月八日深夜緊急把陳毅等人請來，下達了緊急出征的命令。陳毅率領中國代表團急如星火，終於在四月十日上午十一時籌

備會正式開幕之前趕到雅加達。當天下午，陳毅就出席了第二次亞非會議籌備會的開幕式，晚上又出席蘇加諾為歡迎所有參加籌備會的代表團而舉行的招待會。

陳毅利用各種機會了解情況，很快發現事情並不那麼樂觀：各國代表團對召開第二次亞非會議的地點和時間的意見不太一致。他意識到應該儘快與蘇加諾見面，就重大原則問題取得一致意見，否則籌備會議很難順利達成協議。

四月十二日，陳毅前往印尼總統府拜會蘇加諾，稱讚蘇加諾是印尼的開國元勛，特別因為主持舉世聞名的萬隆會議、參與創立不結盟運動會議，高舉亞非團結反帝反殖大旗，在世界上享有很高的威望，中國人民對蘇加諾懷有崇高的敬意。蘇加諾滿面春風地稱讚周恩來和陳毅對萬隆會議的巨大貢獻。兩個老朋友越談越親熱，自然把話題轉到第二次亞非會議的籌備問題上來。

蘇加諾仍然希望第二次亞非會議在雅加達召開。陳毅理解蘇加諾的意圖，但根據世界形勢的發展，第二次亞非會議應該在非洲舉行，這與蘇加諾的願望相反，怎樣說服蘇加諾呢？陳毅考慮再三，還是以老朋友的身分奉勸蘇加諾說：「總統閣下，非洲的獨立國家有四十個之多，總統閣下如果主張在非洲開，就是支持了非洲的鬥爭。這樣，你就站得高、看得遠，顧全大局，表現了政治家的風度，證明你沒有什麼私利打算，你去發言就響亮！」

蘇加諾認為陳毅的話有道理，同意把會議地點由雅加達改到非洲，但是在開會時間問題上不作讓步，仍然主張在一九六四年儘快召開。這使陳毅感到很為難，他有些話非講不可，又擔心說出來令蘇加諾不高興，可事關大局不講不行，就運用巧妙的外交語言說：「你是總統，我是元帥，我給你當個參謀長。你要不要呢？」蘇加諾急忙應稱：「有你這個元帥當參謀長，我感到榮幸！」陳毅抱拳致謝說：「好，你既然要我這個參謀長，就聽聽我的意見。我認為最好在明年開。」

蘇加諾面露不悅之色：「為什麼？」陳毅不失時機，滿懷信心地侃侃而談：「因為今年七月有阿拉伯首腦會議，八月有非洲首腦會議，十月有不結盟國家會議。以後又有什麼英聯邦會議、聯合國大會。這些國家領導人長期在外面開會怎麼行呢？亞非會議和不結盟會議不應該互相競爭，而應當互相補充；即使要競爭，也不必用搶先開會的辦法競爭嘛！」

蘇加諾認為自己在國際上具有較大影響，對陳毅的意見滿心不悅，但是礙於中國和陳毅的情面，不便直接拒絕，他站起身來，以責怪的口吻說：「我與其他國家領導人談話，從未像與你談話這樣……」

陳毅認為到了關鍵時刻，便滿懷真摯地說：「我們是兄弟國家，你我是信得過的朋友嘛！」蘇加諾盡量緩和語氣說：「這樣吧，地點問題我同意

你的意見，時間問題麼，也還可以再商量。」陳毅見好即收：「你這個統帥不錯，還聽了我一半意見，說明我這個參謀長還可以再繼續當下去！」一場外交風波就這樣煙消雲散了。陳毅說的是微妙的外交辭令，但又是率真的大實話，把中方原則立場用委婉的語言堅定地表述清楚，又讓對方有了接受我方意見的台階。

第二次亞非會議籌備會議在雅加達新興力量運動會總部如期舉行，然而出人意料的是，印度代表團團長辛格突然提出邀請蘇聯參加第二次亞非會議。圍繞是否邀請蘇聯的問題，與會代表展開了激烈爭辯。陳毅再次運用他的豐富經驗和高超的外交藝術，成功地說服了與會國的大多數外長，同時也照顧到持不同意見國家的感情，堅持有理有利有節的原則，通過了各個方面都能接受的方案。最後，籌備會議決定第二次亞非會議一九六五年三月十日在非洲舉行，東道國由非洲統一組織選定；設立一個常設委員會負責籌備事宜；凡亞非獨立國家，「仍然為爭取獨立而鬥爭的一切民族主義運動和民族政府」均將被邀請參加第二次亞非會議。關於邀請蘇聯參加會議的問題，以「沒有就這一問題達成一致」而作罷，印度提案實際上因此而被否決。

四月十六日，蘇加諾再次把陳毅請進總統府，大加讚揚道：「我這次請元帥閣下來，這著棋是下對了。你要是不來，事情就不好辦了。」次日，迎著冉冉升起的熱帶朝陽，陳毅懷著喜悅的心情離開

雅加達，在機場發表書面談話，祝賀亞非會議的籌備會議取得成功。他欣喜地指出：「會議一致通過的聯合公報，高舉反對帝國主義和新老殖民主義的戰鬥旗幟，為明年三月舉行的第二次亞非會議指出了明確的方向。會議高度發揚了求同存異和協商一致的萬隆精神。必須繼續警惕帝國主義的破壞活動並同它進行鬥爭！」

在回國的飛機上，陳毅俯視著機翼下波濤洶湧的藍色大海，那一幕幕緊張激烈的鬥爭場面仍然歷歷在目。他一邊下著圍棋，一邊感慨萬千道：「這次要不是及時扭轉了局面，避免了會議失敗的危險，我這個團長可沒有辦法向中央交差啦，我只好從飛機上跳到太平洋去啦！⋯⋯」隨行的喬冠華、黃鎮、章文晉等人都說這次鬥爭尖銳而複雜，又要考慮到都是亞非兄弟，必須十分注意掌握分寸。這激發了陳毅的豪情壯志，他幽默地說：「怕什麼？如果是一潭死水，平平和和地這麼搞下去，反而沒有意思。吃一盤菜，沒有點辣椒，沒有點醬油醋，有什麼味道？」

此後，中國積極支持第二次亞非會議的召開。一九六四年歲尾，陳毅先後訪問了阿爾及利亞、阿聯、柬埔寨、巴基斯坦、緬甸等國予以促進。第二次亞非會議雖然後來因為阿爾及利亞發生政變而無限期推遲，但陳毅在籌備第二次亞非會議的活動中，為亞非人民團結事業忘我工作的精神和幹練的外交才能、光明磊落的風格，贏得了各國人士發自

內心的敬佩。

　　記得一位偉大的詩人寫過這樣的詩句：有些人活著，但已死去；有些人已死去，但還活著。陳毅就是一位永遠活在人們心中的偉大的無產階級革命家、軍事家和外交家。

黃鎮大使與印尼

關宗山

（中國外交部辦公廳原處長）

　　我於一九六〇年秋調入外交部工作，一九九四年離休，其間曾經擔任過十六年多的外交信使。可能是由於入部之前在大學學習過美術，做過電影製片廠的新聞紀錄片攝影師的緣故，我對黃鎮大使這位將軍、藝術家和外交家格外崇敬。我在國外多次和他見面、談話。如今，我與黃鎮大使夫人朱霖老大姐同住一個院內，幾乎每天都見面、聊天，並建立了深厚友誼。朱大姐經常同我談起二十世紀五〇年代末到六〇年初在中國駐印尼使館時的往事，還送給我一些珍貴的歷史資料。每當聽到或看到兩位外交老前輩關於交友、克難、解困、輝煌，推動我國同印度尼西亞友好關係發展的事蹟時，我就分外感動。

萬隆會議開啟了中國和印尼關係的新篇章

　　整整六十年前，第一次亞非會議（又稱萬隆會議）在印尼召開。會議召開的前前後後，中國和印尼兩國關係也得到極大提升。

一九五四年十一月二十九日，黃鎮大使向印尼總統蘇加諾遞交國書。

　　印度尼西亞共和國地跨赤道，連接太平洋和印度洋，被譽為「千島之國」。數百年來，它飽受帝國主義和殖民主義之苦。經過長期鬥爭，印尼人民終於在一九四九年年底獲得獨立。不過獨立之後，其國內外局勢依然嚴峻，國內武裝叛亂猖獗，派系鬥爭尖銳，外部又受到美國的威脅和施壓。在這種形勢下，印尼開國總統蘇加諾認識到，必須爭取國

際支持與合作，特別是愛好和平的近鄰——中國的支持與協作。早在一九二八年，蘇加諾就寫過一篇文章，強調正在爭取獨立和公平的亞洲各民族之間團結覺醒的重要性。他說，「如果中國的龍和印度的水牛、埃及的人面獅、緬甸的孔雀、泰國的白象、越南的蛇、菲律賓的老虎以及印尼的公牛都團結一致，奮勇抗爭，必然能把國際殖民主義的枷鎖砸得粉碎。」

印尼是最早同新中國建交的國家之一。一九四九年十一月，印尼從荷蘭手中取得基本獨立，一九五〇年就與新中國建立了正式外交關係。但建交之初，由於印尼在外交、經濟、文化等方面仍受荷蘭控制，美國也試圖迫使印尼加入其勢力範圍，加之其國內某些上層人士對新中國還不夠了解，並對印尼共產黨、華僑等心存疑慮，再加上盤踞台灣的國民黨在印尼勢力仍然比較強大，在各種因素制約下，印尼政府對華政策舉棋不定。建交半年後，它僅派出駐華臨時代辦，直到三年後，即一九五三年十月，才派出首任駐華大使莫諾努圖。鑑於此，中國首任駐印尼大使王任叔在上任一年零三個月後便奉命離任回國，這對兩國關係的發展產生了不利影響。後來，中國第二任駐印尼大使黃鎮於一九五四年十一月十六到任，大力推動中國和印尼兩國關係發展，使形勢出現了新的轉機。

一九五四年十一月十九日，黃鎮大使在到任後的第三天就拜會印尼外長蘇納約，明確表示中國政

府支持印尼等五國召開亞非會議的倡議，並闡明和平共處五項原則，積極主張亞非國家間應加強經濟與文化交往。十二月上旬，他又會見印尼外交部秘書長魯斯蘭‧阿卜杜加尼，表明中國支持印尼等五國關於召開第一次亞非會議的倡議。阿卜杜加尼說，大家都贊成召開亞非會議，但都認為這樣的會議不容易開好。此後，黃鎮大使多次同印尼上層官員交往，積極宣傳中國的立場和主張。十二月下旬，黃鎮大使在同印尼外交部亞非司司長蘇爾加佐交談時表示，中國十分重視同新興的獨立國家，尤其是同鄰國如印尼、印度、緬甸、錫蘭（今斯里蘭卡）、巴基斯坦等國建立和發展睦鄰友好關係。十二月底，亞洲五國總理在印尼茂物召開會議，並發表公報稱：亞非會議由五國聯合發起，定於一九五五年四月的最後一週在印尼舉行。給各國的邀請函由印尼總理代表五國發出，包括邀請中國參加。

一九五五年一月，中國政府接到亞非會議的正式邀請後，很快就決定派出以周恩來總理兼外長為首的陣容強大的代表團出席會議。代表團的代表有陳毅、葉季壯、章漢夫和黃鎮，顧問有廖承志、楊奇清、喬冠華、陳家康、黃華等。作為中國常駐東道國的大使和中國代表團的代表，黃鎮肩負重任，最突出的問題是如何保證周總理的安全。因為使館於二月中旬獲悉，盤踞台灣的蔣介石特務機關要乘機謀害周總理及中國代表團成員。三月中旬，周總理的秘書奉命率領一個四人小組先行抵達印尼，協

助使館做好保衛工作。可臨近會議開幕之際，不幸的事件還是發生了！

　　四月十一日，中國政府包租的印度航空公司「克什米爾公主」號客機從香港啟德機場起飛後，於下午六時三十分，在距北婆羅洲沙撈越的古晉一百海里處上空爆炸墜毀，機上三名中國代表團工作人員、五名中國記者和波蘭、奧地利、越南記者各一名，以及機組人員全部遇難。那天，中國駐印尼使館的同志們正忙著為代表團收拾和布置住房，噩耗傳來，所有人都大吃一驚。當日，使館馬上派員到現場調查。事後查明，此系蔣介石特務機關保密局所屬香港情報站所為，目的在於暗害周總理。不幸中的萬幸是，周總理和陳毅副總理由於接受了緬甸總理吳努的邀請，改道先赴仰光，參加亞非幾個主要國家領導人的碰頭會，才未乘坐「克什米爾公主」號。

一九五五年四月十六日，周恩來總理率中國代表團抵達雅加達出席亞非會議，受到印尼總理沙斯特羅阿米佐約（前排右1）的歡迎。左1為中國駐印尼大使黃鎮。

四月十三日，黃鎮大使緊急約見印尼總理沙斯特羅阿米佐約，告訴他中國政府認為此事件非常嚴重，是和平的敵人的破壞，要求印尼政府密切注意，防止破壞分子的進一步陰謀。印尼總理表示，印尼會努力保證各國代表團的安全。

上述事件發生後，國內一些同志建議周總理不要參加亞非會議，但周總理不顧個人安危，毅然決定按原計劃率團出席，並說：「我們是為促進世界和平、增強亞非人民對新中國的了解和友誼而去的，即使發生什麼意外也是值得的。」四月十四日七時十五分，周總理率團乘印度空軍「空中霸王」飛機從昆明起飛，前往印度尼西亞。中午十二時，飛機抵達緬甸仰光作短暫停留，周總理和陳毅副總理與緬甸總理吳努、印度總理尼赫魯、埃及總理納賽爾等進行了會談，並應邀參加了緬甸潑水節，然後於十六日凌晨一時十分從仰光飛赴雅加達，當日下午五時三十分到達雅加達機場。機場上崗哨林立，警戒森嚴，周總理一行受到印尼外長蘇納約和中國大使黃鎮等的迎接。

四月十八日，第一次亞非會議在印度尼西亞的萬隆隆重開幕。這是一次由部分亞洲和非洲國家參加的國際會議，也是第一次在沒有殖民國家參加的情況下討論亞非事務的大型國際會議。出席會議的共有二十九個亞非國家的首腦，另有五個國家派代表團列席。參加會議國家涵蓋世界四分之一地域和三分之二人口。基於當時形勢和與會國的複雜性，

中國參加亞非會議的總方針是：爭取擴大世界和平統一戰線，促進民族獨立運動，並為建立和加強我國同亞非國家的關係創造條件，力求會議取得成功。

此次會議的召開引起新老殖民主義者特別是「世界警察」美國的不滿和反對。他們在亞非國家內部挑撥離間，企圖使會議分裂和失敗。四月十八日開幕當天，就有發言者跳出來要求人們對共產主義採取「防禦措施」。這一發言打破了會議開幕式的和諧氣氛，使會議蒙上一層陰影。十九日上午，原定由中國代表第一個發言，但周總理放棄了，他要耐心聽取其他國家代表的發言。果然，又有一些國家的代表加入了發表反共言論者的行列。人們擔心，會議是否會出現西方國家所預言的爭吵與分裂。關鍵時刻，也就是下午四時，各國代表團發言基本完畢，周恩來總理讓人把預先準備好的講稿，作為書面發言印發給各國與會代表，然後登上講壇，作了一場十八分鐘的極為精彩的臨時發言。周總理講話一開始就宣布：「中國代表團是來求團結的，而不是來吵架的。」此言一出，會場上的氣氛立刻起了變化。他接著又說：「我們共產黨從不諱言我們相信共產主義和認為社會主義制度是好的。但是，在這個會議上用不著來宣傳個人的思想意識和各國的政治制度，雖然這種不同在我們中間仍然是存在的。」周恩來總理這段不卑不亢、合情合理的講話像一塊巨大的磁鐵，吸引住了全場所有人的

注意力。寬敞的會議廳內一片安靜，大家都全神貫注地傾聽。接著，周恩來總理又提出了後來被稱為「萬隆精神」主要內容之一的「求同存異」命題。他說：「中國代表團是來求同而不是來立異的。在我們中間有無求同的基礎呢？有的。那就是亞非絕大多數國家和人民自近代以來都曾經受過、並且現在仍在受著殖民主義所造成的災難和痛苦。這是我們大家都承認的。從解除殖民主義痛苦和災難中找共同基礎，我們就很容易互相了解和尊重、互相同情和支持，而不是互相疑慮和恐懼、互相排斥和對立。」最後，周恩來總理以洪亮的聲音說：「十六萬萬的亞非人民期待著我們的會議成功。全世界願意和平的國家和人民期待著我們的會議能對擴大和平區域和建立集體和平有所貢獻。讓我們亞非國家團結起來，為亞非會議的成功努力吧！」這時，全場掌聲雷動，許多代表紛紛過來與周恩來握手錶示祝賀。印度總理尼赫魯說，這是一個很好的演說。緬甸總理吳努說，這個演講是對「攻擊中國的人的一個很好的答覆」。西方通訊社也不得不承認周恩來演講的極大成功，如美國國際新聞社說：「周恩來的形象完全支配著這個會議，會議的進程在他的影子下進行。」法新社也說：「周恩來是會議中最受歡迎的人物，他的語調、溫和的演說以及他提供的保證，使得與他交談的人為之傾倒，消除了疑惑。」

四月二十四日，萬隆會議閉幕。會議本著求同

存異的精神，經過充分協商，一致通過了包括經濟合作、文化合作、人權和自決、附屬地人民問題、促進世界和平和合作的宣言等項內容的《亞非會議最後公報》。這時，會場內外暴風雨般的掌聲和歡呼聲匯成了當時世界的最強音。

在亞非會議通過的《關於促進世界和平與合作的宣言》中，提出了處理國際關係的十項原則，即「萬隆十項原則」：（1）尊重基本人權，尊重聯合國憲章的宗旨和原則。（2）尊重一切國家的主權和領土完整。（3）承認一切種族的平等，承認一切大小國家的平等。（4）不干預或干涉他國內政。（5）尊重每一國家按照聯合國憲章單獨地或集體地進行自衛的權利。（6）不使用集體防禦的安排來為任何一個大國的特殊利益服務；任何國家不對其他國家施加壓力。（7）不以侵略行為或侵略威脅或使用武力來侵犯任何國家的領土完整或政治獨立。（8）按照聯合國憲章，通過如談判、調停、仲裁或司法解決等和平方法以及有關方面自己選擇的任何其他和平方法來解決一切國際爭端。（9）促進相互的利益和合作。（10）尊重正義和國際義務。這著名的萬隆十項原則是第一次亞非會議達成的最重要的協議，是和平共處五項原則的引申和發展。它表達出了亞非人民為反帝反殖、爭取民族獨立、維護世界和平而團結合作、共同鬥爭的崇高思想和願望，向世界宣告發展中國家作為一支重要新生力量登上了國際舞台，掀開了亞非歷史的新篇章。

另外，通過以周恩來總理兼外長為首席代表的中國代表團在萬隆會議前前後後參與的各種活動，加上我國駐印尼大使館上上下下齊心協力，中國和印尼朝野人士建立了廣泛深厚的友誼，也揭開了中國和印尼友好關係的新篇章。

解決雙重國籍問題，維護兩國友好大局

華僑的雙重國籍問題是個歷史遺留下來的問題，比較複雜，長時間影響著中國和印尼關係的發展，而解決起來又不太容易。包括印尼在內的華僑所在國同中國的國籍法遵循著不同的立法原則。中國以往歷屆政府都採取血統主義原則，即只要父母一方是中國籍，不管在中國境內或境外，所生子女都具有中國國籍；而在華僑眾多的東南亞國家，其國籍法大多採取「出生地主義」，即以出生地來定國籍，你在哪國出生就具有哪國國籍。印尼就實行「出生地主義」原則，這樣就形成了在印尼的華僑子女的雙重國籍問題。

新中國成立後，在印尼的二百七十萬華僑中，具有雙重國籍的多達一百五十二萬人。我國和印尼建交初期，印尼繼承荷蘭殖民當局的政策，想單方面解決華僑的雙重國籍問題。中國方面則提出：出生於印尼的華僑的國籍問題，是兩國政府間存在的問題，必須通過正常的外交談判獲得合理解決。

解決好雙重國籍問題，不僅有利於華僑的長期

生存和發展，增進我國同印尼等僑居國的友好關係，而且也是對帝國主義陰謀的有力打擊。一九五四年九月，周恩來總理在《政府工作報告》中指出：「華僑的國籍問題是中國過去的反動派政府始終不加以解決的問題。這就使華僑處於困難境地，並且在過去常常引起中國同有關國家之間的不和。為了改善這種情況，我們準備解決這個問題，並且準備首先同已經建交的東南亞國家解決這個問題。」中國首選印尼作為解決雙重國籍問題的鄰國，有其深遠的戰略考慮，因為印尼是當時已建交國家中華僑人數最多的國家，同時也有解決這一問題的共同願望。另外，印尼也是實行和平中立的民族主義國家，並對中國友好。

怎麼樣才能解決雙重國籍問題呢？中國的基本主張是：不應該有雙重國籍。一個華僑要取得所在國國籍，他就必須放棄中國國籍；如果願意保留中國國籍，他就不是所在國國民。中國政府希望華僑自願選擇所在國國籍，取得所在國公民資格，完全效忠於所在國，他們同中國的關係只是親戚關係。如果他們選擇中國國籍，他們就應當遵守所在國的法律，不參加當地的政治活動，但他們的正當權益應該受到尊重和保護。

按照上述原則，一九五四年十一月二日至十二月二十三日，中國和印尼就合理解決華僑雙重國籍問題在北京舉行了首輪談判，雙方團長分別為中國外交部副部長章漢夫和印尼駐華大使莫諾努圖。經

過九次會談，雙方達成「五點協議」，並就此互換照會和談判記錄，同時商定下一輪談判在雅加達舉行，並在談判記錄的基礎上擬定協議文本，準備由兩國外長簽署。一九五五年二月，雙方又商定，要利用召開亞非會議的良機，正式簽訂兩國關於「雙重國籍」的條約。

一九五五年四月二十七日，周恩來總理（二排中）、陳毅副總理（二排左4）與中國駐印尼使館館員合影。二排左3為黃鎮大使。

　　兩國雙重國籍條約的核心是「自願原則」，也就是說，「自願」二字最為重要。對此，雙方原來在談判中並無原則分歧。然而，在具體理解上，分歧就出來了。印尼方面更多地強調「歸化入籍」原則，並對華僑自願選籍附加了若干條件，實際上是對「自願原則」的部分否定。為此，雙方二月份才商定，四月份就要簽署條約，真可謂時間緊、任務重。黃鎮大使在雅加達同印尼方面的談判中，一方面堅持原則，一方面耐心地向對方講道理、作解釋。他表示：「自願原則」既尊重選籍者的願望，

也符合兩國友好的根本利益。針對印尼方面擔心華僑可能會參加印尼政治活動的疑慮，黃鎮大使旗幟鮮明地宣傳和平共處五項原則，並誠懇地說明：中國一貫提倡「己所不欲，勿施於人」，絕不強加於人。黃鎮說，這一精神可以用明確的文字寫入條約。在黃鎮大使耐心細緻的工作下，雙方經過七次友好協商，終於消除分歧，達成諒解，一致同意在條約第六條中規定：選定中國籍的人士「要尊重僑居國的法律與社會習慣，不參加僑居國的政治活動」。

談判的成功，確保了周恩來總理以中國外交部長的身分於一九五五年四月二十二日（即亞非會議閉幕前兩天）同印尼外長蘇納約正式簽署《中華人民共和國和印度尼西亞共和國關於雙重國籍的條約》。周總理在簽字儀式上講話說：「中國和印尼雙方根據平等互利、互相尊重的原則，經過友好協商，使雙重國籍問題獲得合理的解決……還有一些國家關心同樣的問題，因此這個問題的解決有重要意義，是友好協商解決繁難問題的又一良好事例。」蘇納約外長說，這在亞非會議與會國之間激發了相互信任的精神。出席亞非會議的緬甸總理吳努也說，這使他深信中國沒有領土野心，中國最大的願望就是求得和平。

在解決華僑雙重國籍問題工作中，還需要聽取華僑的意見和反映。周恩來總理在出席亞非會議後應邀訪問印尼，在雅加達親切會見了華僑代表和僑

生界的主要人士。周總理很重視僑生界對解決雙重
國籍問題的反映。他們中有許多人雖然具有中國血
統，但是其父輩、祖輩早已在印尼定居，自己是土
生土長，有的還參加了當地的政治生活，有人甚至
擔任了（或擔任過）當地政府官員或議員。這些人
「不言而喻」地是印尼籍公民，不應該存在選籍問
題。另有華僑提出，條約規定有效期二十年，其含
義不明，是否二十年後華裔還要再次選籍？

　　黃鎮大使在陪同周總理會見僑生界人士後，根
據總理指示，再次同印尼政府就上述問題進行了友
好協商。經協商，雙方同意以兩國換文形式確定上
面所說的「不言而喻」原則，作為解決中、印尼雙
重國籍問題條約的不可分割的重要組成部分，使這
一條約更加完備，更有利於實施。

一九五五年六月，毛
澤東主席等中國領導
人同訪華的印尼總理
沙斯特羅阿米佐約
（左2）會談，黃鎮大
使（中）陪同。

一九六〇年十月，黃鎮大使（左1）與印尼外長蘇班德里約（右3）在中國與印尼《關於雙重國籍問題的條約的實施辦法》簽字儀式上。

　　條約有了，還需要有個「實施辦法」。一九五五年六月三日，周恩來總理同來華訪問的印尼總理沙斯特羅阿米佐約繼續就兩國關於雙重國籍條約的實施辦法進行了商談。經過充分交換意見，雙方達成諒解並進行換文：兩國政府同意，在實施上述條約時，採取一切必要措施和提供各種便利條件，使每一個具有雙重國籍的人都能夠自願地選擇他們的國籍；在同時具有雙重國籍的人當中，有一類人，根據印尼政府的意見，由於他們的社會地位和政治地位證明他們已經「不言而喻」地放棄了中國國籍，可以被認為只具有一種國籍，而不具有雙重國籍；雙重國籍條約二十年期滿後，已根據條約選擇了國籍的人，不再進行國籍選擇；在雅加達成立一個由兩國代表組成的聯合委員會，討論和規定實施條約的具體辦法。這個換文彌補了條約存在的缺陷，為實施中可能產生的問題開闢了協商解決的渠道。

　　此前，印尼曾經單方面處理過印尼華僑的國籍

問題，即一九五〇年頒布過一個政府條例，規定具有雙重國籍的華人必須在一九五一年十二月二十七日前向印尼有關當局聲明選擇或放棄印尼國籍，如果未在規定期限內辦理此項手續，他就成為印尼人。這一做法造成華僑國籍情況的複雜化。而雙重國籍條約沒有明確規定哪些人具有雙重國籍，只籠統規定「同時具有中華人民共和國國籍和印度尼西亞共和國國籍的」。雙方對這種規定的理解和具體解釋存在許多歧見，加之後來印尼國內又出現了一股反華、排華的逆流，造成兩國遲遲未能互換條約批准書，協議成立的聯合委員會也久久未能成立。

為謀求印尼華僑的雙重國籍問題儘快解決，避免帝國主義者和印尼國內某些勢力再利用排華事件進一步惡化兩國關係，陳毅副總理兼外長於一九五九年十二月九日致信印尼外長蘇班德里約，提出三點建議，其中第一條就是「兩國政府立即交換關於『雙重國籍』問題條約的批准書，並建立聯合委員會討論和規定實施條約的辦法」。由於印尼外長的覆信沒有作出積極回應，十二月二十日，陳毅副總理兼外長再次致信蘇班德里約外長，進一步申述了解決華僑問題的「三點建議」，並具體建議：任命黃鎮大使為中國政府代表，同印尼政府指派的代表就中國提出的全面解決華僑問題的「三點建議」進行談判。

黃鎮大使奉命於十二月三十一日約見蘇班德里約外長，向他提出三點建議：（1）立即商定互換雙

重國籍條約批准書的日期；（2）在雅加達儘快成立聯合委員會討論和規定實施條約的辦法；（3）兩國政府談判如何實施陳毅外長十二月九日信中的三點建議和印尼政府方面的有關建議。印尼外長在其第二次給陳毅外長的回信中才基本同意中方所提具體建議，任命蘇山托・蒂多普羅佐（法學學士）為聯合委員會印尼方代表。

一九六〇年一月二十日，中國、印尼兩國在北京互換了關於雙重國籍問題條約的批准書；一月二十五日，在雅加達成立聯合委員會，開始就條約實施辦法進行談判。黃鎮大使再次擔任中國方面首席代表，柳雨峰參贊和伍治之任代表。這次談判是在印尼當局驅趕華僑的情況下進行的，其複雜性、艱巨性可想而知。談判中，黃鎮始終從大局出發，根據我國外交政策的總方針，一方面堅持友好協商，爭取儘快達成協議；一方面又以充分說理的態度，進行有理有利有節的談判。談判總共進行了二十五輪，時間長達九個月，真能算是「馬拉松」了！在談判的最後階段，黃鎮根據中央方針，作出了一些必要的讓步，最終促成雙方對實施辦法取得一致。一九六〇年十月二十九日，中國、印尼雙方在雅加達簽訂《中華人民共和國政府和印度尼西亞政府關於雙重國籍問題的條約的實施辦法》。黃鎮在簽字儀式上講話時指出：「中國、印尼兩國是友好國家，不存在根本利害衝突，存在的困難問題將以雙方的善意獲得合理解決。我們堅信，通過友好協商

可以解決亞洲鄰國間一切懸而未決的問題。」十二月十五日，《實施辦法》在雅加達公布。

一九六一年五月，中國、印尼兩國正式開始辦理華僑選籍工作。當時，有些華僑對選擇印尼國籍存有疑慮，擔心不能回到祖國；還有些華僑心裡矛盾，認為做新中國的僑民光榮，但又擔心不利於在當地生存；等等。針對這種情況，黃鎮以非常通俗和生動的語言闡明了我國關於華僑問題的「三好政策」，即華僑自願加入印尼國籍，很好；華僑自願保留中國國籍，同樣好；華僑如果願意回國，也好。他指示使、領館的同志，並通過僑團、僑報對雙重國籍問題條約的內容和選籍的「三好政策」作了廣泛宣傳和解釋，鼓勵華僑從自身利益出發，根據自願原則選擇國籍，為辦理選籍打下了良好的基礎。

選籍的結果，在一百五十二萬具有雙重國籍的華僑、華裔中，有一百零八萬人選擇了印尼國籍，十六萬人選擇了中國國籍，另有未按期選籍的八萬人，按規定根據其父親國籍情況確定了各自的國籍；未到達選籍年齡的二十萬人，將在成年後一年期限內選籍。至此，印尼華僑的雙重國籍問題基本得到解決，

印尼華僑的雙重國籍問題，通過兩國政府長達七年的友好協商，終於得到合理解決。這在印尼華僑界和國際上獲得了良好評價，也對中國同其他有關國家解決這個問題起到了很好的推動作用。當時

緬甸報紙就曾發表文章說，這個問題的解決給緬甸開闢了範例。真可以說，這段歷史既跌宕起伏，又豐富多彩，令人難忘。

為促進兩國友好作出貢獻的大使夫婦

從一九五四年十一月十六日到任起，到一九六一年五月六日離任止，黃鎮大使和夫人朱霖同志為促進我國和印尼的關係發展作出了突出貢獻。這中間發生了許多有意義和有意思的故事。

一九五四年十一月八日，黃鎮大使和夫人朱霖在經廣州赴任前，受到周總理的親切接見。總理問黃鎮，你準備得怎麼樣了？黃鎮一一作了匯報。總理聽後說，很好嘛！並說：印尼是東南亞的一個重要國家，但和你們過去待過的匈牙利不一樣，情況和工作條件可能要複雜些，希望你們到任後儘快地開展工作。總理還特別提到蘇加諾，說他是一個愛國者，是印尼的民族領袖，相信你們一定會成為他的好朋友。總理還指出：要注意做好印尼各派、各方面人士的工作。人家對我們可能還不很了解，你們要通過友好工作，促進相互了解，做到互相幫助、互相學習。朱霖同志回憶說，那時她分娩後剛滿月，但一切都以工作為重。交談過程中，總理還非常和藹地對她說，黃鎮同志的擔子不輕啊，你一定要協助他把工做作好。說話間，總理拿起一塊茶几上擺放著的柚子，剝好皮遞給朱霖。朱霖非常感

動，心裡熱乎乎的，她很理解總理對他們夫婦寄予的厚望。

那時候去印尼，沒有飛機，黃鎮大使夫婦是先去香港，再乘坐荷蘭的「芝利華」號郵輪前往印尼赴任的。他們經過六天六夜的遠洋航行，才於十一月十六日平安抵達印尼首都雅加達東南約十公里的外港——丹戎不碌。印尼外交部禮賓司司長等印尼官員、蘇聯等國駐印尼的大使夫婦、華僑總會的代表、我國駐印尼使館參贊陳叔亮等全體外交官都在港口熱烈迎接。

在黃鎮大使任期內，兩國高層互訪頻繁，這是發展雙方友好關係的強大的推動力和重要標誌。一九五五年四月二十六日，亞非會議結束後，周總理作為蘇加諾總統的客人應邀訪問印尼，蘇加諾舉行盛大國宴招待周總理一行。二十八日，周恩來總理在機場同沙斯特羅阿米佐約總理共同簽署了中國和印尼兩國總理《聯合聲明》，表明兩國已達成諸多共識。事實表明，黃鎮大使為保證兩國總理達成上述共識做了大量工作。

由此開始，兩國友好關係持續升溫。一九五五年五月二十五日至六月七日間，沙斯特羅阿米佐約總理正式訪華，毛澤東主席同他親切會見。回國後，他多次讚揚黃鎮是新中國的一名優秀使節，說黃鎮善於向人們介紹新中國的情況，讓他深信信仰共產主義的中國人是恪守和平共處五項原則的，是不干涉別國內政的。一九五六年，雙方代表團、組

和人員的互訪更多、更重要，重頭戲有印尼國會議長沙多諾訪華和宋慶齡副委員長訪問印尼，以及是年九月三十日至十月十五日蘇加諾總統訪華，這使兩國友好關係進入了一個新高潮。一九五七年，印尼訪華的官方代表團有四起、民間代表團有十六起，中國訪問印尼的有六起。

中國堅決支持印尼人民的正義鬥爭。一九五八年初，印尼叛亂分子駕駛飛機掃射總統府，蘇加諾總統險些被擊中。在此緊急形勢下，蘇加諾總統等印尼領導人分別約見黃鎮大使，要求中國在道義上和物質上給予支持，還要求中國政府發表「不能置之不理」的公開聲明。黃鎮大使立即把印尼方面的要求報告國內，中國政府先後於三月十一日和五月十五日發表聲明，嚴厲譴責美國對印尼的干涉和顛覆，表示中國政府和人民完全支持印尼人民為維護國家主權和獨立，反對帝國主義干涉所作的正義鬥爭，並準備在力所能及的範圍內提供印尼政府所要求的援助。一九五八年二月，印尼最大的節日——開齋節來臨，其國內棉布和大米供應出現困難，敵對勢力又企圖製造混亂，印尼要求中國給予緊急援助。儘管當時中國國內也存在困難，但為了解決印尼的燃眉之急，中共中央和國務院還是批准了黃鎮大使和中國駐印尼使館的建議，於四月份以貸款方式向印尼提供了價值四千萬瑞士法郎的大米和紡織品。開齋節前夕，大米和紡織品運抵印尼，印尼人民認為這是中國好朋友「雪中送炭」。不久，印尼

軍政當局為了對付敵對勢力武裝的顛覆活動，又多次要求中國提供武器援助。黃鎮大使召集有關同志分析了當時的國際環境和印尼局勢，認為應該支持印尼頂住帝國主義壓力，並向國內提出了可行建議。五月末，印尼派出代表團祕密訪華，還帶來了蘇加諾總統及朱安達首席部長分別給毛澤東主席和周恩來總理的信件。毛主席和周總理於六月二日分別覆信表示：「六億中國人民現在是並永遠是印尼人民真摯可靠的朋友，中國政府和人民堅決支持你們的正義鬥爭。」經過雙方談判和簽訂協議，中國政府決定向印尼無償提供價值二千萬美元的陸海空軍武器援助。此舉贏得印尼朝野人士的廣泛讚譽。蘇班德里約外長在一九五九年十月訪華會見毛主席時，當面感謝中國對印尼平息武裝叛亂的支援。一九六一年六月，蘇加諾總統第二次訪華時，也再次感謝中國對印尼的友好幫助和支援印尼人民維護國家主權及領土完整的鬥爭。

在發展兩國友好關係的過程中，經貿往來和文化交流同樣重要。印尼是盛產熱帶植物的國家，諸如橡膠、棕櫚油、椰乾、糖、胡椒、咖啡、木材等，都是中國所需要的商品；而中國生產的棉紗、輕工、機械等產品，也為印尼所需。兩國的建交為雙方發展經貿關係開闢了道路。一九五三年十一月，兩國簽訂了第一個貿易協定，從一九五四年起，印尼開始對華出口被美國禁運的橡膠。黃鎮出任駐印尼大使後，只要涉及促進兩國友好關係的大

印尼總統蘇加諾和夫人哈蒂妮（左２）在中國大使官邸做客。左４為黃鎮大使，左１為大使夫人朱霖。

事，他都親自過問。據我國駐印尼使館一九五五年年底的統計記載，至當年七月三十一日，兩國進出口成交總額已達五百多萬英鎊。一九六五年十月，印尼再次派出貿易代表團訪華，雙方又簽訂了第二個貿易協定，貿易額為一千兩百萬英鎊。一九五七年兩國貿易額略有下降，但一九五八年又大幅回升，特別是橡膠交易量猛增近三倍，至當年十月底止，兩國進出口貿易金額共完成二千三百三十萬英鎊。一九五七年底，印尼在首都雅加達舉辦國際博覽會，中國派團參加。中國館展出的輕重工業產品展示了新中國的經濟發展成就，受到印尼觀眾的交口稱讚，華僑更是深受鼓舞。黃鎮大使夫婦陪同印尼副總統哈達和夫人、總理沙斯特羅阿米佐約等要員前往參觀、交流。

　　黃鎮大使十分重視文化交流，在他的積極推動

下，兩國文化交流空前活躍，雙方文化藝術團、組人員往來不斷。一九五五年六月，以文化部副部長鄭振鐸為團長的中國文化代表團一行七十七人訪問印尼。團員中有著名舞蹈家戴愛蓮和著名京劇演員袁世海等。代表團在雅加達、萬隆、日惹、泗水、峇里、棉蘭等城市共演出三十一場，觀眾達四十萬人次，轟動了整個印度尼西亞。一九五六年八月十日至十一月二十日，由華嘉率領的中國雜技團四十六人訪問印尼，一百多天內先後在印尼十五個城市演出八十一場，觀眾達一百二十萬人次，反響十分強烈。一九六一年四月至五月，由國家民委副主任薩空了率領的中國藝術團一行九十一人隨同陳毅副總理訪問印尼。藝術團根據黃鎮大使的建議，帶去了不少印尼歌舞節目。在總統府首演時，劉淑芳的一曲印尼民歌《寶貝》轟動全場。蘇加諾總統聽罷，興致勃勃地伸出兩個手指，要求再唱一遍。藝術團在印尼各地演出歷時四十二天，觀眾人數高達四十萬人次。一九五六年和一九五七年，印度尼西亞峇里藝術友好訪問團和馬魯古藝術友好訪問團也先後訪華。

蘇加諾總統特別喜歡繪畫，其總統府內設有藏畫室。出於共同愛好，黃鎮大使同蘇加諾見面時，經常談論繪畫藝術。蘇加諾對黃鎮在美術方面的見解深表讚佩，多次邀請黃鎮參觀他的藏畫，並希望中國為其出版藏畫集，黃鎮答應同國內聯繫。在黃鎮大使建議下，國內很快派出人民美術出版社總編

輯邵宇和北京人民美術印刷廠廠長姜信之到印尼籌
劃出版事宜。不久，精緻的《印度尼西亞總統蘇加
諾藏畫集》六大本陸續問世。第一、二集於蘇加諾
總統一九五六年九月訪華前夕出版，由周恩來總理
作為禮品親自贈送給蘇加諾。蘇加諾盛讚畫冊之精
美，說他由此更增加了對中國的信賴和對黃鎮大使
的友情。

　　作為大使夫人，朱霖同志在印尼也很活躍，做
了大量友好工作。從黃鎮大使向蘇加諾總統遞交國
書之日起，她便和黃鎮大使分頭開展拜會活動。朱
霖同志回憶說：「我在拜會時，主要是讚揚印尼人
民反對荷蘭殖民主義者和日本侵略者的光榮鬥爭精
神，強調我們之間的共同點，並介紹我國的外交政
策及新中國的面貌和婦女兒童情況等。通過實踐，
我逐漸體會到：登門拜訪是一種很好的交友方式。

一九六一年，陳毅副
總理兼外長（前排左
2）與印尼外長蘇班德
里約（前排左3）簽署
兩國友好條約和合作
協定。黃鎮大使（後
排左3）出席簽字儀
式。

因為你登門，對方就覺得你很尊重人家，以後再見面，雙方就都覺得格外親切。原來友好的，更加深了友誼；原來對我們不大了解的，便增進了了解；原來反對我們的，也漸漸改變了態度。」

朱霖同志記得，亞非會議前，她正在和使館的同志們忙著為周恩來總理、陳毅副總理等收拾和布置在使館居住的房間，突然聽說發生了「克什米爾公主」號飛機爆炸事件，心情十分沉重。一九五五年四月十六日下午，周總理和中國代表團一行取道仰光飛抵雅加達，使館全體外交人員都到機場迎接。他們的重要任務是保衛總理的人身安全。總理一下飛機，黃鎮就趕緊站到總理跟前，在場的公安部副部長楊奇清同志也跟了上去，他們倆把總理夾在中間，其他的同志，包括朱霖，也都簇擁在總理周圍，築起了層層人牆。到了機場出口，迎接的汽車都編了號在那裡等著。除開道車以外，第一輛車上掛著中國國旗，當然這就是總理乘坐的車了。誰知，黃鎮和楊奇清兩個人一摟，把總理送上了後面的一輛掛旗車。他倆事先也沒和任何人打招呼，黃鎮就對夫人說：「坐頭一輛車去！」朱霖馬上醒悟過來，立馬上了頭一輛車。結果，頭一輛該總理乘坐的車上，就只坐著她一個人。車隊浩浩蕩蕩地往城裡走，馬路兩旁站滿的群眾向車隊歡呼、致意。車上掛著窗簾，許多人還以為頭一輛車裡坐著總理呢。那時，朱霖心想：如果有破壞分子搞襲擊，那就打我吧，我就代替總理吧！

朱霖同志還回憶說，當時，我國駐印尼使館十分重視夫人工作，館內有個夫人工作領導小組，由大使、參贊、武官和總領事的夫人組成，她本人任組長。為配合和協調全館對外活動，小組每個季度都制定一次工作計劃，然後分工負責和執行。經過幾年工作，這個夫人工作領導小組寫出了一本《印尼婦女兒童概況》和一百名印尼重要婦女人物的資料，以便為後來使館工作的外交官夫人提供參考，使已經建立的兩國夫人之間的友誼繼續下去。

　　一九六一年五月六日，黃鎮大使奉命離開印尼回國。行前，他在向印尼總統蘇加諾、外長蘇班德里約等領導人辭行時，獲得廣泛讚譽。三月二日至四月二日期間，正好是陳毅副總理訪問印尼。在陪同陳毅副總理拜會蘇加諾總統時，黃鎮告訴蘇加諾他即將奉命回國。蘇加諾深情地說：黃鎮兄弟，你已經很好地完成了架設中印尼友誼金橋的使命。當四月八日黃鎮向印尼外交部長蘇班德里約辭行時，後者表示，在黃鎮大使任職期間，印尼和中國的關係有了很大發展，希望黃鎮今後仍為兩國關係的進一步發展而努力！四月十四日，黃鎮大使向印尼議長阿里芬辭行，阿里芬對黃鎮說：你在印尼承擔了重要而艱難的工作。你來的時候，印尼和中國的關係在烏雲包圍之中，帝國主義和殖民主義的烏雲把我們兩國關係重重包圍著。你來了以後，首先的任務是掃除烏雲。可當你要走的時候，天氣晴朗了。我們知道，中國對印尼的政策是由以毛主席為首的

中國政府決定的，但是通過你的正確執行，才能取得現在的結果。有一位華僑吟詩揮毫，頌揚黃鎮「七年德澤恩似海，僑眾銘記不忘懷」。華僑幾乎眾口一詞，稱讚黃鎮是一位攻堅、克難、促進中印尼友好的好大使，

二〇一五年既是第一次亞非會議（即萬隆會議）召開六十週年，也是中華人民共和國和印度尼西亞共和國建交六十五週年。半個多世紀以來，兩國關係中儘管曾出現過短暫的波折，但總體上是不斷地向前發展。三月，印尼總統佐科對中國進行了成功的國事訪問；四月，中國國家主席習近平應邀赴印尼出席了亞非領導人會議和萬隆會議六十週年紀念活動，並發表了題為「弘揚萬隆精神，推進合作共贏」的重要講話。

萬丈高樓平地起，吃水不忘挖井人。為兩國友好關係奠定根基的黃鎮大使已於一九八九年與世長辭，大使夫人朱霖已經九十五歲高齡。撫今追昔，我們千萬不能忘記那些為開創中國和印尼友好關係作出重要貢獻的人們。回顧歷史，更是為了開闢兩國關係美好的未來。

（本文根據朱霖女士提供的資料撰寫）

對華族友善的瓦希德總統

胡中樂

（原中國駐印尼使館外交官）

　　二〇〇九年對於印度尼西亞意味著不同尋常的經歷，該國順利地舉行了總統大選，並成功度過世界金融危機的衝擊。但也有不如人意的地方，尤其是首都雅加達接連遭遇地震的波及，社會上一時人心惶惶。臨近年底的十二月三十日，被稱為印尼「神人」的前總統瓦希德突然病逝，享年六十九歲。這不亞於一次強烈的地震。

　　一九四〇年八月四日出生的瓦希德，作為總統，其作風強勢而順乎民意，執政理念超前，在位時屢出奇招，令世人刮目相看，被譽為世界上最具有影響力的國家元首之一。

　　一九九八年印尼社會大震盪後的第二年，恰逢世紀之末，命運之神把不起眼、身體脆弱的瓦希德推上總統寶座。但槍打出頭鳥，不到兩年，瓦希德黯然下野。雖然執政短命，但瓦希德開啟了印尼社會的新篇章，被人們稱為「民主之父」，和諧社會的締造者，偉大的政治家、思想家和宗教領袖。

　　瓦希德逝世的第二天，雅加達成千上萬市民走上街頭，為他送別。而在他的故鄉佐邦市，萬名支

蘇西洛總統主持國葬
典禮。

持者連夜聚集，為他做最後的禱告。印尼全國降半
旗致哀，國家電視台舉行為期一週的悼念活動。

印尼總統蘇西洛發表電視講話，高度讚揚瓦希
德對國家作出的巨大貢獻，呼籲國民給瓦希德「至
高敬意」。遵照家族意願並按照穆斯林傳統的簡樸
方式，瓦希德被下葬在出生地東爪哇的家族墓園，
蘇西洛主持了國葬典禮。

對瓦希德不幸逝世，中國外交部發言人姜瑜十
二月三十一日說：瓦希德先生為中印尼關係的發展
作出了重要貢獻，中國政府和人民對他的逝世表示
哀悼。胡錦濤主席已就瓦希德先生逝世向印尼總統
蘇西洛致唁電。

跨宗教祈禱大會

二〇一〇年一月十六日晚開始，雅加達上空雷
雨不斷。到十七日中午，大雨依然不止。

由百家華社共同籌辦的「悼念瓦希德跨宗教祈禱大會」即將於當日下午在蘇加諾室內體育館舉行，人們焦急地仰望著烏雲密布的天空。幸好，天公作美，隨著開會的時間臨近，大雨漸漸停止。

悼念大會在國歌聲中隆重開始。印尼萬名華人和其他不同種族的人們，以及伊斯蘭教、基督教、天主教、佛教、印度教、孔教、道教的長老牧長，共同追思這位為印尼民主改革與民族和解作出巨大貢獻的偉人。

在全體人員默哀之後，華社千人合唱團演唱紀念瓦希德的歌曲，哀婉的《花落》（Gugur Bunga）曲調讓瓦希德的女兒燕妮當場落淚。

大會籌委會主席、印尼華人社團著名領袖俞雨齡先生在主持中幾度哽咽，聲淚俱下。

俞雨齡是第二代印尼華人，其父一九二六年從福建到南洋謀生，最初開設紡織廠，生產著名的「777」品牌背心。俞雨齡畢業於萬隆華僑學校，中文很好。他事業成功後，把大量精力投入華人社團建設，也關心印尼原住民和華人底層的疾苦，經常發起慈善捐贈活動。此外，他還關心政治，為印尼政府在民主化後逐步頒布新法以消除對華人的歧視而歡欣鼓舞。目前，俞雨齡擔任印尼福建社團聯誼總會（由 15 個福建社團和山東同鄉會「特別會員」組成）總主席。

俞雨齡主席在發言中表示：瓦希德生前伸張正義、維護基本人權，並極力反對種族歧視，在任總

統時，果斷地撤銷排華法令，如今春節已成為印尼的法定節日。瓦希德逝世，印尼華人非常悲傷，希望他在天之靈能夠安息。

　　長著一副美麗的中國面龐的燕妮隨後發表激動人心的講話，並不時被熱烈的掌聲打斷。她說，印尼已經沒有原住民和非原住民之分了，慈父瓦希德生前也承認自己身上流淌著華族的血液。她希望全體人民繼續完成瓦希德的遺願。華族過去頻頻成為代罪羔羊，相信這些事情以後不再發生。各族人民應攜手共創和諧、多元化和沒有歧視的共和國。她指出，其父就任總統期間，曾提出讓中國、日本、印尼組成一個強盛的經濟體，在人力與自然資源以及科技等方面優勢互補，這樣就能夠平衡世界經濟。

　　連日來，印尼的中文報刊《國際日報》《商報》

《千島日報》等刊載了大量悼念瓦希德的文章。

「新年大年初一/我們穿上新衣/印尼華人的孩子/為什麼歡天喜地/是 Gus Dur 瓦希德長老啊/我們深深地懷念你！」這是雅加達華文學校小學生的詩句。

一位老華人感慨地說：恩父般的瓦希德先生，您的見識、哲論、措施和影響力，讓我們印尼華裔找回了失去的尊嚴。

另一名來自中國的醫生動情地寫道：我在美麗的千島之國工作八年了。記得在二〇〇五年五月的一天下午，我前去給瓦希德治病。當總統知道我是從上海來的時，嚴肅地用中文說：「我也是中國人！祖輩在福建，姓陳。」我當時很激動，站在面前的不是一位病盲人！大家都感到了作為中國人的驕傲和自豪。

這名醫生還寫道：時隔兩年，我去泗水給別人治病。巧合的是，我和瓦希德同機回雅加達，見證了令人驚訝的一幕：身為前總統、一位盲人，竟一人登機、無人陪同，沒有警衛、沒有隨從，只有空姐領他到座位去。下飛機時，也沒有喧囂的迎接場面⋯⋯瓦希德的言行，給人留下了清廉、親民的形象。

開啟民主政治先河

一九九八年蘇哈托政府的倒台，給印尼帶來了

一系列的動盪和不安，國家政局混亂，經濟瀕臨絕境，地方分離主義勢力猖獗，宗教社群關係惡劣。但同時也給瓦希德的政治生涯造就了一個機會，他和他的支持者們隨後成立民族復興黨（PKB）。瓦希德雖然罹患中風、左眼失明，在身體不佳的狀態下，依然頑強地宣布參加第二年的總統大選。

被印尼民眾親切地稱為「Gus Dur」的瓦希德，一向以特立獨行著稱。一九九九年十月，在印尼有史以來首次民主選舉中，他被選為共和國第四任總統，全國上下都大吃一驚。

「成為總統以後，」瓦希德在日後的回憶中表示，「擺在我面前的，是一堆前政府留下來的破碎殘骸，外債高築、經濟混亂、社會蕭條、派系紛爭，還有不斷的分離運動。」

樂觀詼諧的瓦希德上台後厚積薄發，他快刀斬亂麻，頻出奇招。他秉承建立多元化社會的理念，主張消除歷史積怨，堅決推行民主政治，維護弱勢族群利益，致力於建立和諧社會。流利的英文、與外部世界較多的接觸，使他具備國際視野並了解什麼是真正的伊斯蘭教義，其溫和的宗教觀對印尼宗教、種族和諧推動作用巨大。

瓦希德首先要面對來自軍隊的強大挑戰。瓦希德行使文人領袖對軍方的領導權，果斷革除某些軍事強人的職務，加強政府管理，實現軍隊國家化。

老百姓普遍認為，瓦希德是結束專制的民主改革功臣，就連遠在國外的左派、無神論者，都罕見

地稱其為「被壓迫者的保護者」。瓦希德對外改善與中國等亞洲國家的關係，對內改善人權狀況，敢於挑戰舊思維，為此受到聯合國秘書長潘基文和世界多國領導人的高度讚賞。

在其執政的二十一個月期間，他頻頻出國訪問，以平易近人的姿態出現，屢屢對各國拋出橄欖枝。他向遭受暴行的東帝汶道歉，並拓寬了和以色列的貿易關係。

儘管開局不錯，但瓦希德的執政蜜月期也轉瞬即逝。由於過於頻繁出國訪問，足跡遍及五大洲，很多人指責他只顧外交而疏於治理國家內部問題。瓦希德不斷改組內閣，因此得罪了議會中的一些政黨，包括政治盟友。他有時說話給人以「反覆無常」的感覺，但這是他的策略，其背後卻有著堅定的信念。

二〇〇一年七月，瓦希德終因莫須有的罪名中途下台。這是多種因素較量的結果。然而，在印尼由中央集權專制走向分權式民主的過渡中，瓦希德是確保這種新民主被貫徹到宗教和民族多元化中的最重要人物。

印尼是世界上穆斯林人口最多的國家，瓦希德領導的伊斯蘭教士聯合會是該國第一大穆斯林組織，然而他不僅信奉民主，也將個人良心的地位放在宗教權威之上。他認為，印尼擁有相當數量的信奉基督教、天主教、印度教、佛教、道教、孔教者，甚至不可知群體，各地社會習俗迥異是件大好

事。

　　木秀於林，風必摧之。雖然瓦希德政治失意，但他給印尼留下了積極、深刻的印記，奠定了民主革新的基石，亦成為日後的執政者繼續前進的目標。

　　印尼華人不會忘記瓦希德的功績，他是讓華人得以重見天日的功臣、恩人。在蘇哈托反華、限制華人三十多年後，瓦希德親手廢除了政治上對華人的歧視；開放華人過春節、端午節、中秋節等習俗；開放使用華語做招牌、辦華文報刊、教華文。同時，他將孔教、道教列為合法宗教。

　　瓦希德上任後第一個正式訪問的國家是中國。他在回答記者提問時說，中國有十二億人口，在外交事務上幫過印尼很多忙。他甚至還反問記者：難道我不可以去訪問嗎？他深深感到，華人雖然只占印尼人口總數的百分之四，但從經濟角度看，卻對國家有不可漠視的貢獻。如果失去華人在經濟上的大力支持，單靠印尼原住民的努力，恐怕還需走一段漫長的道路。

　　瓦希德在一個大型記者招待會上動情地說：我的一個華人朋友，他把姓氏改為 Amil，他的兒子上天主教學校，老師問他，你這個華人為何是印度姓？孩子回家向爸爸哭訴，這位朋友問我：「我對印尼作出很大貢獻，為何我的家庭連自己的華人姓氏也不能用？」我向他保證，印尼政府一定會改變所有歧視華人的政策！

二○○○年初，瓦希德給了華人一份賀年禮，允許華人公開歡度農曆新年（春節）。他還和副總統梅加瓦蒂等人一起，與近千名華人共進春節晚餐。二○○一年春節時，瓦希德和女兒穿上華人傳統唐裝，和華人一起過新年。

瓦希德總統如此坦誠和堅定的態度，無疑給印尼華人帶來了福音。

「我不管人家如何評論我作出的決定，最重要的是，我依據憲法的條文行事，那是國家最高法規。」瓦希德說，「華人已經具備與原住民相同的地位，理應艱苦奮鬥，致力於消除根深柢固的種族歧視。此外，華人企業家不妨協助原住民，尤其是中小企業。」

瓦希德鼓勵印尼的華人們發揚中華文化的優良傳統。他說：華人不論出生在印尼、中國大陸或新加坡，即使當地的生活方式各異，但他們必須成為「文化上的華人」，有權分享中國文化的特色。

不凡的家世，神奇的經歷

出生於東爪哇省的瓦希德，是當地一家穆斯林望族的長子。他的祖父是印尼最大的穆斯林組織——伊斯蘭教士聯合會的創始人之一，他的父親瓦希德・哈希姆曾擔任印尼首任宗教事務部部長。

瓦希德的祖籍是中國福建，先祖陳金漢是伊斯蘭教長老，於明永樂十五年（1417 年）隨第五次

下西洋的鄭和船隊來到印尼，後定居泗水，並在那裡繁衍生息。與中國頗有淵源的瓦希德，仍然能說一些閩南話。

儘管自幼就在伊斯蘭傳統學校接受教育，但在父親的鼓勵下，瓦希德很早就開始閱讀其他書籍和報紙。一九六三年，他開始長達數年的海外遊學，先後在埃及、伊拉克以及荷蘭學習。他半工半讀，當過電線安裝、火車站搬運和碼頭清洗工人。豐富的遊學經歷使他成為一名受人尊敬的學者和時事評論家。

上世紀七〇年代，瓦希德開始活躍在印尼宗教界。開明平和的思想使得他贏得了爪哇地區三千多萬穆斯林的支持。人們將他視為一個積極的改革者，期待他能給伊斯蘭教士聯合會帶來新的變化。與此同時，他的政壇經歷也開始豐富起來，在當時伊斯蘭教士聯合會所在的政黨——建設團結黨的競選活動中，時常能看到他的身影。一九八四年，他成為伊斯蘭教士聯合會的主席。

瓦希德夫人欣達努麗雅女士生於一九四八年，同瓦希德是同鄉。努麗雅夫人也出身宗教世家，祖父是伊斯蘭教長老，父親在經學院辦學校。她是家中長女，在家鄉讀完中學後，考進日惹伊斯蘭高級學院。

瓦希德和努麗雅的婚姻頗具傳奇色彩，妻子婚後三年才見到夫君。努麗雅比瓦希德小八歲，有趣的是，當年他們以「遠距離婚禮」的方式成為夫

妻。一九六八年，當瓦希德還在伊拉克念大學時，他的弟弟給他寫信表示要結婚。為了避免出現弟弟搶先結婚的不吉利局面，瓦希德寫信給他的伯父，請他代表自己與努麗雅舉辦結婚儀式，遭到家中的反對。但瓦希德堅持己見，並表示，如果家中不接受，他將不回印尼。

結果，他的家人只好在一九六八年七月十一日為他和努麗雅舉行了「結婚儀式」。此事引得親朋好友嘖嘖稱奇，並被傳為佳話。直到一九七一年六月，瓦希德從歐洲回到家鄉後，他們正式請客「再次結婚」，一邊度蜜月，一邊築建自己的屋子。從此兩人風雨同舟，走過二十八年的歲月。

在成為印尼第一夫人之前，努麗雅經營一些胡姬花生意，以此賺些錢來維持家庭生活。她親民友善，毅力堅強。一九九三年三月十四日，她因車禍受傷，不得不坐上了輪椅，但她繼續攻讀印尼大學碩士學位，對農村婦女狀況進行調查研究。

努麗雅與瓦希德一樣，始終支持民主改革與反暴政運動。她積極為爭取婦女的平等權益和福利而奮鬥，不斷仗義伸援。努麗雅曾坐在輪椅上參加示威，並致力為華族討回應有的平等地位和權益，為此四處奔波。

瓦希德夫婦共養育了四位千金。其中，次女燕妮學習過漢語，後追隨父親從政，曾出任瓦希德總統秘書和蘇西洛總統的政治顧問，現主持瓦希德學院領導工作，於去年結婚。她精通英文，關注國內

外政局發展，假以時日，有望成為政界的新星。

　　瓦希德支持女兒們學習漢語，並與中國友好。他表示有兩件事尊重孩子的選擇：一是高等教育選學課目，一是婚姻大事。這些都任憑女兒自己決定，從不以大家長獨斷專行。

　　晚年的瓦希德身體狀況愈發惡化，糖尿病和心臟病加重，雙目幾近失明，只能靠輪椅行走，但他仍然沒有放棄任何希望，企盼有朝一日「重現理想」，繼續在印尼政壇上發揮影響力。

　　然而，這位酷愛貝多芬音樂的前總統沒能戰勝病痛的折磨，最終駕鶴西去。一位伊斯蘭智者說：如果一個人逝世後，在四十天中仍有眾多的人群拜謁頂禮，此人即是聖人。瓦希德就是聖人。

　　瓦希德的墓地簡樸得不可思議——只有二平方米的小小墓穴。但是，華夏「龍」的精神，是瓦希德留給赤道千島的最大遺產。

印尼華人與二十一世紀海上絲綢之路

肖正榮

（中國前駐印尼使館公使銜參贊）

　　據不完全統計，目前印度尼西亞有華人約一千萬人，是世界上華人最多的國家。華人與當地人民團結奮鬥，休戚與共，為印尼的民族獨立、經濟發展和社會繁榮作出了巨大貢獻，同時，他們在中國和印尼兩國經濟、貿易、文化和其他各領域的交流和合作中發揮著不可替代的橋樑作用。

　　旅居海外的華人有著中華民族的優良傳統，血濃於水，宗族情、家鄉情世代流傳。在印尼，不論

二〇一二年二月二十三日，印尼吉祥山基金會理事長張錦雄（左）、基金會永久名譽主席黃雙安（右）向來訪的中國海外交流協會常務副會長李海峰（中）贈送紀念品。

移居不久的新華人，還是經歷了三四代，甚至在印尼打拚奮鬥更久的老華人，都可以看到、聽到、感受到這種親情。遠的不說，抗戰時期，印尼華人赴中國前線參戰，或去滇緬公路當機師、做義工，有的華人奔波於印尼和中國之間，募集義款，支援前線。一九五五年，周恩來總理出席萬隆會議，許多華人青少年出來歡迎並自發組成人牆，保護周總理一行的安全。一九六五年，筆者的父親奉調去印尼萬隆，擔任援建紡織廠專家組副組長，後因「9·30」事件，該援建項目中斷。事過四十年，當筆者在印尼任職期間有幸赴萬隆訪問時，聽當地老華人講述當年的情景，感慨萬分。看到四十年後萬隆已發展成為印尼最大的紡織中心之一，又感到無比欣慰。真是「人間正道是滄桑」。

一九七八年，中國開始了改革開放的偉大創舉，印尼華人無不為之歡欣鼓舞。當時中國與印尼尚未復交，在政治、經濟、文化等各個領域，印尼華人還受到一系列歧視政策和條例的限制。然而，這一切都阻擋不住印尼華人對祖籍國的關心和支持，他們衝破重重阻礙，克服種種困難，或採取迂迴繞道做法，與香港、台灣、新加坡的公司聯名合作，或者用他們存放在印尼之外國家和地區的資金，率先來華投資、捐贈，為祖籍國和家鄉的建設和發展作貢獻。在中國吸引外資的進程中，最早期引入的多是港澳台和東南亞包括印尼華人的資本。截至二〇〇五年，港澳台與東南亞包括印尼華人對

肖正榮（右2）同印尼華商陳大江（左2）、唐裕（右1）交談。

華投資占引入外資的百分之七十。華商林紹良的三林集團在福州建設煤化工園區，還在廈門建立聚酯工廠和開設銀行；金融家李文正的力寶集團在湄洲島創辦十五平方公里的開發區，此外還在福建和其他地區從事機場、港口、高速公路及舊城改造等項目；金光集團董事長黃奕聰則利用其在香港的中策公司在華進行房地產、五星酒店、柴油機、電器等項目投資，其長子黃志源在華的造紙企業已發展成為中國舉足輕重的造紙項目，次子黃鴻年收購了數百家中資企業的經營權。印尼商業鉅子黃雙安擁有材源帝跨國集團，號稱「木材大王」。他積極支持中國改革開放，多次強調「只要中國需要合作，無條件開放綠燈」。他在改革開放初期率先去山東、天津、浙江等地，進行木材加工、水產養殖等項目的投資。黃雙安先生還利用他在印尼發展捕魚業與印尼政府和軍方建立起來的良好關係，為中方提供

幫助和溝通，多次疏通放行被扣中國漁民和漁船。彭雲鵬的太平洋集團是印尼三大財團之一，除了木材加工、地產、建橋等領域在華有巨額投資外，與我中遠公司也有著密切合作。至上世紀八〇年代，印尼華商企業向多元化、國際化方向發展，有華人大企業五千多個，其中不少已成為跨國公司。印尼和東南亞其他國家的華人率先為中國的改革提供資金、技術和管理經驗，在中國的現代化建設中發揮了不可磨滅的引領和橋樑作用。

與此同時，很多印尼華人財團向祖籍國捐贈巨額錢財，為中國的文化、教育、體育等事業的發展作出了重大貢獻。這裡特別要提到彭雲鵬、陳大江、黃雙安和李尚大等先生，他們不斷為家鄉和祖籍國其他地區捐款捐物，從小學、中學、大學圖書館、運動場，一直到投資創辦燕京華僑大學。北京人大附中、上海復旦大學及很多名牌學校都得到印尼華人不同方式的捐助。他們還為考取北京、上海等地高校的家鄉學生設立獎學基金。印尼華商李文光先生在雅加達設立了中華大學，設有文科、理科、工科和商科，主要招收中國大陸和港澳台地區的中學畢業生。如今，該大學的畢業生大多就職於印尼華商企業或在印尼的中資公司，為中印兩國合作和交流而努力，他們中不少人已成為新一代的印尼華人。印尼華人對中國第一次舉辦奧運會歡欣鼓舞，很多華商積極為水立方建設捐款，還寫文章登報宣傳祝賀，出版紀念冊等。

印尼華商張錦雄擔任印尼中華總商會常務副主席，他熱衷於推動華文教育，參與各種社會公益活動，不論印尼海嘯，還是中國「非典」或地震後，都能看到他和他領導的基金會的身影。他說：「印尼和中國的人口總和為世界的五分之一，共圓印尼與中國相融共贏的美夢，就是為世界五分之一人口謀幸福。這也是『印尼夢』和『中國夢』。」這裡還要特別提到，印度血統的華商（為華人撫養長大）熊德龍創辦的華文報紙《國際日報》，把《人民日報·海外版》帶入了印尼。

　　我從外交戰線退休後，應邀在印尼中華總商會上海聯絡處協助工作了幾年。下面，我要講一講印尼中華總商會首屆總主席陳大江的故事。陳大江先生是印尼成衣大王，他的成衣業有一萬七千多名員工，擁有包括男裝、女裝、童裝、休閒裝等三十多種國際品牌的生產專利，產品銷往歐美和東南亞，為相當規模的國際上市公司；此外還有輪胎、銀行等產業。印尼自「9·30」事件後，三十多年來華人沒有自己的商會。上世紀末至本世紀初，七十多歲高齡的陳大江先生憑藉在印尼華人社會中的威望和與印尼政府和上層社會的良好關係，出面組建印尼中華總商會，並擔任首任總主席。為此。他把所有產業和生意交給孩子們打理，全身心地投入總商會的工作，帶頭出錢出力，熱心公益，為溝通印尼華人社會與印尼政府的關係、維護和提升印尼華人的社會地位、推動印尼和中國的友好與合作作出了

不懈努力。

　　陳大江先生擔任印尼中華總商會總主席期間，每年率領商會代表團，或參加印尼領導人代表團，或他本人來祖籍國訪問不下十次，多次在各種經濟論壇發表演說，強調印尼與中國經濟、貿易的互補性，合作共贏是雙方共同的願望；中國企業走出國門，應首選印尼。他還身體力行，為去印尼投資設廠或從事其他經貿活動的中資企業提供種種幫助和方便。二〇〇八年，四川汶川發生強烈地震，陳大江先生一聽到此消息，馬上匯出一百萬人民幣救濟災區。不知是大江先生匯款時寄去的慰問信中文沒寫清楚，還是災區負責同志的誤解，不久後他率印尼中華總商會代表團慰問災區人民時，這一捐款被宣布為大江先生和其他兩位印尼僑領三人合捐一百萬。對此，陳大江先生在當地未作任何澄清，而在訪問結束後，一回到雅加達，馬上又匯了一百萬元人民幣給汶川災區。

　　印尼華人在參與、推動、促進中國和印尼的合作與交流中起了重要的作用。在這一過程中，有著無數動人的故事，幾天也講不完，筆者在本文中提及的印尼華人報效家鄉和祖籍國的事例也只是無數匯入大海中的一條小溪。印尼華人為中國的改革開放和現代化建設作出了貢獻，同時也從中國的政策優惠、投資環境良好並與國際接軌、素質較高的員工以及國家和民間龐大的市場需求等因素中得益。

　　自遠古至明清，印尼一直是海上絲綢之路沿線

印尼華商陳大江（左1）、白德明（左3）、鄭年錦（左5）等拜會中國全國人大常委會副委員長王光英（左4）。

的重要國家，如今更是二十一世紀海上絲綢之路上的重要國家。印尼和中國同為東亞地區最大的發展中國家，兩國關係已提升為全面戰略夥伴關係。事實上，短短的復交二十五年後的今天，中國已成為印尼第一大出口目的地國家。印尼還是亞投行創始成員國之一，印尼總統佐科提出的印度尼西亞發展成為海洋強國的戰略與中國的「一帶一路」戰略高度契合。我深信，印尼華人將在這兩大戰略的對接和實施中繼續發揮不可替代的橋樑作用。

為了中印尼人民友誼的共同理想

——憶五十年前的一段時光

劉一斌

（中國外交部原主管印尼事務官員、駐外使館參贊）

二〇一五年九月，畢業後闊別多年的我班同學有機會首度聚會。親切、激越的情緒充盈著整個空間，熱烈的氣氛把大家帶回了昔日真誠無邪的同學關係的感覺。大家沒有聊述別後之情，而是一下陷入同窗日月的那段愉快時光的深情回憶。

恩師良教育新輩

大家首先不約而同地回憶起恩師張瓊郁。我們是外交學院印尼語專業的第一屆學生，全班十人，來自四面八方。老師和學生可謂是創業的一代，其條件之匱乏，教、學之艱辛，可想而知。回顧昔日的歲月，我們異口同聲地讚頌張老師的創業功德和至愛教誨，言談中充滿了敬佩和感念。

我們班的學生是臨時從各個專業抽調來的。開課一週，我們連老師都沒有，眼巴巴地等著。張老師是被從中國駐印尼使館緊急調回的，回國第二天

劉一斌（左1）大學二年級時第一次接待印尼外賓，在西安華清池留影。

就風塵僕僕地趕到外交學院。他沒有教學的物質準備，也沒有任教的思想準備，兩手空空地走上了講台。他的第一句話就是：「我們為了一個共同的目標，走到一起來了，這就是學好印尼語。」他說：我們來自天南海北，聚集在一起學習和生活是一種緣分。今後，印尼文將成為一條無形的紐帶，把我們的學習、工作、生活、發展甚至命運，與印度尼西亞緊密地聯繫在一起。接著，他告訴大家，我們班原本不在學校的招生計畫之內，是周恩來總理根據中國和印尼關係發展的需要指示開設的，是要培養從事印尼工作的專家。學校非常重視，從各個專業裡選拔的政治素質、思想品德都比較好的學生，以保證個個成才。同學們聽了受到很大的鼓舞，原

本不願意學習非通用語種的患得患失思想有些淡釋。張老師像看透了我們每個人的心理，針對我們的專業思想著重指出，學好專業需要有動力，專業思想尤為重要，知道為什麼學，就知道如何學。他介紹說，印尼語雖屬於非通用語種，但它按使用人口是世界第五大語言，連同語言相通的馬來亞、文萊和菲律賓的部分地區，也應屬大國語言。這進一步鞏固了同學們的專業思想。他繼續說：語言的重要，不僅看它使用的範圍，更應看它使用的價值。從形勢的發展趨勢看，中印尼友好關係必將有大的發展，從事印尼工作定有作為。你們要有思想準備，要長期或終生做印尼工作，立志獻身於中印尼友誼。這話說得我們有些熱血沸騰。他說，我是長期任印尼語翻譯的外交官，現在驟然改行做「教書匠」，也需要適應過程。但我定將一切知識和經驗，外語的、外交的都傳授給你們，讓你們儘快成為新一輩翻譯人才，努力架設中印尼友誼的宏偉橋樑。我努力教，你們認真學，讓我們共同完成黨和國家交給的任務，絕不辜負周總理的期望。

這堂師生都毫無準備的課，成為一堂動員課、誓師課，為我們刻苦努力地學習打下了堅實的思想基礎。

張瓊郁老師是一位僑生，自幼與印尼人民生活在一起，深諳印尼的語言文化和民風習俗。他熱愛祖國，思想進步，被僑團推薦到中國大使館任翻譯，進一步得到鍛鍊和提高，後被提為隨員，成為

一名外交官。正當前程看好時，突然被調回國任教，在這個節點上他表現得很有覺悟。他認為，崗位變了，事業沒變，仍然沒有脫離外交戰線。雖然失去了外交官的光環，但獲得了教書育人、培養外交人才的機會，是對我國外交事業的長效服務。帶著這種胸懷，他把全部精力都投入到教學中。當時，印尼語專業教師僅他一人，獨自支撐著整個專業的全部任務。教學大綱要求學生必須「四會」──讀、寫、聽、譯都要過關。這樣，他一人必須要開精讀、泛讀、聽力、翻譯四門課，外加編寫教材。他天天忙得連軸轉，晚上編教材，白天授課、輔導，編一頁教一頁，每次還需連夜打出十份，第二天分發給學生。外語輔導非常重要，發音、吐字必須規範。印尼語被稱為「東方意大利語」，屬「音樂語言」，我們各受方言制約，不僅語音語調怪裡怪氣，一些捲舌音、顫音更是根本發不出。張老師花了大量的時間和精力，逐一為我們矯正。同學們早晨六點就在校園高聲朗讀和訓練發音，經常無意中發現張老師站在身後仔細聽、隨手記，接著一一指點。他住西皇城根，每天乘首班公交車、連倒幾次才到校，車內擁擠不堪，辛苦程度可想而知。當時正處在三年困難時期，天天飢腸轆轆，浮腫乏力，但他一天也未缺課。他這些行動成為無聲的語言，表達著對國家的熱愛、對事業的忠誠、對學生的負責，以及對增進中印尼友誼的執著。

張老師有豐富的外交經驗，他編寫的教材集知識性、實用性、基礎性、發展性於一體，緊密聯繫外交實踐，並與印尼社會的流行語言接軌。他特別注重實踐活動，強調語言是實踐的工具。他帶領學生利用節假日走遍北京的各大公園，演習陪外賓遊園的情節，廣泛開展會話。亭台樓閣、假山溪水、花草樹木、賓客遊眾，見啥說啥，無所不涉。無論知識還是語彙，只有學生問不到的，沒有他不知道的。正是通過這種方式，一個詞語只用一次就牢記終生，我們班的口語能力比同年級的其他專業高一大截。按規定，我們一年一度下鄉勞動一個月，張老師本可留在學校編寫教材，制定授課大綱，但他執意與學生一起，同吃、同住、同勞動。他有意識地參加勞動鍛鍊，磨煉自己的意志，改造自己的意識，最重要的是與學生進行口語實踐，實際上是把口語課搬到了田間地頭。會話的內容遠遠比課堂上的口語更加豐富、寬泛。莊稼野草、勞動工具，學生問啥，他即刻答啥，只要中文叫得出名的，他都告訴印尼文名稱。這不僅表現出他的知識力量，更表現出他的精神力量。張老師就是我們的「課堂」，課內課外、校內校外，他走到哪裡，「課」就上到哪裡。

學習語言必須了解使用對象。張老師深知印尼官方到民間各階層的情況及其語言特點，經常大量講述華僑與印尼人民友好相處和共同奮鬥的情況和令人感動的故事。他教育學生要帶著對印尼人民的

友好感情去學習。他說，我們學習印尼語是為向印尼人民傳導中國人民的友好感情，若自己沒有感情，如何完成這一使命？當學生問及印尼幾次發生與兩國主流關係不協調的事件時，他毫不隱晦地說：華人華僑與當地人民猶如生活在同一屋簷下的兄弟，豈能沒有「勺子碰鍋沿」的時候？但不會反目成仇，回回都會雨過天晴。他這是在把教書育人融為一體，教會學生了解印尼，懂得印尼，熱愛專業，讓學生胸襟寬廣、境界高遠地看問題，更好地服務於中印尼兩國友好關係。

在整個教學過程中，張老師對印尼文化作了透析講解。他說，印尼人的文化信仰是其民族基本素質的表現，涵蓋著其民族的崇尚、信奉、追求、習俗以及生存理念和生活方式，充盈和潤澤著一切社會領域。印尼的政治、經濟、法律、軍事，無不含有文化的內涵和真髓；其文教、科技、衛生、文學、藝術、宗教等意識形態門類，更是文化的直接表現。印尼從國家文化到地域文化，乃至家庭文化，都各自綜合表現著其典型特點。印尼文化的核心內涵是民族自尊，最高精神是愛國主義。印尼人民在爭取民族獨立鬥爭中的英勇精神，是印尼人民最寶貴的歷史財富和永遠崇尚的文化。自尊和愛國成為印尼人的道德基礎和最高風範。印尼豐富多彩的文化，內容都是愛國愛教、自尊自強、懲惡揚善、助人為樂、誠實守信、神祐天良。它是印尼大地特有的，印尼民族創造的，也是屬於世界的。

張老師特別推崇印尼爭取民族獨立和反抗外來侵略的鬥爭精神。他介紹說，印尼的民族覺醒運動始於二十世紀初。一九〇八年五月二十日，印尼成立「至善社」；一九一二年成立「伊斯蘭協會」和「穆罕默迪亞」，主張進行議會鬥爭。一九二〇年印尼共產黨成立。一九二二年，在荷蘭留學的印尼學生組織「印度尼西亞協會」，提出了爭取「印度尼西亞獨立」的口號。一九二六年，印尼共產黨領導民族大起義，遭到荷蘭鎮壓。同年「伊斯蘭教士聯合會」成立，開始改造穆斯林的社會文化運動。一九二七年，蘇加諾組建「印尼民族黨」，爭取民族獨立。一九二八年十月二十八日，在巴達維亞舉行的第二屆全印尼青年大會上，不同種族、不同語言、不同宗教和文化背景的青年共同宣誓忠於「一個國家，即印度尼西亞；一個民族，即印尼民族；一種語言，即印尼語」。一九四二年，日本侵略並占領印尼。日本投降後，印尼爆發「八月革命」。一九四五年八月十七日，印尼宣布獨立，成立印度尼西亞共和國。在長期的鬥爭中，印尼民族得到鍛鍊和洗禮，培育了追求真理和正義、維護民族尊嚴和權益、要求獨立和民主的愛國主義精神。

　　張老師為印尼有如此深厚的文化蘊涵及高尚的民族鬥爭精神而高興，流露出內心有著兩個故鄉的驕傲。我們深受感染和教育，懂得了愛國主義是全世界正義人民的共同崇尚。

北京外國語學院第一屆印尼語專業學生畢業合影。前排左 3 為印尼共產黨主席艾地的弟弟索布倫‧艾地，後排右 2 為劉一斌。

滿腔熱情傳友情

　　一九六二年七月，外交學院印尼語專業整體劃撥到外國語學院，繼續學習。經過兩年的拓荒式拚搏，教學條件大為改善：教學實力大增，新來三名助教和一位印尼專家，教學設備也「鳥槍換炮」。張瓊郁老師當上了印尼語和馬來語教研室主任兼印尼語教研組組長，但他仍親自授課，並主持考試。他擔負的工作似有減輕，但思想上的責任更重了。看來，他是決心要把第一屆學生打造成「精品」。他的教學依然帶有改革性質的創新，儘管與全院各系的做法不同步。

　　印尼專家叫索布倫‧艾地，是一位作家，知識淵博。他本可多在寫作上展示才華，但為了中印尼

友好關係，他應聘來華執教。他質樸、淳厚、友善、坦誠、親和、無私，幾乎綜合了所有印尼人的優點，簡直堪稱印尼人的「形象大使」，頗受學生的尊敬和喜愛。他很贊成張瓊郁老師的教學主導思想和實踐教學的理念，經常主持全班的座談討論會和參觀訪問等實踐課。他善於啟發引導，讓每個學生都能展示自身的潛力，心理上獲得成功感。他深知「為人師表」的道理，舉止行為堪稱表率。他生活簡樸，把節儉視為美德，這給予學生深深的思想教育和道德薰陶。他帶給我們的不僅是語言和知識，還有印尼人民的優良品質，以及印尼人民對中國人民的友好感情。

索布倫老師熱愛中國，對中國人民及其社會生活讚賞有加，經常在《人民中國》（印尼文版）雜誌上發表文章，向印尼公眾介紹中國的國情、民情，小到蔬菜的價格，大到全民舉動，都有客觀評述。這大大增進了印尼人民對中國的了解。他對中印尼友好關係的歷史瞭如指掌。他經常結合訓練我們的聽力，講述中印尼源遠流長的友好往來。他說，中國和印尼的交往，早在東漢時期已有記載，於西元一到二世紀就建立了正式朝貢關係，即原始的「外交關係」。盛唐時期，中國與印尼的室利佛逝王朝的文化交流已相當密切，當時作出卓越貢獻的是唐代著名高僧義淨。宋朝實行「薄來厚往」的朝貢政策，對朝貢者予以厚贈，中國同印尼的往來，特別是經貿往來更加頻繁。明朝時期，朝廷把

東南亞列為「不征之國」，實行「以德懷遠」的睦鄰安邦政策，特別是鄭和七下西洋，產生了巨大的政治影響和社會影響，使中國和印尼等東南亞及沿途國家的往來達到鼎盛時期。索布倫老師高度評價鄭和下西洋的歷史作用，指出：鄭和不同於西方航海家，不以窺測資源、試圖推行殖民主義為目的，而是為傳播友誼，維護和平與安寧。他所到之處，展示出中國是真正愛好和平、珍重友誼、維護正義的禮儀之邦。他是中國人的友好使者，受到當地官民的廣泛歡迎。至今，印尼三寶壟等地的鄭和歷史遺跡和佳話仍受到供奉和傳揚。他特別強調，鄭和開拓了中國和沿途國家的人員和文化交流的渠道，肅清了沿途海盜匪患，促使大批中國移民遷居東南亞，帶去了中國的商品、文化、先進的生產技術，促進了當地的社會經濟發展與和平穩定，為中國和這些地區的世代友好打下了基礎。印尼和中國的友好關係，正是基於這一歷史淵源。鄭和下西洋開創了世界海洋時代，西方後來利用砲艦政策實行海上霸權，是對海洋時代初始目標的背叛。聽著索布倫老師的講述，我不覺有些汗顏：我們對這些歷史頗感生疏，而一位印尼人則如數家珍。

索布倫老師經常高度評價中印尼建交後的相互支持和良好合作。他說：印尼和中國有著幾乎同樣的歷史遭遇和命運，都是經過艱苦的鬥爭才取得了獨立和解放，當前都面臨發展民族經濟的任務，兩國友好合作與互相支援是理所當然的。兩國在反帝

反殖、維護世界和平的戰線上是同志，是戰友。印尼在國際舞台上的作為，都離不開中國的支持。亞非會議誕生了十項原則的「萬隆精神」，成為國際關係中的重要準則，是印尼和包括中國在內的與會國的歷史性貢獻。中國總理周恩來在這次劃時代的會議上起了關鍵性作用，促使會議取得輝煌的成果。這既顯示了周總理的智慧，也展現出新中國的形象。印尼作為東道國無上光榮。印尼在不結盟運動中的積極作用，成功舉辦新興力量運動會，都有中國的道義支援和經濟援助。在兩國關係上，印尼得到中國在政治、經濟上的大力援助，兩國之間的問題都能在互諒互讓的基礎上友好協商，從而順利解決。中印尼成功簽署關於解決華僑雙重國籍問題的條約就是典型範例，並在國際上產生了普遍意義。

索布倫老師從不刻意談論印尼共產黨，而更多地大讚蘇加諾總統。他稱蘇加諾是領導印尼爭取民族獨立鬥爭的英雄，是印尼共和國的偉大締造者，是廣大人民的傑出領袖，是國際民族民主力量反帝反殖的旗手，是反對美國霸權的英勇鬥士。他贊成蘇加諾對於美國為壓印尼就範、斷絕對印尼的經援而針鋒相對採取的一系列斷然措施，如趕走美國和平隊、封閉美國新聞處、關閉美國在印尼的企業，甚至高調宣布印尼退出美國操縱的聯合國。縱使蒙受經濟損失，也在所不惜。索布倫豪邁地表示，這表現了印尼的政治意志，也顯示出印尼的民族骨

氣。

索布倫老師熱愛自己的國家，也熱愛自己的學生。他把我們待若子弟。他住在國務院外國專家局的專家樓，離學校不遠，課餘總是盡量在學校多逗留些時間，以便與我們多接觸、多交談，我們稱之為「課餘課」。他自己則犧牲了不少寫作時間，但他不覺可惜，倒覺愉快。他請全班同學到他家做客，這是交誼活動，又是口語實踐活動。這時候，我們沒有國籍界限，也沒有師生隔閡，個個失去了做客的矜持，感受到一家人的融融親情。我們戲稱他的夫人和女兒薇達為「助教」，特別願意與她們交談。聰明伶俐的薇達開始總喜歡與我們講漢語，因為她在幼兒園習慣了漢語。索布倫老師欣慰地對我們說：「她是我的漢語老師，將來和你們一樣，為中印尼友好往來做橋樑。」在他心裡，不僅自己，而且要讓子女都貢獻給中印尼友好事業。

勤學苦練鑄忠誠

「學而不厭，誨人不倦。」我們印尼語專業的首屆師生正應了這句古語。我們班的同學來自不同地區，說話南腔北調，不同的家庭背景和個人經歷形成了不同的思維方式，但大家有高度一致的思想觀念和學習意志，即「一定要把印尼語學好」。王建民是一位「調幹」，原是農業部的一名技術幹部，入校就兼任了年級黨支部書記。他不僅事事帶

頭，學習精神更是大家的表率，是同學中的「靈魂人物」。陳成香、翁文章來自福建農村，打著赤腳進北京，走在街上引來不少怪異的目光。他們只有學習一個心思，成為班上刻苦學習、成績優異的樣板。何懷均、王受業來自湖北，印尼語中的捲舌音和顫音害苦了他們，晝夜練習了兩個多月，連說夢話都在練發音，其毅力可讚可敬。其他幾人也大有可點贊之處。這幾人成為班裡的基幹，奠定了良好的班風：思想上追求進步，生活上艱苦樸素，學習上刻苦努力，作風上質樸淳厚，關係上團結真誠。這使得我們班成為一個進步的集體、奮鬥的團隊，學習態度和鑽研精神都優於其他專業的班級。

有了為祖國學習的明確目的，為中印尼友誼作貢獻的學習動力，自然會有克服困難、爭取良好成績的決心和毅力，找到合理適宜的學習方法。學習前期，我們沒有教材，沒有工具書，也沒有語言環境，可謂「一窮二白」。我們師生以奮發圖強的精神，以加倍的主觀努力彌補客觀條件的不足。學習本是個體的行為，我們卻以集體的智慧和力量，共同努力，爭取齊頭並進，一個也不落下。我們以「三人行必有我師」的理念，分成三人一組，強弱搭配，互幫互學，取長補短，協作進取，攜手提高。這既促進了學習，又增強了團結，獲得「雙豐收」。各組「八仙過海，各顯神通」，開動腦筋，不斷創新，利用一切機會和場合開展口語會話活動。走進圖書館、閱覽室，逛商店，遛大街，走到

印尼專家（左3）帶領學生上口語實踐課，參觀展覽會。左1為劉一斌。

哪兒，都是三人輪流裝扮外賓、主人和翻譯，有問、有譯、有答，滔滔不絕。在公交車上，一路海聊，若不是我們的面孔和穿著過於「中國」，乘客定會認為我們是外國人——那時的外國人可是「稀有動物」啊。我們買不到字典，就自建「詞庫」，每個人隨身帶一個小本，把課外遇到的生詞、老師告訴的新詞統統記下來。進入四年級時，我們把每個人蒐集的單詞彙總在一起，分類整理，竟印出了厚厚的一本詞彙書，就其實用性來說，堪與正式出版的詞典媲美。

更可嘉的是我們班同學那股子學習勁頭。我們沒有「課餘」，下課之後只是不同形式的「課」，老師到哪裡，我們都跟著老師轉，問東問西沒有完，老師則百答不厭，彼此都很欣慰。我們自己更是幾乎把見到的所有事物都當成練習翻譯、會話的課題。有的會話小組沿街翻譯牌匾、標語、廣告，

從學校所在地魏公村走到天安門。有些同學在政治學習時間裡，內心默默翻譯別人的發言，做著無聲的「同聲傳譯」。正是由於老師的辛勤教學和我們的勤奮學習，自二年級開始，別的專業還在上基礎課，我們即可輪流被外借去擔任翻譯，且基本沒有語言困難。老師、專家為我們的學習狀態所感動、欣慰。看到我們的學習成績步步提高，張老師感慨地說：「我的辛苦沒有白付。」索布倫老師更是高度評價：「你們是中國有希望的一代，是中國艱苦奮鬥、自力更生精神的體現者。」他對我們說：我長期生活在中國，對中國的人和社會有較深入的觀察和了解，更多的是從與你們朝夕相處中體察到，中國人民的精神是偉大的，品格是高尚的，對印尼人民的友誼是真誠的。你們是中國的未來，有你們直接服務於中印尼友好事業，兩國友誼將世代相傳，萬古長青。索布倫老師到處誇讚我們，專門邀請《人民中國》雜誌社的記者來採訪我們。記者小舟到學校對我們全班逐一詳細採訪，令他很有感觸的是，每個人都是只講別人的優點，不提自己的事；再三追問下，也只談自己的缺點和不足，以及別人對自己的幫助、啟發。這種風格和境界，正是這個優秀班集體的思想基礎。採訪錄以「為了中印尼人民友好的共同理想」為題，發表於一九六五年《人民中國》（印尼文版）第十期，同期還載有索布倫老師讚揚中國市場物價穩定的文章。這篇詳細介紹我們班的文章及所附的活動照片，成為我們學習

印尼語的永遠的紀念。

老師的褒獎，成為對我們最大的鼓勵，更加激發了我們的學習熱情，更加深了我們對老師、專家無比敬愛和感激之情。我飽含深情地寫了一首致索布倫老師的詩，被記者摘引到他的文章中。被節錄的幾句譯成中文的大意是：敬愛的老師啊，我們就要奔赴祖國最需要的地方。請接受我們誠摯的敬意和神聖的誓言，我們將終生為中印尼友誼大橋貢獻力量。讓你播下的友誼的種子，到處生根、發芽，開出芬芳的花朵。

常言道：「同窗一載十年情。」大學五年的日日夜夜，讓我們班彼此結成手足情、同學誼。畢業分配後，大家滿懷著在大學鑄就的對祖國的忠誠、對人民的忠誠、對事業的忠誠、對中印尼友好的忠誠，高擎著為中印尼人民友好作貢獻的信念，帶著「五年磨一劍」的銳氣，開始了人生的新徵程。兩

位同學留校，一屆屆地繼續培養著印尼語人才，其餘到中央和國務院各部委直接擔負起中印尼友好交往的工作，之後成為中堅力量。他們中多位終身從事與印尼有關的工作，有的還在兩國文化交流與合作中榮獲印尼政府的嘉獎。有的雖因國家需要離開了有關印尼的崗位，但他們永遠胸懷印尼情結。對印尼工作成為他們的重要生命階段，有著永遠無法割捨的感情。他們常常自詡為「沒有印尼國籍的印尼人」。

篇 文化

中國——印度尼西亞人文關係六十五年

梁敏和

（北京大學東南亞系教授）

　　一九五○年四月十三日，印尼與中國正式建立外交關係，成為最早與中華人民共和國建交的國家之一。一九六七年十月三十日，兩國中斷外交關係；一九九○年八月八日正式恢復外交關係。六十五年來，在兩國政府和人民的共同努力下，中國和印尼人文關係在和平共處五項原則基礎上已經進入全面發展的新時期。

中國印尼人文關係六十五年回顧

　　二十世紀五○年代至六○年代中期，中國和印尼兩國政府成功解決了華僑的雙重國籍問題，兩國關係發展順利。一九六五年，中國和印度尼西亞高層互訪頻繁，各類團組往來如織。國慶期間集聚北京的印尼大小團組達二十八個，共五百多人，創歷年中印尼人員往來之最，在當時中國的對外關係中也屬少見。

　　一九六五年，印尼發生「9‧30 運動」，中印

一九五一年十月一日,以塔勃蘭尼為首的印尼人民觀禮代表團出席中國國慶兩週年慶典。(供圖:FOTOE)

尼關係隨著一九六七年十月三十日兩國外交關係的中斷而遇冷。

七〇年代,隨著中美關係解凍,中國恢復在聯合國的合法席位,東盟一些國家如馬來西亞、菲律賓、泰國相繼與中國建交,印尼與中國關係開始鬆動。一九七八年以後,兩國交往逐步增多。

八〇年代初到九〇年代末,中國改革開放成績斐然,國際地位日益加強。在這種情況下,印尼開始轉變對華政策,改善與中國的關係。一九八五年四月,應印尼政府邀請,國務委員兼外交部長吳學謙率中國代表團赴印尼參加萬隆會議三十週年紀念活動。一九九〇年八月六日至十一日,李鵬總理應蘇哈托總統邀請對印尼進行正式友好訪問。訪問期間,李鵬總理同蘇哈托總統舉行會談,就兩國關係、國際和地區形勢特別是柬埔寨問題交換了意見。雙方表示要本著向前看的精神,在和平共處五項原則和萬隆會議十項原則的基礎上改善和發展兩

國友好合作關係。李鵬總理著重闡明了中國對華人、華僑的政策及中國同印尼共產黨的關係問題，蘇哈托對此表示理解和贊同。八月八日，錢其琛外長和阿拉塔斯外長分別代表各自政府簽署了《中華人民共和國政府和印度尼西亞共和國政府關於恢復外交關係的諒解備忘錄》，宣布自即日起恢復兩國中斷二十三年的外交關係。其後，兩國關係發展穩定，高層互訪頻繁，經貿、科技、教育、衛生、旅遊等領域的合作順利。印尼政府對中國的價值判斷則更趨向正面，把中國當作可以進行全面合作的夥伴和借重之力。進入二十一世紀，雙方在各領域的交流和合作日趨活躍，兩國間的全面交流對促進兩國人民的相互了解和友誼發揮了重要作用。

一九九七年東南亞金融危機引發了印尼的政治、經濟雙重危機。一九九八年五月，蘇哈托總統被迫辭職。蘇哈托的下台標誌著印尼威權統治的結束，印尼進入了民主化轉型時期，其內政和外交發生了重大變化。從一九九八年到二〇一五年，印尼歷經了哈比比、瓦希德、梅加瓦蒂和蘇西洛（兩屆）、佐科六屆政府。在對華政策方面，這幾屆政府都採取了促進兩國友好關係快速發展的政策。

中國與印尼人文關係的冷與熱

一九五七年，印尼華文學校一度多達一千六百六十九所，學生人數達四十五萬，僅雅加達就有四

十五所。這一時期是華校發展的鼎盛時期。隨後，印尼政府出台了三十多個限制、排斥華僑的法案，對華文教育等加以限制：一九五七年十一月，頒布了《監督外僑教育執行條例》，限制華校的發展；一九五八年四月十七日，印尼陸軍參謀長納蘇蒂安以中央戰時掌權者的名義頒布了禁止華文報刊的條例，即禁止印刷、出版、公布、傳遞、散發、買賣和張貼用非拉丁字母、非阿拉伯字母或是印尼地方文字字母出版的報紙雜誌；一九六五年，在「9·30運動」的影響下，華校再次受到衝擊，一九六六年四月，軍部通令關閉所有印尼華校。之後，又相繼關閉了全國所有的華文報社和華人社團；一九六七年，內閣主席團發布第 6 號通告，以「支那」

（Cina）一詞來取代「中華」（Tionghoa），把印尼居民劃分為原住民和非原住民，將華人歸為非原住民，並在其身分證上註上特殊標記。[1]一九六七年，印尼政府發布《總統關於「支那」宗教信仰和風俗習慣的第 14 號令》，規定華人不得在公共場所舉行慶祝其宗教信仰和風俗習慣的各種活動，與中華文化有關的各項祭祀儀式和活動只能在家庭或個人的範圍內進行，不許華人以孔教名義進行結婚登記；發布《內政部長第 6 號指示》，要求華人改名換姓，採用印尼文名字。華文資料也被列入禁止進出口之列，如：一九七八年，印尼商業與合作社部部長發布 286 號條例，禁止進口、出售和發行華文印刷品，包括書籍、刊物、傳單、手冊和報紙；海關進口報關表上的第十四條明文規定：「華文印刷品、軍火及毒品禁止進口。」根據一九七九年印尼情報部長第 116 號決定，除《印尼日報》半版可以刊登華文消息外，禁止所有華文廣告、新聞和文章；一九七九年六月發布的《最高檢察長第 29 號決定書》，禁止使用、進口漢語和中國方言的錄音（像）帶；一九八〇年十月，雅加達市政府出台法規，要求把該市現有的辦事處、商店、企業中非拉

---

1 印尼外裔身分證上印有「WNI」（Warga Negara Indonesia，意為「印尼公民」）字樣，而原住民的身分證上則沒有。蘇哈托統治時期，華人雖然擁有印尼護照和身分證，但在辦理各種手續時必須出示國籍證書，支付相當數額的費用，而原住民則不需要。

丁字母外文（主要指華文）的招牌一律改成印尼文，甚至連墓碑都禁用華文。八〇年代中國太極拳風靡印尼，當局深感不安，下令把太極拳更名為「印尼療法操」，並配以印尼音樂；一九八五年，發布關於整頓華人廟宇的《內政部長第 455-2-360 號政令》；一九八七年十二月，雅加達市政府命令企業界的華人與華人客商必須使用印尼語會話；一九八八年，發布關于禁止印刷與發行華人書刊及廣告的《新聞部長第 2 號政令》。在蘇哈托執政時期，印尼國立大學招收華裔子女不得超過在校生人數的百分之十，許多天資聰穎的華人子弟儘管成績優秀，也無法被國立大學錄取。一九八〇年，時任印尼總統蘇哈托發布了主要針對印尼華人的總統令，規定凡是外裔公民都要領取印尼國籍證明書，同時規定了申請領取印尼國籍證明書的繁瑣手續。結果，華裔公民在辦理護照、土地證或其他法律證件以及子女入學時都必須出示國籍證明書，而且還要支付相當數額的費用，但原住民則不需要。

兩國斷交期間，印尼的華文教育受到嚴重打壓，僅保留了印尼大學華文專業和半版為華文的《印尼日報》。中國的印尼文教育也受到嚴重影響，雖然四所高校（北京大學、北京外國語大學、廣東外語大學、解放軍外國語學院）的印尼語專業繼續招生，但學生人數明顯減少。兩國的人文直接交流基本處於停滯狀態。

兩國人文關係的恢復與發展

復交後，隨著兩國關係逐步升溫，印尼一些排華法規開始鬆動。如一九九一年六月，楊尚昆主席訪問印尼時，雖然華文仍被禁止，但在主要街道打出了「歡迎楊尚昆主席訪問印尼」的華文橫幅。一九九二年，北京大學率先與印尼大學在北京簽訂了《諒解備忘錄》，把編寫詞典作為兩校的第一個合作項目。中國部分大學也先後與印尼一些大學簽訂了校際交流協議和合作備忘錄。一九九四年，兩國簽署旅遊、衛生、體育合作諒解備忘錄，啟動互派留學生項目。印尼政府允許旅遊公司、飯店等涉外部門使用漢語和出版華文旅遊宣傳材料。一九九五年九月，除印尼大學外，政府在雅加達達爾瑪・柏莎達大學開設了漢語語言文學專業，並開辦漢語短訓班。該校為此還編寫了《初級漢語》課本，用於華文教學。

蘇哈托下台後，華人和印尼有識之士要求取消歧視華人法令的呼聲日益高漲。近年來，印尼政府逐步採取措施，取消了原有限制華人的部分政策。一九九八年，接替蘇哈托的哈比比頒布總統令，重新允許教授華文，取消華人在入學登記和申請公職時要出示國籍證明的規定，停止在華人身分證上加蓋特別註明字樣，把印尼國立大學招收華裔子女不超過在校生人數百分之十的限制放寬至百分之十五；一九九九年二月，發布《總統決定書》，取消

一九九一年六月六日，正在印尼訪問的中國國家主席楊尚昆在雅加達向長裡巴塔民族英雄陵園獻花圈後留言。（供圖：中新社）

禁授華文的禁令；一九九九年五月，發布《第四號總統訓令》，允許在校生選修華文，當年十月十四日，發布《文教部長第 269 號條例》，允許民間獨立籌辦華文補習班，但須經文教部成人教育司批准。一九九九年十二月三日，印尼總統瓦希德在北京大學作了「印尼與中國關係」的演講，其中談到「語言作為交際工具非常重要，華文也不例外，我們歡迎華文的發展」。自此，部分中學自行開設了華文課程，漢語培訓班、家教中心、短訓班在印尼各地大量湧現。為了規範和指導漢語學習，提高培訓質量，使接受培訓的學員獲得相應的工作技能，提高自身素質和自立能力，印尼文教部社會教育司二〇〇〇年出台了漢語培訓班標準化規範指南，使漢語培訓班更加有序和適應社會及工商界的需求；二〇〇一年二月，貿工部第 62 號決定書，撤銷了

一九七八年第 286 號關於華文讀物的禁令，允許華文書籍、雜誌、印刷品、小冊子和報刊等進入印尼。這樣，不管是華文書籍報刊，還是影音藝術作品，都可不受限制地進入印尼。此舉不僅有利於印尼人民了解中國的政治、經濟、文化等情況，而且給印尼人學習漢語提供了廣闊而自由的空間。印尼政府還採取了一系列緩和民族矛盾、改善華人境遇的措施，立法保護華人，包括允許華人享有同其他國民一樣的信仰、結社、遊行、示威的自由，將華文教育納入國民主流教育，將漢語與英語、日語同列為第二外語，指定大學開設高級漢語班，國家的行政、司法、檢察、教育等機構全部職位向華人開放，承認孔教為合法宗教，准許華人自由舉辦宗教信仰或民俗活動等。二〇〇六年八月九日生效的新《國籍法》取消了種族歧視的內容，規定凡是在印尼出生和未接受外國國籍者，不管是什麼血緣，都是印尼公民。所有印尼公民在法律上均可享有同等的權利。二〇〇八年十月，印尼國會通過《消除種族歧視法》，華人在法律上進一步獲得了與其他部族平等的權利。

進入二十一世紀，兩國關係發展穩定，高層互訪頻繁。雙方在文化領域的交流和合作日趨活躍，文化交流對促進兩國人民的相互了解和友誼發揮了重要作用。

二〇〇一年二月，印尼教育部青年、體育和校外教育司與中國廣東省海外交流協會、廣東教育國

際交流協會在廣州簽訂了合作舉辦華文教師培訓班的協議。根據協議，由中方派出教師在印尼負責師資培訓的教學工作。同年五月十二日，印尼教育部與中國教育部在雅加達簽署了在印尼舉辦中國漢語水平考試的協議書。協議規定，雙方聯合在印尼舉辦漢語水平考試，每年考試的次數和日期由雙方考試執行單位另行決定。雙方同意成立「中國印尼漢語水平考試協調小組」，負責對雙方的考試執行單位進行監督和指導，協助雙方的執行單位順利完成考試。至此，印尼成為中國在海外設漢語水平考試點的第二十四個國家。二〇〇一年十一月十九日，為了提高華文教學水平，印尼教育部成人教育及青年、體育和校外教育司華文補習班綜合協調處主辦了印尼歷史上首次「推廣華文教育研討會」。中國駐印尼大使館孫建華文化參贊及使館官員、華人代表及文化界人士出席會議。教育司長阿里芬闡明政府對華文教學的重視和政策。會議期間，近二百名華文教師參加了由「印尼東方語言教育研究中心」舉辦的模擬漢語水平考試。二〇〇二年四月，印尼第 19 號總統決定書規定春節為全國公眾假日。十月十六日，中國駐印尼大使盧樹民向達爾瑪‧柏莎達大學贈送華文書籍。此前，中國政府已向印尼的達爾瑪等三所大學贈送了一批華文圖書。二〇〇三年十月十八日，中國教育博覽會在雅加達開幕，三十二所中國大學參加了博覽會，這是中國高校首次在印尼舉辦展覽。二〇〇四年七月，中國新疆木卡

姆劇團應印尼百家姓協會邀請赴印尼進行文化交流和演出，在三個月的時間裡演出三十場，觀眾達六萬多人。七月二十一日，印尼教育部在雅加達歡迎首批由中國暨南大學選派的二十位研究生和本科生志願者來印尼二十所中學教授漢語。二○○五年，兩國相互免除持外交與公務護照人員簽證，印尼政府宣布給予中國公民落地簽證待遇。二月，蘇西洛總統出席由印尼孔教高級理事會舉辦的春節聯歡會，充分肯定了華人在印尼多元文化中的作用與地位。四月，中國國家主席胡錦濤出席了在印尼舉行的二○○五年亞非峰會和萬隆會議五十週年紀念活動，隨後對印尼進行了正式訪問。七月，中國國家漢辦與印尼教育部基礎與中等教育總司簽訂了關於漢語教學的協議書，漢語正式成為印尼國民高中外語選修課之一。同月，蘇西洛總統應國家主席胡錦濤邀請對中國進行了為期四天的國事訪問，雙方簽署了經貿、文化等領域的一系列合作協議。二○○六年，印尼教育部下屬三十五所學校邀請中國的漢語志願者任教。八月十七日，在慶祝印尼獨立六十一週年之際，印尼駐華大使蘇德拉查（Sudrajat）特向北京大學外國語學院東語系梁立基教授、孔遠志教授和北京外國語大學亞非語學院武文俠教授頒發了「貢獻獎」獎狀，感謝和表彰他們多年來在促進印尼中國友好與合作中所建立的功勛。頒獎儀式在印尼大使館隆重舉行，這是印尼駐華使館建館以來第一次向中國人士頒發上述獎狀。二○○七年春

節，蘇西洛總統重申用「中華」（Tionghoa）稱呼華裔，以取代「支那」（Cina）的稱呼；對新客用「中國」（Tiongkok）代表「中華人民共和國」，以避免「支那」一詞的負面含義。二〇〇八年十月，蘇西洛總統再次訪華，二十三日在北京大學演講時稱：亞洲時代已經來臨。二〇〇九年中國春節期間，蘇西洛及所屬的民主黨領導層在印尼《國際日報》刊登整版廣告，恭祝華人農曆新年快樂，恭喜發財。與此同時，以副總統尤索夫‧卡拉為主席的專業集團黨也在印尼《訊報》刊登廣告，恭祝各界人士、社會賢達春節愉快、萬事如意。十一月三日，在雅加達區政府、印尼文旅部、中國駐印尼使館共同支持下，中國中央電視台海外中心「走遍亞洲」攝製組在雅加達區政府隆重舉行《走遍亞洲──印尼》七集系列片開機儀式。央視攝製組分赴印尼泗水、日惹、峇里、萬隆、三寶壠、雅加達六個城市，深入採訪拍攝印尼各地的風俗文化。十一月九日，印尼政府追封華裔海軍少將李約翰（John Lie）[2]為民族英雄，蘇西洛夫婦和副總統布迪約諾夫婦在總統府向李約翰遺孀祝賀。二〇一〇年

2　李約翰，一九一一年三月九日出生於印尼北蘇拉威西省首府萬鴉老。在抗擊荷蘭殖民統治時期，李約翰以船長身分帶領水手們突破荷蘭軍隊的封鎖，從亞齊等地運送橡膠和棕櫚至新加坡，然後把在國外購買的軍火運送到戰場。他還積極參與了馬六甲海峽、占碑和巴東等地區的抗擊外來侵略的鬥爭，為印尼的民族獨立作出了巨大貢獻。

四月，印尼駐華使館舉行慶祝印尼——中國建交六十週年網上徵文比賽，主題為「在二〇一〇年及未來的中印兩國關係促進：趨勢、爭議及前景」。舉辦此次徵文比賽的目的在於加強對中國——印尼兩國雙邊關係的理性分析，深化對這一長久關係的認識，促使兩國的年輕學者進行更廣泛的學術交流。六月二日，印尼首屆全國中小學校長華文教育研討會在雅加達舉行，會議由印尼國民教育部和雅加達華文教育協調機構聯合舉辦，來自印尼各省的二百多名中小學校長和教育部門負責人出席。六月六日，由中國留學服務中心主辦、印尼票務公司承辦的「留學中國教育展暨漢語教學資源展」在雅加達開幕，共有十八所中國著名高校參加該展覽。七月二十日，由中國國家宗教事務局和印尼宗教事務部積極倡導、中國伊斯蘭教協會和印尼伊斯蘭教法學者委員會聯合舉辦的「中國・印尼二〇一〇伊斯蘭文化展演」活動啟動，展演活動以「和平、友誼、合作、進步——譜寫中國和印尼穆斯林傳統友誼新篇章」為主題，這是中印尼兩國伊斯蘭文化的一次廣泛、深度的交流。十一月二十七日，由印尼北京語言文化學院主辦的第十一屆中國教育展覽在雅加達開幕，該學院自二〇〇四年創辦以來，已成功輸送超過二千名印尼學生到中國留學。二〇一四年三月，印尼總統蘇西洛簽署年度第 12 號總統決定書，正式廢除一九六七年第 6 號通告，把「支那」改稱「中華」和「中國」（Tiongkok），此舉體現了

印尼政府和人民對中國的友好情誼。二〇一五年六月十二日，印尼政府宣布，正式對中國等三十個國家的遊客實施免簽證政策，中國大陸公民可在印尼以遊客身分停留不超過三十天。

由於印尼在全球化中的地位、作用和影響日益增大，加之與中國的關係越來越密切，學習印尼語言文化的中國人也越來越多。中國國內開設印尼語專業的學校增至八所（北京大學、北京外國語大學、廣東外語外貿大學、解放軍外國語學院、上海外國語大學、廣西民族大學、雲南民族大學和天津外國語大學）。廣東外語外貿大學、廣西民族大學和上海外國語大學印尼語專業的學生還有計劃地集體到印尼日惹和萬隆的著名大學學習。利用各類獎學金和自費到印尼留學的中國學生也越來越多，上海外國語大學二〇〇七級印尼語專業共有十五名學生，到大學三年級為止已有十三名同學通過各種途徑到印尼學習和進行文化考察。中國各種印尼語培訓班相繼湧現。自二十世紀八〇年代至今，北京大學印尼語言文化專業先後舉辦過七期印尼語導遊培訓班，畢業學員約一百一十多人。培訓班開設基礎印尼語、印尼語口語、印尼語導遊、印尼文化與社會等課程，畢業學生基本具備了印尼語聽說讀寫能力，他們活躍在北京、上海、杭州、蘇州、南京、西安、廣州、昆明等城市，主要接待印尼和馬來西亞旅遊團，從事印尼—馬來語的導遊及翻譯工作。來中國學習的印尼留學生不斷增加，二〇〇三年為

二千五百六十三人，到二〇〇九年已增至七千九百二十六人，在全球一百九十個來華留學生來源國中排名第八位。其中絕大部分是華裔留學生，主要分布在北京、天津、上海、南京、廣東、福建、廣西、浙江、海南、河北等地高校。參加漢語水平考試的印尼考生逐年增加，二〇一〇年十一月二十七日，漢語水平考試在印尼相關城市舉行，共有七千八百八十人報名參加，僅雅加達考區就有三千三百三十九名考生。

目前，中國學者編纂、出版的工具書主要有《新印度尼西亞語漢語詞典》《印度尼西亞語—漢語大詞典》《印度尼西亞語—漢語、漢語—印度尼西亞語實用詞典》《實用漢語—印度尼西亞語詞典》《漢語印度尼西亞語大詞典》《漢語印度尼西亞語詞典》《印度尼西亞語—漢語諺語詞典》《印度尼西亞語縮略語外來語詞典》《漢語印度尼西亞語分類詞典》《印度尼西亞漢—漢印度尼西亞經貿詞典》《實用漢語印度尼西亞語詞典》等。上述工具書的正式出版，大大方便了兩國語言的互學者。

孔子學院作為中外合作建立的非營利性教育機構，其宗旨是增進世界人民對中國語言和文化的了解，加強與世界各民族的文化交流，發展中國與外國的友好關係，促進世界多元文化發展，推動構建持久和平、共同繁榮的和諧世界。二〇〇七年九月二十八日，由中國海南師範大學與印尼雅加達漢語教學中心合辦的印尼第一所孔子學院揭牌儀式在中

國駐印尼大使館舉行。蘭立俊大使代表中國國家漢辦與印尼雅加達漢語教學中心簽署合作協議，並為該中心孔子學院授牌。此後，印尼相繼成立的孔子學院還有：廣西師範大學與瑪琅國立師範大學合辦的孔子學院、河北師範大學與萬隆瑪拉納達基督教大學合辦的孔子學院、福建師範大學與雅加達阿拉扎爾大學合辦的孔子學院、廣東外語外貿大學與日惹卡渣瑪達大學合辦的孔子學院、廣西師範大學與雅加達北京語言文化學院合辦的孔子學院、重慶師範大學與泗水智星大學合辦的孔子學院、南昌大學與望加錫哈山努丁大學合辦的孔子學院、華中師範大學與泗水國立大學合辦的孔子學院和廣西民族大學與坤甸丹絨普拉大學合辦的孔子學院等。由於印尼政府對華文教育採取了積極的政策，華文教育在印尼中斷了三十二年後迅速復甦。為了滿足社會需求和配合漢語教學，印尼電視台增設漢語節目，華文報刊陸續面世。萬隆美聲廣播電台是印尼首家全華語播音的廣播電台，每天十八個小時用華語播出各種節目。電台開播以來得到印尼社會各界的廣泛支持與關注，印尼前總統瓦希德曾到該台視察。除新聞播報欄目外，還設有兒童及成人學漢語、成語造句、歇後語和猜謎語、中國歷史與民間故事、傳統節慶、孝道、社交、醫藥常識、烹飪、中國和印

---

3 二○○六年十二月，《印度尼西亞日報》出售股權給馬來西亞發行量最大的華文日報《星洲日報》，易名《印尼星洲日報》。

尼及世界旅遊景點介紹、漢語歌曲點播、好人好事、華僑華人歷史、印尼革命史、文化習俗等欄目。目前，印尼公開發行的華文報紙有《印度尼西亞日報》[3]《千島日報》《印尼商報》《國際日報》《新生日報》《印廣日報》《龍陽日報》《華文郵報》《和平日報》《世界日報》《坤甸日報》《誠報》《呼聲》和《訊報》等。其中《千島日報》專門辟有漢語學習專欄。華文印尼文雙語教材應運而生，其中《漢語樂園》《快樂漢語》《跟我學漢語》《華語》和《國際漢語教學通用課程大綱》等教材受到學習者的青睞。通過華文教育和漢語教學，讓更多的華人和其他族群了解中國文化，進而促進當地華人間的團結以及族群間的溝通。印尼和中國高校之間的交流與合作也日益緊密，其中印尼最高學府印尼大學二〇〇六年與中國三所大學簽署了教育合作協議，二〇〇九年增至二十多所。正如印尼駐華大使蘇更拉哈爾佐（Soegeng Rahardjo）二〇一四年三月接受國際在線專訪時所說：「我希望印尼和中國更多的青年人熟悉和了解對方國家，成為未來兩國關係友好發展的基礎。印尼明年將加快中國各大知名院校印尼研究中心的建設，讓中國年輕人更好地了解印尼。同時，印尼還將推動兩國留學生的互換，因為他們將是未來兩國的領軍人物。」

隨著兩國國家層面人文交流的展開，兩國地方政府也加強了合作與交流。目前，兩國已締結友好關係的城市有：北京市—雅加達特區、北海市—三

寶壠市、成都市—棉蘭市、福建省—中爪哇省、廣東省—北蘇門答臘省、廣州市—泗水市、廈門市—泗水市、江門市—泗水市、湖南省—西努沙登加拉省、柳州市—萬隆市、南寧市—茂物市、寧夏回族自治區—亞齊特區、山東東營市—東加里曼丹省麻裡巴班市、上海市—東爪哇省、雲南省—峇里省、漳州市—巨港市、浙江省—邦加-勿裡洞省。姊妹城市已發展至縣級：廣東汕尾市—北蘇門答臘省日裡縣、南寧武鳴縣—中爪哇省沃諾吉利縣、雲南省晉寧縣—北蘇門答臘省卡羅縣、海南萬寧市—昔裡冷勿拉涯縣。姊妹城市的建立，進一步促進了兩國地方上的人文交流。

　　兩國主要領導人的互訪和友好、坦誠的直接交

往，進一步增進了彼此的了解和理解，從而推動了兩國人文關係的持續發展。印尼方面：一九五六年九月、一九六一年四月和一九六四年十月，印尼總統蘇加諾三次訪華；一九九〇年十一月，蘇哈托總統訪華；一九九九年十二月，瓦希德總統訪華；二〇〇一年七月，梅加瓦蒂接任印尼總統後不久於十月來華出席亞太經合組織領導人非正式會議；二〇〇二年三月，梅加瓦蒂總統再次來華進行國事訪問；二〇〇五年七月，印尼總統蘇西洛對中國進行為期四天的國事訪問。中國方面：一九六三年四月，劉少奇主席對印尼進行正式友好訪問；一九九一年六月，楊尚昆主席訪問印尼；一九九四年十一月，江澤民主席在參加亞太經合組織第二次領導人非正式會議後對印尼進行了國事訪問；二〇〇五年四月二十二日至二十四日，中國國家主席胡錦濤出席了在印尼舉行的二〇〇五年亞非峰會和萬隆會議五十週年紀念活動，隨後對印尼進行了正式訪問，兩國元首簽署了具有劃時代意義的《中華人民共和國和印度尼西亞共和國關於建立戰略夥伴關係的聯合宣言》，宣布兩國正式建立戰略夥伴關係（二〇一三年提升至全面戰略合作夥伴關係）；二〇一四至二〇一五年，中國國家主席習近平與印尼總統佐科多次會面，兩位領導人一致認為發展兩國全面戰略夥伴關係對雙方、對亞洲和世界都很重要。

同時，我們也要看到，近年來印尼政府在及時處置排華言論和事件中發揮了積極的作用。二〇〇

二〇一五年十一月七日，由中國孔子學院總部、國家漢辦主辦，印尼阿拉扎大學孔子學院承辦的中國—印尼人文交流暨孔子學院成果展活動在雅加達國家博物館開幕。（供圖：中新社）

五年十一月，印尼發生排華短信事件，很多人收到聲稱「華人掠奪了印尼人的財富，要掀起一場類似一九九八年五月騷亂式的排華行動」的手機短信，甚至連蘇西洛總統的夫人也收到了這樣的短信。這次，政府吸取過去教訓，蘇西洛總統對通過手機短信傳播挑撥種族、宗教和社會集團間矛盾，污衊和誹謗政府的言論表示嚴重關切，下令警方、情報部門展開調查，並取締發送此類短信的手機用戶。而收到短信的民眾也沒有受排華內容的手機短信的教唆和影響，從而避免了排華事件的重演。

在公平、公正對待華人問題上，印尼政府近年來做了大量工作，且具有成效。但是，使國民增強法律意識、轉變觀念仍是印尼政府的一項長期工

作。我們相信，印尼政府一定能夠處理好內部事務，給予華人與其他族人同等的地位，正如前總統瓦希德講的那樣：「通過華人進而發展印尼與中國的關係，使印尼獲得好處。」中國最希望看到的是，印尼的華人受到公平和公正的對待，與原住民和睦相處，進一步融入當地主流社會，共同為印尼國家的繁榮富強和人民幸福作出自己的貢獻，同時又能通過歷史和血緣的淵源關係，為促進中國和印尼的友好關係和全面合作發揮積極的作用。

兩國人文關係六十五年的發展歷程證明，中國和印尼是友好鄰邦，和睦相處，加強兩國文化、教育等領域的交流與合作，促進兩國人民之間的了解和友誼，符合兩國和兩國人民的根本利益。戰略夥伴關係的建立標誌著中國與印尼步入了兩國關係中一個新的富有重要意義的時期，兩國人文關係將更加緊密。儘管如此，我們還應看到，一九九八年印尼排華動亂的陰影至今沒有完全消失，印尼華人尚有餘悸，中國民眾的憤怒情緒也尚未完全消失。這些現象都將影響兩國的正常交往，尤其是民間交往。在這種情況下，建議在發展兩國關係過程中淡化意識形態和歷史問題，大力發展國與國之間的關係，不要糾纏過去，而要以發展的眼光審視兩國關係。促進社會文化合作和文化的相互尊重，確保中國和印尼的友誼世代相傳，是中印尼兩國戰略夥伴關係的重要內涵之一。正如《中華人民共和國和印度尼西亞共和國關於建立戰略夥伴關係的聯合宣

言》中所提到的那樣：「我們應從戰略高度處理長遠利益，把兩國關係推上一個新高度，造福兩國和兩國人民，並為發展中國家的團結合作和人類的和平發展事業作出新的貢獻。」目前，中印尼兩國關係處在上升時期，雙方應珍惜這來之不易的友好和發展機遇。我們相信，在兩國政府和人民的共同努力下，本著向前看的精神和態度，在和平共處五項原則和求同存異的萬隆精神指導下發展兩國友好合作關係，兩國間社會文化交流與合作將更加深入和多樣化。

中華文化在印尼根深葉茂

孔遠志

（北京大學東語系教授）

一九九五年一月十日至十八日，我有幸陪同中國一官方代表團應邀訪問千島之國。在繁忙的拜訪和會談之餘，熱情的主人為我們安排了不少參觀、遊覽活動。在雅加達、日惹和峇里島的九天之行中，我耳聞目睹不少有關中華文化在印尼根深葉茂以及中印尼傳統友誼的事物，頗為感動。

鄭和的光輝榜樣

我們抵達雅加達後的翌日，印尼一位部長舉行歡迎宴會。他在致辭中說，早在十五世紀，中國明朝的鄭和曾多次訪問過印尼群島，成功地完成了和平、友好的使命。他是促進中印尼兩國友好的光輝榜樣。

代表團部分成員參觀了雅加達市中心高聳入雲的民族紀念碑。紀念碑的底層是歷史博物館。館內有數十個立體造型的展櫃，生動形象地展示了印尼民族自古以來的歷史。其中有一展櫃是鄭和訪問爪哇島，這是歷史博物館內唯一專門記載外國友好使

者造訪印尼群島的展櫃。

在雅加達期間，當我們來到亞齊省建築館時，導遊指著一個青銅鐘的模型說：這就是絲格拉‧東雅鐘的模型，實物還保留在亞齊省巴達爾‧拉雅博物館內。這座鐘是當年鄭和來訪時贈給當地的須之達那‧巴賽國王的，是印中友誼的一個象徵。

我們在峇里島遊覽時，當地導遊說，峇里是印尼唯一出產荔枝的地方，相傳是當年鄭和訪問峇里時留下的荔枝良種。導遊還指著金達曼尼山上的巴都爾廟說，這就是紀念鄭和的廟宇。相傳當年鄭和與船隊抵峇里島時，船上有一姓江的廚師愛上當地一位舞蹈演員。他帶了幾件衣服，一雙拖鞋，一個煙斗，一把菜刀，少許花生、荔枝和大蒜離船上岸，與那位峇里舞女結為伉儷。後來，他們生了一個女兒，取名江金花。此女長得天姿國色，後來被巴都爾的國王娶為皇后。國王還特地將其國土命名為「峇里江」，即由峇里和皇后的姓合成。峇里江的故事於是世代流傳。

中國公主遠嫁爪哇

代表團在雅加達縮影公園「服裝服飾博物館」參觀時，印尼導遊指著巴達維亞（雅加達舊稱）新婚禮服說：「這一服飾有明顯的中國影響，那新娘的打扮恰如中國公主。」果然，那巴達維亞新娘模特兒膚色白皙，禮服類似旗袍，琳瑯的服飾也確實

像中國宮廷的服飾。

幾天後,我們在日惹蘇丹胞姐的官邸觀看爪哇
宮廷舞,其中一個節目是描述爪哇公主與中國公主
相處的故事。印尼朋友告訴我們,據民間傳說,中
國一名叫林勤的俊俏公主遠嫁到西爪哇的井裡汶,
與當地一位王族結為夫妻。幾年前,蘇哈托總統在
會見中國領導人時,也曾談起歷史上中國公主遠嫁
爪哇的故事。

日惹王宮的瓷器和賀碑

代表團有幸在日惹蘇丹哈孟古布沃諾十世的胞
弟(親王)陪同下參觀日惹王宮。他指著宮內許多
青花瓷器如花盆、花瓶和盤碟等,告訴我們說:
「這些瓷器幾乎都來自中國。」十五世紀初的中國
史籍《瀛涯勝覽》記載,爪哇國「國人最喜中國青
花瓷器,用銅錢交易」。印尼學者希爾達娃蒂 · 西

達爾塔指出：在印尼發現漢、唐、宋、明、清諸朝代的陶瓷器，意味著長期以來印尼與中國就有貿易往來。

日惹蘇丹王宮展示了前幾任蘇丹的簡歷和遺物。有一展室擺著八件模型和實物，象徵能登基為蘇丹的八大品質：聰慧靈巧的小鹿象徵機智；清除塵垢的手帕象徵廉潔；裝滿珠寶的飾盒象徵華貴；勇於搏鬥的公雞象徵無畏；嬌麗出眾的孔雀象徵威望；驅除黑暗的油燈象徵護民；難以捕捉的白鵝象徵警惕；守衛蒼穹的巨龍象徵負責。

王宮特別介紹了上任蘇丹——哈孟古布沃諾九世（1912-1988）的事蹟，稱讚他是上述八大優秀品質的典型代表。他曾領導遊擊隊抗擊荷蘭殖民者，印尼獨立後歷任省長、部長和副總統等職，還兼任全印尼奧林匹克運動、童子軍和旅遊委員會主席，對保衛和建設印尼作出過寶貴的貢獻。

印尼朋友還特地帶我們去看一塊石碑，這是一九四〇年三月十八日日惹華僑敬賀哈孟古布沃諾九世登基的碑銘。印尼朋友說，在印尼歷史上，華僑在促進中印尼人民友好和交流中起著重要的橋樑作用。

中國銅錢在峇里

峇里風光旖旎，有「天堂島」的美稱。我們在參觀丹巴西靈的總統行宮時，發現客廳中有一串串

中國銅錢編成的藝術品。我們國內已看不到的銅錢，在峇里島上家家都能找到。現在人們把銅錢結成串吊起來，當作宗教儀式上不可缺少的神器。在一家銀器店裡，我們發現一串串的銅錢中有「開元」年號的，有「萬曆」年號的，也有清朝各種年號的，可見中國、印尼歷史上文化關係之密切。

此外，我們在峇里島印度教法庭舊址看到五座精細的石雕，都是印度史詩《羅摩衍那》中的人物。印尼導遊說，那前三座石雕出自中國人之手。我們還在當地印度教寺廟的大門上看到兩頭麒麟的雕像石——麒麟是中國神話中的動物，長著龍首、鹿角、兔眼、牛耳、蛇頸、蛙腹、魚鱗、鷹爪和虎掌，是陽性的象徵、雨水的供應者和萬物生育的要素。印尼朋友說，中國人創造的麒麟像是如何傳到峇里的，值得研究。

中國與印尼兩國人民的友好往來可追溯到二千年以前。我衷心祝願中印尼友誼之花越開越鮮豔！

讓友誼之聲響徹「千島之國」

──「中國─印尼二〇一〇伊斯蘭文化展演」側記

郭　偉　洪長有　楊志波　張廣林

　　二〇一〇年是中國和印尼建交六十週年，在兩國政府宗教部門的倡導支持下，在兩國伊斯蘭教組織和相關機構的積極配合下，「中國─印尼二〇一〇伊斯蘭文化展演」系列活動於是年七月二十日至二十五日在世界上穆斯林人口最多的國度、風光旖旎的「千島之國」印度尼西亞隆重舉行。這次系列展演活動傳承了中印尼兩國人民友好交往的歷史，展示了兩國悠久燦爛的伊斯蘭文化，弘揚和平、團結、愛國的伊斯蘭精神。展演活動表達出的「和平、友誼、合作、進步──譜寫中印尼穆斯林傳統友誼新篇章」的主題，受到了印尼廣大穆斯林和參觀民眾的充分肯定和一致好評。中印尼伊斯蘭文化的交流合作對拓展兩國民間交往和深化兩國戰略夥伴關係發揮著獨特的作用。

展覽內容凸顯亮點

　　二〇〇九年新疆「7・5」事件後，我國的民族宗教政策受到了一些國家的質疑、歪曲甚至詆毀。

在印尼，也曾有少數民眾到我駐印尼使館門前示威。因此，這次展演活動的一個重要目的，就是要介紹我國的民族宗教政策，展示新疆的發展變化以及中國各族穆斯林的新生活。

為此，我們精心準備了這次大型圖片展，通過三百餘幅精選的圖片，配以簡練生動的說明，全面而客觀地向印尼的穆斯林展現中國伊斯蘭教的歷史、現狀和異彩紛呈的中國伊斯蘭文化藝術；圍繞中國穆斯林的社會生活、宗教活動、文化藝術、學術教育、對外交往、民俗民風以及清真寺建築藝術等主題，全方位、多視角地展示中國穆斯林的精神風貌和時代風采；以大量的圖文信息展現我國貫徹落實民族宗教政策所取得的成就，介紹各族穆斯林的宗教生活、經濟生活和文化生活等。

在雅加達短短三天的展覽時間裡，來自印尼各地的參觀者絡繹不絕，有來自泗水、萬隆、日惹和亞齊等地的穆斯林，也有來自印尼各地的華人華僑。他們認真觀看圖片，仔細閱讀說明，不時相互交流感想，或在圖片前合影留念，或把其中的精彩照片拍下來給家人分享，場面令人感動。此次圖片展共分十個部分，我們重點引導觀眾參觀「中國—印尼傳統友誼」、「美麗新疆」和「多姿多彩的清真寺建築」等幾個部分。在「美麗新疆」展板前，不時聚集起許多年輕的印尼穆斯林，他們曾聽說過新疆的美麗富饒，這次通過圖片展更多地了解了新疆，希望能夠有機會到新疆旅遊，親自領略新疆的

美麗和神奇。他們站在展板前久久不願離去，在那裡留影拍照，似乎已把自己融入新疆的美麗風光之中了。

　　印尼法律和人權部長伊克巴爾先生也帶領家人參觀了圖片展。當看過第五部分「多姿多彩的清真寺建築」圖片後，伊克巴爾部長感慨地說，真的沒有想到中國也有這麼多漂亮的清真寺，有些清真寺比印尼的還壯觀，中國政府真正關心穆斯林的宗教生活。伊克巴爾部長還關切地問道：那四座沿海清真古寺是否保存完好？我們介紹說，中國政府十分重視清真寺的保護，對具有千年歷史的清真古寺給予了保護，不僅沿海四座清真古寺作為海上絲綢之路的見證和文物古蹟得到了特別的維修保護，國家還撥出專款巨款對新疆喀什的艾提尕爾清真寺、和田的加曼清真寺、烏魯木齊的汗騰格里清真寺等進行了維修或重建；北京的牛街禮拜寺修繕過程中，政府出資三千萬元人民幣；正在維修的天津北大寺現已投入三千多萬元，今年萊麥丹月（齋月）就要交付使用……伊克巴爾部長聽後連連點頭稱讚。伊克巴爾部長還對跟隨採訪的記者發表參觀感言說，這個圖片展的內容很感人，我們不僅從圖片中看到了中國美麗的清真寺，還看到了中國穆斯林的幸福生活。我們相互之間要有一顆愛心，因為我們都是一家人，當前世界範圍內都出現了文化危機，我們要攜起手來克服它，希望中國—印尼二〇一〇伊斯蘭文化展演成為我們共同克服文化危機的良好開

端。

伊克巴爾部長的到來和講話吸引了許多參觀者，場面非常熱烈。在書法演示台前，漢文書法家楊連福贈送他一幅裝裱好的「清真」二字書法作品；阿文書法家李文彩將一幅阿拉伯文書法贈送給他，上面書寫著一段著名的聖訓──「愛國是信仰的一部分」，作品形似一遠航的帆船。伊克巴爾部長動情地說，希望我們之間的友誼像這大海中的船一樣乘風破浪，勇往直前。

文藝演出生動活潑

為使這次展演活動辦得生動活潑，在設計活動內容時，我們應印尼方要求，安排了新疆和寧夏的穆斯林歌舞節目。我們也曾擔心當地穆斯林的接受能力和認知程度，畢竟兩國國情不同。我國駐泗水總領館得知展演活動將在雅加達舉行後，向我們發出急電，希望我們能增加在泗水的演出。在泗水華人華僑組織的大力協助下，泗水演出活動很快就步入正軌，我們組織的新疆木卡姆藝術團和寧夏銀川歌舞劇院的三十名演員在中國伊斯蘭協會洪長有副會長的帶領下前往泗水演出，兩天兩場，每場四五千人，場面壯觀，台上台下互動，到處洋溢著中國印尼穆斯林的兄弟情誼，令我們的演員十分感動。他們說，熱烈的程度在國內也十分少見。

在雅加達的三個專場演出吸引了數千觀眾，印

尼副議長、宗教部長、法律和人權部長等高級官員先後觀看演出並與演員合影留念。在開幕式上，我們特意安排中印尼兩國演員同台高唱兩國國歌，當背景音樂響起，兩國演員滿懷深情地唱起自己的國歌時，場面很是動人，一些華人華僑激動得熱淚盈眶。印尼方組委會主席麥培滿先生說：我雖然生長在印尼，但始終不忘我的祖先是中國人。我先唱了印尼國歌，因為印尼是生我養我的祖國；我又唱了中國國歌，因為中國是我真正的母親，我對她的眷戀是發自內心的，是一種父母兒女情長的感受。他還說：我們這些海外遊子看到偉大的中國一天比一天強大，心中無比高興。我們經歷過中國印尼親如兄弟的最好時期，也曾經歷過反華排華的動盪時期，我最大的感受就是印尼是穆斯林為主的國家，華人的生存離不開印尼穆斯林。我之所以冒著風險堅持搞這場展演，就是要讓全印尼人民知道中國的真相，知道中國的發展，知道中國的民族宗教政策。過去華人只是舞獅賽龍舟，這樣不能融入印尼社會，只有了解印尼穆斯林，了解他們的宗教，才能與他們有真正的溝通，建立起真正的友誼。

　　麥先生的經驗在展演活動中得到了充分的論證，不管是中方的演出還是印尼方的演出，演員們都是精益求精、一絲不苟，大家像是有一個共同的約定：通過展示各自國家穆斯林的藝術風采，藉以加強兩國穆斯林業已存在的傳統友誼；通過兩國穆斯林藝術家動人的歌聲和優美的舞姿，把人們的思

緒從遙遠的過去拉回到生機勃勃的今天。特別感人
的是來自印尼亞齊的藝術家整齊劃一的舞蹈語言、
凝神注目的舞台表情，向觀眾述說著中國著名的穆
斯林航海家鄭和是怎樣把伊斯蘭教帶到這裡的。演
員們把船員的勞動動作舞蹈化、藝術化，那一陣陣
有節奏的敲擊船板的聲音，彷彿把我們帶到了幾百
年前——鄭和的船隊不僅創造了航海史上的奇蹟，
也譜寫了一曲中國印尼人民友好交往的歷史篇章。
藝術家精彩的表演帶給了人們更多的歷史回顧和思
考。

　　從泗水到雅加達，歌聲、笑聲和掌聲始終伴隨
著我們的演出活動，每一個參與者都真實地感到，
我們兩國穆斯林的心貼得很近很近，我們和印尼華
人華僑的熱血在一起流動，我們大家共同分享著展
演活動給兩國人民和穆斯林帶來的喜悅、興奮、快
樂和信心。

宗教文化交流意義重大

　　此次「中國—印尼二〇一〇伊斯蘭文化展演」
活動，是中國和印尼建交六十週年系列慶祝活動之
一，是兩國伊斯蘭文化的第一次廣泛、深度的交
流，是中印尼兩國人民之間傳統友誼的最新成果。
這一系列的展演活動，成為中印尼兩國穆斯林促進
友好往來，推動相互理解，增進相互情誼，加強相
互合作的一次有益的、成功的嘗試。借此契機，兩

國穆斯林之間的友誼邁上了一個新的台階，兩國伊斯蘭教界之間的合作進入了一個新的階段。

展演活動給印尼社會很大的震動，僅在雅加達三天的活動，參與採訪的新聞單位就多達三十餘家，從平面到影視，從海報到招貼畫，雅加達全城都在為這場展演助威喝采。展演的那幾天，印尼報刊都作了連篇累牘的報導，不遺餘力地追蹤報導展演活動盛況、展演內容和兩國官員講話，介紹中國的民族宗教政策，追憶印尼中國之間的傳統友誼。特別是華文報紙，幾乎每天一個整版，在華人華僑中引起強烈反響。

印尼最大的華文報紙《國際日報》發表評論，題目是「印中伊斯蘭合作構建和諧社會與和諧亞洲」。評論說：「中國印尼伊斯蘭文化展演加強了兩國穆斯林的文化交流與資訊合作，不僅對促進印中戰略合作夥伴關係具有積極作用，也對兩國和亞洲人民築建族群和睦與和諧社會具有重大影響，意義十分深遠。」評論還說：「由於歷史的原因，印中兩國伊斯蘭文化交流曾有所中斷和隔閡，致使雙方缺少溝通和了解，加上西方國家敵對者的蓄意抹黑，印尼穆斯林大眾對中國伊斯蘭社會的發展所知不多，很容易被別有政治意圖的團夥所誤導和欺騙，以為中國伊斯蘭教和文化發展有所限制，造成一定負面影響。這是必須通過加強交流才能逐步克服的。」為此，該評論建議：第一，印中伊斯蘭文化展演應每半年在印尼各找一個大城市輪流舉行，

並在鄉鎮舉辦文化展演與和諧理念講座會；第二，弘揚六百年前鄭和船隊「以和為貴、仁愛為懷」的精神，讓印中兩國和亞洲地區人民全力貫徹這一理念，堅持不懈為亞洲與世界的和平而奮鬥；第三，印中伊斯蘭文化是一家，穆斯林是一家，兩國穆斯林要站在同一條戰線上，致力於反擊宗教極端思想和恐怖主義言行，在兩國和亞洲範圍內消滅恐怖勢力，為推進民族和諧、構建社會和諧與人類進步奮鬥到底。

展演活動在印尼社會造成的影響是巨大的。從政治上講，對兩國戰略合作夥伴關係起到了促進作用；從宗教文化上講，繼承和發揚了鄭和的精神，密切了兩國穆斯林和伊斯蘭教組織的關係，結成了和諧社會、和諧亞洲、和諧世界的統一戰線。

（原文刊載於《中國穆斯林》2010 年第 5 期）

印尼前總統哈比比著作《哈比比與艾努恩》中文版的故事

鄧俊秉

（中國駐印尼大使館前參贊）

　　從一九八八年到二〇〇一年，我先後在中國駐馬來西亞、巴基斯坦、印度尼西亞和印度大使館工作了十三年。其中一九九五年八月至一九九八年二月，我作為中國時任駐印度尼西亞大使周剛的夫人，在中國駐印尼大使館任參贊。二〇〇一年六月回國退休後，十四年來過著「退而不休」的老年生涯。今年四月是中國和印尼建交六十五週年。在此歡慶的時刻，令我欣慰的是，我翻譯的印尼前總統哈比比的著作《哈比比與艾努恩》中文版已於二〇一三年出版。當年九月八日至十六日，哈比比前總統應中國人民外交學會的邀請，專門來中國北京和上海出席此書的發行儀式。

　　回想起我在印尼工作、生活的兩年半簡短而愉快的日子，仍歷歷在目。尤其令人難忘的是周剛和我同哈比比前總統伉儷的友誼。

　　一九九七年十月下旬，時任印尼科技部長的哈比比應邀訪問中國。啟程前，他提出，希望像他出訪其他國家那樣，乘坐其私人專機前去我國。按中

國當時的禮賓做法，只有外國元首和政府首腦可乘專機訪華。但是，中印尼關係在復交後需要大力加以推進，哈比比部長在印尼政府中占有特殊地位（哈比比不僅是印尼的「航天之父」，更與印尼總統蘇哈托有「義父義子」的親密關係。作為部長的哈比比擁有專機，在國內和出國訪問時均可乘坐），因此，周剛大使和大使館特地請中國外交部給哈比比部長特殊的禮遇。外交部破格同意哈比比夫婦一行乘坐私人專機前來訪華。為了表達對中國大使夫婦的謝意，哈比比部長和夫人艾努恩親自帶領周剛大使和我參觀了他們購買的英國女王伊麗莎白二世乘坐過的豪華飛機，並熱情邀請我們陪同他們訪華。

按照禮賓規定，中國大使夫婦是不陪同外國部長夫婦訪華的。我們雖然無法接受哈比比部長的邀請，但在他成功訪華回到雅加達後，專門為他和夫人設宴洗塵。席間，哈比比部長興奮地談及訪華的動人感受。他表示，訪問非常成功，李鵬總理專門在外地會見了他，中國多位領導人和部長同他進行會見和會談。這次訪問給哈比比留下了十分美好的印象，增加了他對中國的了解和友好感情。席間，他特地將他的傳記《B‧J‧哈比比的生活和事業》一書贈給了我。

一九九八年二月十三日，哈比比部長為即將離任的周剛大使和我舉行了餞行宴會，出席的有印尼科技部的全部高官、印尼工商業界的鉅子，以及

美、英、法、俄等國駐印尼使節夫婦。哈比比部長
發表了熱情洋溢的講話。他親切地稱呼我們為「中
國弟妹」。他表示，今後他要作為溝通中印尼兩國
的橋樑，為發展中印尼關係不遺餘力。當時他贈送
的兩件精美紀念品，我珍藏至今。

　　一九九九年，由我策劃的《哈比比的生活和事
業》中文版在北京出版了。當年八月，印尼中國經
濟社會文化合作協會和印尼總統辦公室（1998 年
五月哈比比當選總統）共同舉辦該書的發行式，事
先正式邀請我出席。我因隨同丈夫周剛大使正在拉
薩訪問，無法應邀前往，卻深感欣慰——此書不僅
加深了中國讀者對鄰國印尼和哈比比總統的了解，
而且增進了中印尼兩國之間的友誼。

　　二〇〇一年六月底退休回國後，周剛和我有幸
於二〇〇三年、二〇〇九年和二〇一一年先後四次
訪問印尼。第一次訪問期間，哈比比前總統雖不在

國內，卻專門讓他兒子前來看望我倆，並帶領我倆前去參觀新成立的哈比比研究中心。參觀結束時，該中心主任特意讓我倆觀看了放在顯著位置的一本《哈比比的生活和事業》中文版，他熱情地代表前總統感謝我為推動兩國友誼作出的貢獻。六年後，我倆帶領清華大學教育基金會訪問雅加達期間，通過老朋友陳大江先生（印尼中國總商會名譽主席）的聯繫，前去哈比比前總統府邸拜會他和夫人。與哈比比伉儷已經十一年多未能相見，當時我們兩對年已古稀的老人緊緊擁抱，互致問候，親切交談，就像親密的年輕好友一樣無比興奮地重聚在一起。

二〇一一年八月，我倆應溫州瑞田集團和三一集團邀請，先後兩次訪問印尼。第三次，我倆帶領瑞田集團董事局主席金仕佩和該集團鋼業公司董事長林建超等人，仍是通過陳大江先生聯繫，然後在大江先生父子的帶領下，時隔兩年再次前往哈比比前總統的府邸。時過境遷，萬萬沒料到總統夫人艾努恩女士已經仙逝一年有餘。主人異常生動地向我們講述了他與夫人長達近半個世紀的難以忘懷的恩愛，十分悲痛地介紹說夫人由於疾病長期纏身、不斷惡化，最終於二〇一〇年五月下旬離開人世。為了解脫自己難以克服的痛苦，哈比比接受了醫生的建議，花了近半年的時間撰寫了《哈比比與艾努恩》這本著作。此書不僅成為印尼的暢銷書，還被翻譯出版了四種外文版本。主人特地將此書的一本英文譯作贈送給我。在金仕佩和林建超欣然同意了

我的倡議——由瑞田集團贊助在我國出版此書的中文版之後，哈比比不僅高興地贊同我提出翻譯此書並在北京出版的建議，而且主動表示，在我的譯作問世之際，他將前來中國出席此書的發行儀式。

經過一年多的努力，我終於在二〇一三年上半年完成了此書的翻譯，世界知識出版社也在下半年出版了此書的中文版。在我和周剛的倡議下，中國人民外交學會邀請哈比比前總統於九月八日至十六日來華出席其著作中文版的發行儀式，並由我倆全程陪同。哈比比前總統帶領十六位陪同人士先後訪問了北京和上海，出席了印尼大使館和商務團體舉行的此書發行儀式。臨回國前，他熱情邀請我倆今後陪同他前往東盟有關國家出席此書的發行儀式。

今天，我謹將《哈比比與艾努恩》中文版作為一片小瓦，獻給中印尼兩國的友誼大廈；同時也獻給中國讀者，希望本書能幫助他們更加了解近鄰印度尼西亞，更加珍惜中國印尼來之不易的友誼。

中國印尼共襄壯舉

——新興力量運動會回顧

劉一斌

（中國外交部原主管印尼事務官員、駐外使館參贊）

二〇〇八年北京奧運會和殘奧會期間，我作為志願者先後為印度尼西亞的兩個代表團擔任「高級聯絡員」，亦即全程陪同。這期間，我和代表團的團長、教練、職員、運動員有著廣泛的接觸，幾乎成為代表團的一員。我整個身心沉浸於奧林匹克的氛圍，看的、談的、想的，全部都是體育運動和國際賽事。這勾起了我對國際體育運動史上的一次重大事件——新興力量運動會的深入思考和全面回憶。

一九六二年，中國和印度尼西亞的友好關係漸入佳境，各種互訪團組往來如梭，來訪的印尼團組應接不暇，翻譯奇缺。當時我在外交學院印尼語專業讀二年級，暑假被借到國家體委做翻譯，幫助接待印尼客人。此間，恰逢世界體育史上發生了一件大事，從此使我關注起國際體育賽事，特別是中國奔向奧林匹克運動會的歷程。

印尼仗義，發起新運

　　一九六二年夏，第四屆亞運會在印度尼西亞首都雅加達舉行。東道主印尼政府堅持「一個中國」的立場，拒絕了台灣體育組織以「中華民國」名義參加。後來，台灣體育隊混在印度體育代表團裡潛入印尼，在機場被印尼邊防查出，驅逐出境。國際奧委會等體育組織的一些人就此指責印尼破壞奧運會章程，決定不承認第四屆亞運會，並撤銷對印尼奧委會的承認，無限期禁止印尼參加奧運會。為了抗議這一決定，印尼總統蘇加諾於當年九月發出舉辦「新興力量運動會」的倡議。所謂「新興力量」，係指第二次世界大戰後接踵獨立的新興國家和社會主義國家，它們在國際舞台上異軍突起，形成一股新的勢力。印尼的倡議得到亞、非、拉和歐洲一些國家的廣泛支持。一九六二年十一月，印尼體育部邀請我國體委副主任黃中前往印尼訪問，雙方發表了聯合聲明，共襄壯舉，創辦新運會。

　　一九六三年四月，第一屆新興力量運動會籌委會召開，十幾個國家與會。會上，有的代表主張把奧運會的宗旨寫進新運會的章程，把新運會變成奧運會的補充；也有的力主新運會與奧運會分庭抗禮、並駕齊驅。考慮到奧運精神的傳統性和各個參加國的實際境遇，在中國和印尼的主導下，既沒有照搬奧運會的章程，又把奧林匹克理想和萬隆精神並列，寫入新運會的宗旨。這凸顯了新運會的新主

題、新規程，也反映了新運會和奧林匹克精神的聯繫。

中國秉公，鼎力支持

中國是新運會最有力的支持者，理由是顯而易見的。舊中國長期處於半封建半殖民地狀態，人民貧病交加，一頂「東亞病夫」的帽子在人格和尊嚴上壓得中國人民抬不起頭來，心靈上的屈辱觸發起無數中華兒女的無聲悲鳴。新中國成立後，體育事業有了突飛猛進的發展，在毛澤東「發展體育運動，增強人民體質」的號召下，全國廣泛開展了群眾性體育活動，競技水平有了很大提高。但是，由於西方國家對新中國實行封鎖打壓和遏制政策，中國在國際奧委會的合法席位問題一直沒有得到合理解決，中國難於參加奧運範圍的重大賽事。中國廣大運動員雖然訓練有素，卻無處一試身手。印尼主持正義，對華友好，受到國際體育組織中一些人的敵視，遂憤然發起舉辦新運會。中國積極支持和參加新運會，既符合道義，也可在國際體育舞台上一展新中國的體育風姿和水平。

一九六三年八月，印尼體育部長馬拉迪率水球隊、擊劍隊訪華，兩國體育官員就新運會的最後籌備事宜和進一步加強兩國體育合作與交流等深入交換了意見。我當時擔任翻譯，至今仍記得，雙方談的大量話題都集中圍繞著新運會。馬拉迪一行先後

人民畫報

第一屆新興力量運動會特刊

一九六四年十一月出
版的《人民畫報》第
一屆新興力量運動會
特 刊 封 面（ 供 圖：
FOTOE）

訪問了北京、上海、廣州，與各地體育界人士進行
了廣泛的接觸和友好比賽，實際上也是在為新運會
造勢、熱身。馬拉迪多次表示：在中國等眾多國家
的支持下，印尼將竭盡全力，把新運會辦成新興力
量國家的「奧運會」，讓新興力量以嶄新的風貌和
優異的成績展現在國際體育舞台上，讓世人刮目相
看。他還強調，中國幅員廣闊、人口眾多、經濟發
展迅速，體育人才輩出，一旦出現在國際體壇，必

將是體育大國，甚至稱雄奧運會。但中國卻一直不能參加奧運會，這不公平，也有悖於奧運「普遍性」原則。我方人士信心十足地表示：終有一天我們會參加奧運會，還會把奧運會搬到北京來辦。當時我感受到，中國人充滿了壯志豪情：今天參加新運會，明天參加奧運會，後天舉辦奧運會！在中國人面前，沒有辦不成的事！

馬拉迪一行所到之處，均受到熱烈歡迎，特別是水球隊、擊劍隊的精彩比賽，更是激起轟動效應。賽場爆滿，擠得水洩不通；場外也人群雲集，收聽擴音器播出的賽情。喝采聲、鼓掌聲直衝雲霄，運動員、裁判員、全體觀眾都淹沒在熱烈的海洋中。裁判員的哨音幾乎失聲，我只能大聲呼喊著翻譯，雖然聲音嘶啞了，但心中激奮。我感受到，熱情中包含著中國人民對印尼人民的深厚友情。這種友誼保證了文明觀賽，觀眾給雙方都鼓掌加油，對任何一方得分都齊聲叫好。印尼水球隊員有時在水下做些違規小動作，觀眾會意地報之以友好的哄堂大笑，沒有噓聲，沒有譏哄，更沒有責罵。這使我感悟到，體育是各國文化交流最容易取得最大公約數的項目，是各國人民友好感情交流的直通車。

友誼，使任何疑難之事都可化解。在上海，印尼體育隊乘坐的汽車遇到路障：在一個路口橫著繞有鐵蒺藜的木架，上插一紅白兩色小旗，旗端剪有三角口。印尼領隊緊急約見陪同的我體委洪林副處長，對此提出質疑和交涉。原來，印尼國旗是紅白

兩色旗，印尼朋友以為有人對他們不友好，故意把他們的國旗剪出三角形缺口，阻斷交通，辱損他們。洪林笑著耐心真誠地解釋：紅色代表危險，白色表示安全，紅白旗提示人們，前面危險，注意安全，不要通過，絲毫沒有針對印尼朋友之意。在中國，沒有任何地方和任何人對印尼有敵意或不友好的。對方聽了，釋然大笑，緊緊地握住了洪林的手。

這次出差使我感到，體育是世界人民友誼的通用語，我由此起意從事體育領域的國際活動。事後，為了這個美好的心願，我曾積極努力調到國家體委工作。

馬拉迪剛剛結束訪華，九月，國際游泳聯合會以印尼游泳、跳水運動員訪華為由，決定不定期禁止印尼游泳、跳水運動員參加相關項目的國際比賽。這是對中國的一種歧視，也是對印尼抗衡國際體壇霸權、舉辦新運會的報復性打壓。此舉大大激發了中國、印尼決心辦好新運會的意志力。中國加大了對印尼的支持力度與投入。周恩來總理多次指示並親自召集陳毅副總理兼外長、賀龍副總理兼體委主任等有關領導開會，研究制定與會方針和參賽原則，決定派出以體委副主任榮高棠為首，副主任李夢華、趙正洪為副的有力班子，率領陣容強大的代表團參加。同時，應印尼的要求，提供了一切可能的援助，從體育設施器材到開幕式用品，包括焰火、彩旗、軍樂器具等，堪稱「一應俱全」。

新運盛舉，空前成功

在印尼的積極組織和廣泛聯繫以及中國的大力推動下，新運會有五十一國報名參加。一九六三年十月下旬，我國政府派出「光華」號輪船，滿載我國二百二十八名運動員和一百九十二人的藝術團，以及搭乘該船的朝鮮二百三十八人、越南一百零七人的代表團共六百餘人，在交通部、公安部、南海艦隊組成的陪送工作組護衛下，浩浩蕩蕩向雅加達進發。另一路乘飛機前往。兩路殊途同抵，受到新運會組委會負責人、印尼體育部長馬拉迪的熱情迎接。十一月十日至二十二日，第一屆新興力量運動會在雅加達隆重舉行，成為當時震撼世界體壇的國際盛會。四十八個國家和地區的二千四百零四名運動員參加了二十一個比賽項目的角逐。這遠遠超過了第一屆奧運會只有十三個國家的二百八十五名運

一九六三年十一月八日，賀龍副總理飛抵印度尼西亞出席新興力量運動會，在雅加達機場受到熱烈歡迎。（供圖：中新社）

動員參加十八個項目比賽的歷史紀錄。

賀龍副總理出席開、閉幕式並應邀訪問了印尼。當中國運動員方陣邁著整齊的步伐通過主席台時，全場歡騰，掌聲雷動。蘇加諾總統緊緊握住賀龍副總理的手，久久不肯放開。這番歡樂氣氛和印尼人民的盛情，一浪接著一浪地激盪在中國代表團每個人的心中，也使賀龍深受感動。在中國和印尼羽毛球鏖戰時，為不讓賀龍情緒過度激動興奮而影響他的心臟，特意安排他在飯店休息，並專門派電視轉播車為他一人轉播。但他按捺不住自己，從頭看到尾，越看越激奮。原本，在周總理主持的研究參賽方針的會上，賀龍不同意陳毅副總理將羽球金牌讓給印尼的建議，主張「能拿就拿」。此時，他卻一改初衷，臨時決定我方讓球，把羽毛球金牌作為一份厚禮送給印尼人民，以答謝印尼籌辦新運會的巨大貢獻和對中國人民的深厚友情。

羽毛球是印尼的國球，像蘇迪曼、梁海量等一批優秀運動員都是技壓世界羽壇的高手，印尼羽毛球隊是多年馳騁國際羽球賽場的一支勁旅。中國羽毛球隊的優秀教練員和運動員，像王文教、湯仙虎、侯加昌等一批人，都是印尼歸國華僑。他們在國外時已是頗具潛質的優秀選手，回國後技藝大長，都一心想在新運會上大展身手，與印尼羽毛球隊試比高低。他們賽前強化訓練，研究戰略，摩拳擦掌要問鼎羽毛球冠軍，甚至志在必得。在兩強搏擊、我在勢頭、伸手得金時，突然接到讓球的指

示，可以想見他們內心是什麼樣的感受。但他們沒有怨言和遺憾，因為他們「心中有祖國，輸贏顧大局」。這是何等博大的胸懷，完全體現了周恩來講的「友誼第一，比賽第二」的精神。

新運會取得了空前的成功。各國運動員在競賽中都表現不凡，打破了五項世界紀錄和六十餘項本國紀錄。中國運動員共獲六十六枚金牌、五十六枚銀牌和四十六枚銅牌，在田徑、舉重、射箭等項目上創造了新的世界紀錄。同時，新運會體現了民主、公平的精神和大小強弱一視同仁的原則，促進了新興國家之間的了解、友誼與團結合作。新運會是新時代的產物，它的成功舉辦產生了深刻的時代意義。它打破了西方壟斷國際體壇的局面，在世界體育舞台上形成新的一極，使包括國際奧委會在內的體育組織不得不逐步聽取發展中國家的呼聲，向著民主管理和真正意義上的「普遍性」改變自己的航向。

一九六五年九月，新運會理事會議在北京舉行，討論新運會的發展方向和工作方針、規劃。儘管與會的印尼體育部長馬拉迪因國內事變心情不好，會議仍然達到了預期的目的。根據理事會的決定，一九六六年十一月二十五日至十二月六日，第一屆亞洲新運會在柬埔寨首都金邊舉行。十七個國家和地區派代表團參加，中國派出由國家體委副主任黃中率領的三百三十一人組成的龐大代表團，其中二名運動員再次打破舉重世界紀錄。

新運會的聖火雖然因為印尼和中國的國內形勢的重大變化及國際環境的改變沒有傳承下去，但它的光焰永遠彪炳於世界體育史冊。

厲兵秣馬，衝向奧運

新運會對中華體育健兒是一次競技水平、實力的大展示、大揚威，是一次勵志為國的大教育，也是一次參加奧運會的實戰大演練。從此，中國競技體育踏上了衝刺奧運會的歷程。

一九八四年五月，國際羽毛球團體錦標賽在馬來西亞首都吉隆坡舉行，中國羽協負責人呂聖榮率中國男女羽毛球隊參加。當時我在駐馬來西亞使館任研究室主任，兼管文化事務，全程陪同了羽毛球隊的活動。雖然羽毛球那時還不是奧運會項目，但我看到，全體隊員都以參加新運會的文明風格和衝擊奧運會的拚勁，奮力揮拍扣殺。在男子比賽中，我國名將欒勁在使盡全力擊敗印尼頭號種子選手後，激動地把球拍高高拋向空中，隨即癱倒在地，被人抬下賽場。全場觀眾感動不已，投去欽佩的目光。雖然因隊員韓健的失利，中國隊與湯姆斯杯失之交臂，但從全場掌聲雷動、歡呼震天的熱烈氣氛中，可以看出觀眾對中國球隊實力與風格的高度讚佩。五月七日的女子比賽中，我國羽壇女豪李玲蔚等人勇猛拚搏，首次奪得尤伯杯，奠定了中國羽毛球隊在國際錦標賽中連得八次尤伯杯的基礎。印尼

羽毛球領隊向我稱讚道：「中國球員技術全面，長拉短扣、強攻巧吊，都很厲害。」接著友好地說：「今天我們是對手、競爭者，在爭取羽毛球列入奧運會項目上，我們是合作者。」我握了握他的手補充說：「是朋友、戰友。」我還向印尼領隊談及新運會，稱其為印尼在國際體育史上的傑出貢獻，也談到新運會上羽球比賽的精彩亮點。他立刻振奮地說：羽毛球大獎在我們民族的心目中是最高體育獎項，獲得這項獎是無上榮耀。中國當時把這一榮譽悄無聲息地讓給印尼，表現了中國的無私與友善，是送給印尼的最大的厚禮。我說，為了答謝印尼對華的好意和共同反對國際體育霸權主義，中國對印尼應該作出自己的貢獻。

　　賽後，中國駐馬來西亞大使陳抗為羽毛球隊舉行慶功宴，許多運動員都興奮地表示，要把取得的勝利作為練球，作為衝向奧運會的起點。事情的發展沒有辜負人們的期望，一九八五年六月五日，國際奧委會通過決定，把羽毛球列為奧運會項目。在中國羽毛球隊轟動馬來西亞的同時，神槍手許海峰在一九八四年洛杉磯奧運會上旗開得勝、首奪金牌，體操王子李寧連奪三金。中國在奧運會上初露鋒芒，就振奮了馬來西亞朋友，特別是華人社會。他們紛紛打電話祝賀，見面就伸大拇指，不少人說，如果羽毛球列入奧運會，中國又多一枚金牌。

弘揚奧運，不忘新運

　　歷史的長河滾滾向前，紛繁的世界更為斑斕。中國從參加新運會到舉辦奧運會，歷經四十年，雖道路崎嶇，但勝利連連，體育事業蓬勃發展。特別是二〇〇八年在「人文奧運」、「科技奧運」、「綠色奧運」的新理念下，成功舉辦了無與倫比的北京奧運，更顯示出中國的國力和體育水平。這次奧運會成為奧運史上的里程碑。我有幸作為志願者參與其中，感到莫大的愉快和自豪。

　　這期間，我經常眼前看的是奧運會的賽事，腦海裡迴旋的是新運會的場景，盡情回憶著新運會的籌辦過程與盛況，重溫著中國在新運會取得輝煌成績的那種揚眉吐氣的激奮感受。我與印尼代表團的朋友們暢談著新運會的背景與盛景，有時不乏深情與興奮，引起他們極大的興趣。他們不厭其詳地問我許多問題，我有問必答地講述了許多動人的故事。他們對這件往事已逐漸淡漠，有的因年齡的隔閡則全然不知，當聽了我的講述後，知道印尼曾在世界體育史上有過如此輝煌的創舉與貢獻，感到無比的高興，臉上的表情充盈著民族自豪感。他們知道中印尼曾有如此密切的體育合作，心裡充滿了友好和親切的感情，都覺得中印尼關係上那段不愉快的歷史實在不應該發生。這種情緒，從他們對我的熱情和尊重中充分展現出來。他們把我視為印尼舉辦新運會這一光榮歷史的見證人。當他們知道我曾

二〇〇八年北京奧運會期間，劉一斌夫婦分別擔任印尼和馬拉維體育代表團的高級聯絡員。

參與接待過蘇加諾總統訪華，當即流露出了肅然起敬和無比羨慕的神情。我在隨團出席印尼使館國慶招待會和幾次宴請代表團的活動中，都被引為上賓。

我向印尼著名羽毛球明星陶菲克談及新運會上中印尼羽毛球比賽的一些佳話，特別是關於賀龍元帥下令讓球的故事。陶菲克顯出激動的神情，誠懇地說，中國羽毛球的技術水平很高，比賽經驗豐富。我也由衷地表示，中國羽毛球運動的發展和競技水平的提高，受益於印尼羽毛球運動事業。為中國羽毛球運動奠定基礎的老一代教練員和運動員，都是從印尼歸國的華僑。他們把在印尼練就的高超技藝帶回了中國。所以，印尼羽球運動是中國羽球運動的老師。陶菲克顯得很高興，轉而又遺憾地說，現在印尼羽球水平落後於中國。我說這叫「青出於藍勝於藍」，我們雙方可以互相學習，攜手提

高，共創羽球運動的國際輝煌。

由於新運會的歷史情結和中印尼密切合作過的友誼，我對印尼代表團的服務可謂盡心盡力，在職責範圍內的工作無一疏漏，還千方百計地幫助代表團解決了幾項疑難問題，如印尼最大的體育贊助商的專機著陸問題、印尼隊升旗儀式的主賓席位問題，以及羽球名將陶菲克的雙親臨時來華觀戰的入場問題。團長對我的工作非常滿意，臨別時拿出厚厚一沓人民幣表示謝意。我誠懇謝絕，獲得了團長的敬意。最後，團長贈予我一封衷心致意的感謝信，並真情地說：希望中國和印尼發揚新運會精神，繼承兩國在新運會上密切合作的傳統，在國際體育舞台上互相支持、真誠合作，共創輝煌成績。我也被深深打動，表示：雖然新運會的聖火因各種因素的影響沒有傳承下來，但她永遠燃燒在中印尼兩國人民和愛好和平的世界體育人士的心中。新運會精神永放光芒！

篇 記憶

印尼牽動我的心

劉一斌

（中國外交部原主管印尼事務官員、駐外使館參贊）

　　自學習印尼語起，我就立志為中印尼友誼貢獻我的一生。儘管後來被派往別的國家工作，甚至「流落」到遠隔重洋的加勒比地區和非洲，我的心始終關注著印尼，脈搏隨印尼的形勢和動態起伏。我深深地感到，我的感情已與印尼人民的感情嫁接在一起。

我的印尼緣

　　一九五六年十月，我在鞍山讀初三。一天，學校突然接到政治任務，組織學生到軍用機場歡迎國賓，我被選入其中。我們身著整潔的服裝，手持鮮花、國旗，極目注視著徐徐降落的飛機，內心充滿了興奮。一會兒，印尼總統蘇加諾在陳毅副總理的陪同下，走過歡呼雀躍的歡迎人群。蘇加諾黝黑臉膛，圓睜大眼，頭戴北芝帽，手握權杖，一身筆挺的統帥制服，顯得身材挺拔、儀態威武，臉上流露著微笑，顯示出友好的表情。這就是我對蘇加諾的第一印象，它永遠定格在我的腦海裡。晚上，父親

劉一斌一九六二年在外交學院就讀時留影。

參加完歡迎宴會回家，給我講述了宴會的情景，這鑄成了我對蘇加諾長期的良好記憶。第二天晚上，父親帶我觀看了蘇加諾帶來的峇里藝術團的演出。我雖不懂藝術，但聽多了強節奏的革命歌曲，看慣了剛勁有力的舞蹈，乍看峇里歌舞頗有新鮮感。悠揚的曲調，委婉的唱腔，舒緩的節奏，讓人宛如漫步在萬籟俱寂、只聞琴鳴的幻境中。演員們婀娜多姿、柔和舒曼、纖手輕揚、眼神靈動，展示出峇里宮廷舞和宗教舞的曼妙、優美。我第一次感受到柔美的力量，它對人的審美有著巨大的撞擊力。

幾天後，學校舉行文藝匯演，一位同學竟獨自跳起了「峇里舞」。他的一招一式動作細膩，看上去模仿得惟妙惟肖，招來了全場的陣陣掌聲。看

來，峇里舞的魅力吸引的不僅僅是我一人。

說來有些宿命。我高中畢業考進外交學院（時稱國際關係學院），被分配學習印尼語。不久，陳毅當了我們的院長。這使我在內心裡對印尼語和陳毅院長有種親切感，學習起來特別賣力。開課第一堂，剛從駐印尼使館調回的張瓊郁老師開宗明義告訴大家，我們班是根據周總理的指示開辦的，是培養印尼問題專家的。他要求我們打好專業思想基礎，做好一輩子做印尼工作的思想準備。張老師廢寢忘食，教學輔導兩手抓。同學們發憤努力，勤學苦練埋頭學。我們像群剛破殼的「小雞」，每天緊緊地圍繞在張老師的身邊，見啥問啥，隨手記下。張老師百問不厭，誨人不倦，無愧於師表；我們爭氣，不負於教誨。在缺語言環境和工具書的條件下，兩個多月我們即可流利地會話。後來增加了三位助教，並聘請了印尼共主席艾地的弟弟、作家索布倫‧艾地為專家，等於一位老師帶兩名學生，可見國家投入之大。大學二年級，我們即被借調出去做翻譯，已基本沒有語言困難。畢業前夕，《人民中國》（印尼文版）雜誌社記者小舟對我進行了專訪，對我們班的學習情況作了長篇報導，結尾還節引了我寫給索布倫老師的一首詩。

一九六五年九月十六日，我調入外交部第一亞洲司，主管印尼事務。這一幹就是十五年。

沉重的親歷

　　一九六五年，中國和印度尼西亞關係正值鼎盛時期，高層互訪頻繁，各類團組往來如織。國慶期間集聚北京的印尼大小團組和人數創歷年之最，更居各國訪華客人之首。印尼語翻譯奇缺。我到外交部報到的第二天，就被借調到國防部接待印尼臨時人民協商會議副主席威盧約‧普斯波尤多率領的印尼國防學會代表團。這期間，印尼發生「9‧30」事件，兩國關係驟然從空前熱絡跌到冰點，最終導致了兩國二十三年無外交的狀況。我經歷了兩國關係從密切合作急轉直下，到惡化、斷交的全過程。這段沉痛的親歷，給我留下了無法泯滅的記憶。

　　十月一日晚，國慶焰火晚會進行過半之時，周恩來總理按西方幾家大通訊社報導的消息告訴印尼外賓，九月三十日晚上，雅加達發生了一起重大事件，總統警衛營採取行動，挫敗了旨在推翻蘇加諾總統的政變。我聞之一驚。當晚，在天安門城樓上的印尼外賓很多，除威盧約‧普斯波尤多率領的代表團外，重要的還有由主席哈魯爾‧薩勒率領的印尼臨時人民協商會議代表團以及經濟、高教代表團，由院長比莫阿里約特佐率領的印尼空軍參謀學院考察團等。他們聽了周總理的通報後，先後提前離場，回到下榻的飯店。國防學會是蘇加諾總統組織的包括左中右軍政人員的統戰機構，其代表團回到京西賓館後，像炸了油鍋，情緒激盪，政治上截

然分野。時任國防部辦公廳副主任兼外事局局長的肖向榮中將要求我們接待人員謹言慎行，耐心做好服務工作。我是該團的主要翻譯，為慎重起見，代表團的溝通聯絡統一由我翻譯。

送走代表團後，我每天閱讀大量外電消息，緊盯住印尼局勢不放。各種消息撲面而來，對於「城門失火，殃及池魚」的事態，我心情特別沉痛。我從外電得悉，十月一日，時任戰略後備司令部司令、陸軍少將蘇哈托調動大量兵力控制了首都雅加達，並宣布雅加達所在的第五軍區處於緊急狀態。十月二日，印尼共中央機關報《人民日報》及《忠誠報》被禁止發行。八日至十日，印尼共及其群眾團體的總部相繼被搗毀。十八日，雅加達軍區司令部宣布取締上述組織。

事情發生後，中國政府對友好國家發生如此不幸的事件極為關切。因不了解就裡，不便表態，我國採取了冷靜觀察、認真分析、客觀報導、「不持立場」的態度。當時，我國認為「9‧30」事件是印尼國內矛盾發展的結果。蘇加諾總統在國際上高舉反帝、反殖大旗，推動不結盟運動，舉辦新運會，退出聯合國，趕走美國和平隊，關閉美國新聞處和美資企業；在國內依靠印尼共為代表的左翼勢力和進步力量。這些政策觸及了美國的利益，受到美國的打壓。美國還扶持蘇加諾的反對勢力。我們支持蘇加諾的立場，在美國斷絕對印尼的經援後，給予了力所能及的援助。這使兩國成為「不結盟的

盟友」，一度被國際媒體稱為「北京—雅加達軸心」。須指出，當時中國對印尼是發展國家關係，給予的支持和援助是對蘇加諾政府的，不是給印尼共的。我們與印尼共的關係恪守國際主義準則，只有意識形態的聯繫和政治、道義上的同情支持。

我們對中印尼關係極為珍視。「9‧30」事件後，為維護中印尼人民的友好感情，我電台、報刊暫不報導印尼政局變化。十月四日，劉少奇主席和周恩來總理聯名致電蘇加諾總統，就印尼發生「9‧30」事件表示慰問，繼續表現出我對印尼的友好態度。始料不及的是，自十月六日起，印尼某些報紙就影射中國「參與謀劃」和「支持」「9‧30」事件，並造謠稱：中國情報局為恐怖分子提供大量武器、金錢和通信器材來打倒印尼共和國。十月八日，印尼一些過激群眾到我駐雅加達總領事館（實為使館領事部駐地）示威。十日，我大使館向印尼外交部提出口頭交涉和備忘錄。考慮到中印尼關係大局，沒有提出抗議。十六日，軍人包圍搜查了中國商務參贊處，我方提出強烈抗議。二十日，我《人民日報》第一次發表了印尼政局發生急遽變化的綜合報導。從此，我被拖入中印尼外交鬥爭的漩渦，受著極為繁忙的工作和心境不爽的雙重壓力。開始的半年內，我不曾離開過辦公室，很快患上了胃潰瘍。自此，胃病困擾了我的一生。

那時，蘇加諾已被某一勢力挾持，無力控制局勢，但仍表示要維持兩國友好。十月二十五日，蘇

加諾寫信給毛澤東、劉少奇、周恩來和陳毅等中國
領導人，對印尼反共勢力企圖離間兩國關係，對數
起武裝部隊人員進入中華人民共和國駐印尼代表機
構的事件表示「最大歉意」，因為這破壞了兩國良
好關係的基礎。信中他坦承了自己的難處，企望中
國不要連連抗議，容他有一定時間處理好對華關
係。當時印尼政局複雜，蘇加諾地位微妙，如何覆
信頗費周章。被周總理從釣魚台第二次亞非會議籌
備班子抽回來的章文晉，領著第一亞洲司的幾位
「秀才」苦戰了三天三夜，先後三次把覆信呈送周
總理，都未通過。最後，由喬冠華出馬，親自執
筆，覆信才過了周總理的關，並於三十日發出。信
寫得語氣親切而嚴正，態度友好而又有鬥爭。在處
理兩國關係問題上，我們一直留有餘地，始終本著
後發制人的方針，使鬥爭有理、有利、有節。

一九六六年三月，蘇哈托代行總統職權。兩國
關係惡化形勢升級，各種來往陸續中斷。一九六七
年八月二十四日，印尼決定將其駐華使館全部人員
撤離回國。十月二十三日，印尼外交部照會我方，
宣布印尼政府決定關閉駐華使館，要求我保證其使
館人員安全撤離。同時，要求我自一九六七年十月
三十日起，關閉駐印尼大使館和所有總領事館，上
述機構的全體中國人員在最短時間內離開印尼領
土。十月二十七日，我國政府發表聲明，對印尼政
府宣布中斷兩國外交關係表示憤慨，提出強烈抗
議。同時宣布，中國政府不得不暫時關閉中國駐印

尼大使館和各領事館，撤回使領館全部人員。十月二十八日，我外交部照會印尼使館，提出由羅馬尼亞代管我在印尼的合法權益，擬派專機於十月三十一日前往雅加達接回我使領館全部人員，並願意為印尼駐華人員提供搭乘上述民航專機返回印尼的便利。十月二十九日，印尼復照同意我方要求，並宣布其在華權益由柬埔寨代管。

中印尼關係從此中斷，持續達二十三年。

不了印尼情

中印尼關係中斷後，我繼續主管印尼事務，主要是研究印尼政局。經過長期的觀察和思考，我認為，中印尼中斷外交關係並非雙方之願，而是各自國內的特殊政治形勢釀成的後果。印尼「9‧30」事件後反共情緒瀰漫全國，人們把對事件的怨恨武斷地遷怒到曾大力支持蘇加諾及與印尼共友好的中國身上。當時印尼正處於政權更迭的過程中，對各種政治勢力的駕馭能力有限，社會脫序失控，右翼軍人和極端分子趁著鎮壓共產黨的勢頭為所欲為，做了大量損害兩國關係的事情。但主政者並不想做絕，對斷交採用了「中止」的提法，一直視中國為建交國，拒絕同台灣建交。這表明了印尼的大國思維，其在戰略上仍重視對華關係。不過，印尼當局擔心與中國復交後社會主義影響擴大，共產黨會「死灰復燃」，所以從一九七四年起就放言復交，

卻遲遲不見行動。中印尼關係暴風驟雨的歲月，正趕上中國「文革」高潮，極「左」思潮氾濫，極左勢力肆虐無忌地對外交工作干擾破壞，「鬥」字當頭，四面出擊，致使中國與周邊國家關係惡化。但中國對與印尼的關係始終留有餘地，任何有損兩國關係的舉動都不走第一步。對於印尼在復交問題上猶豫不決、遲疑不前，中方一直予以理解，耐心等待。此間，兩國互有微動，也有些接觸，雙方常駐聯合國代表團是重要渠道之一。聯合國總部有一房間被人稱為「印尼室」，就是兩國代表常會晤的地方。中印尼斷交後的關係正應了中國的一句俗語——「打斷骨頭連著筋」。

亞洲兩個大國沒有外交關係，對雙方均不利，也不利於中國與東盟關係的發展。在斷交期間，我一直期望兩國儘早復交，工作中盡量捕捉印尼方面的積極苗頭。一九七四年，印尼某些政要釋放出一些積極的信號。於是，在一次形勢務虛會上，許多同事認為不排除印尼在中國和馬來西亞建交後與我國復交的可能性。我根據大家的意見，撰寫了一期《新情況》，引來一些異議。韓念龍副部長把我叫去，當面告誡：對印尼復交問題不要操之過急，復不復交是印尼國內形勢決定的，我們只能適當推動，樂觀其成。當年底，印尼外長馬利克訪問蘇聯，引起我方高度警惕，以為與華交惡的蘇聯可能拉攏印尼反華。我密切注視其訪問的全過程，除商談兩國發展經貿關係外，沒有涉及針對中國的內

容。可見當時印尼對華立場是「防範而不敵視」，不做傷害中國感情和利益的事。我又將此寫成《新情況》，發往高層和相關部門。

多年來，印尼文成為我與印尼人士接觸的「信用卡」，無論走到哪裡，只要一張口，就有印尼朋友走上來親切交談。在馬來西亞工作期間，每次大型招待會，我身旁總是圍攏著一些印尼朋友談天說地，相談甚歡。在一九八四年吉隆坡世界羽毛球錦標賽上，我和印尼羽球領隊並坐觀戰，交流著關於共同推動羽球列為奧運項目的意見。我與印尼駐馬使館一位二秘及美國的一位二秘組織三個使館的聯誼活動，每個週末舉辦一次各具特色的遊藝活動，輪流坐莊，邀請全體參加。三館的關係堪稱熱絡。一九九〇年我到美國任駐休斯敦總領館副總領事後，主動邀請印尼總領館的全體人員到我館做客，品嚐中國飯菜，玩耍中國遊戲。總領事讓我代為致辭，我便開口講起了印尼語，邊譯成漢語，招來印尼朋友的熱烈掌聲。一九九一年九月，我離任回國，印尼的全體領事集體為我送行，進行了知己交談。

我一生被貼著「印尼文幹部」的標籤。一九八九年二月，錢其琛外長在東京會晤印尼總統蘇哈托，達成協議，兩國遂於一九九〇年八月八日復交，友好關係得到重生。正式復交前夕，錢外長在部黨委會上點名讓我帶人去雅加達建館，但主管幹部的領導說我在休斯敦一時抽不開。這成為我的終

生憾事。

　　退休之後，我的印尼情結依然難解。我曾帶中國企業家到印尼考察市場，在泗水與林文光的金鋒集團（Maspion Group）洽談投資設廠。二○○八年北京奧運會、殘奧會期間，我作為志願者為印尼代表團做聯絡員，幫助解決了幾項代表團自身無法解決的難題。當聽我講述當年見過蘇加諾及印尼舉辦新興力量運動會的壯舉時，印尼朋友充滿了自豪，對我格外親切。

　　我對印尼有著特殊的敏感，無論何時何地提到印尼或聽到印尼語，我都會有興奮感。即使在公園遇到印尼遊客，我都主動上前搭訕攀談，作「義務導遊」。幾十年心中裝著印尼，已使我對其「神牽魂系」。

重返「千島之國」

劉新生

（中國前駐文萊大使、前駐印尼使館政務參贊）

一九九〇年八月八日，是中國和印尼兩國關係史上令人難忘的一天。就在這一天，錢其琛外長和阿拉塔斯外長代表兩國政府在雅加達簽署了《關於恢復外交關係的諒解備忘錄》，從而向全世界宣告：中斷二十三年之久的中國和印尼之間的外交關係從今天開始正式恢復。我當時作為李鵬總理出訪印尼的隨行人員之一，出席了這一歷史性文件的簽字儀式，目睹了這一重要場面，實在是終生難忘的幸事。此後不久，我受命出任中國駐印尼使館臨時代辦，從而開始踏上重返「千島之國」的歷程。

難忘的故地情懷

一九九〇年九月十二日，我帶領一個七人先遣組赴印尼籌建大使館。在前往印尼途中，我們在香港停留了數日。九月十六日，我們乘坐印尼鷹記航空公司 GA 875 航班續程飛往雅加達。座機從香港啟德機場起飛後，穿過雲層騰空而起。當飛機升高平飛時，茫茫雲海，平鋪長空，從機窗向外瞭望，

上世紀六〇年代的雅加達，還是一座較為落後的普通城市。

真有天上人間之感。四個多小時後，進入印尼海域的上空，從飛機上俯瞰，碧波萬里的洋面上散落著無數美麗晶瑩的島嶼，「千島之國」展現出嫵媚動人的丰姿。當地時間下午六時，飛機平穩地降落在雅加達蘇加諾─哈達國際機場。下飛機後，前來迎接我們的印尼外交部禮賓司官員非常順利地協助我們辦理了各項入境手續。稍事休息後，我們一起驅車前往市區。

雅加達這座城市對我並不陌生。六〇年代我曾在該市印尼大學文學院留學進修印尼文學，繼而在我國駐印尼使館工作數年，直至一九六七年兩國中斷外交關係回國。如今，時隔二十三年重返故地，感慨萬千。回想當時，我還是一個初出茅廬的小字輩，如今已逐步進入外交生涯的終點，而作為我外交生涯起點的雅加達這座古老的城市倒是更年輕了。

早在五百多年前，雅加達就是輸出胡椒和香料

的著名海港，當時名為「巽他格拉巴」，意即「椰子」，因而當地華人將它稱為「椰城」。一五二七年，萬丹回教軍占領此地，改稱「雅加達」，此名含有勝利和光榮之意。一六一八年被荷蘭殖民軍攻占後，易名「巴達維亞」。從此，這裡變成荷蘭殖民者奴役和剝削印尼人民的大本營。第二次世界大戰中，日本又侵占了印尼，直到一九四五年印尼宣布獨立後，雅加達才恢復原名，並被定為印尼共和國首都。

記得我六〇年代在這裡時，雅加達還是一個較為落後的普通城市。時隔二十多年，這座城市已今非昔比了。雅加達的快速發展主要是八〇年代以後，印尼政府著力建設，大興土木，美化市容，使其成為一座占地五千七百七十五平方公里、人口近八百萬、各種設施齊全的現代化城市。路旁樹木成蔭，蒼翠欲滴；超級市場與各類商店鱗次櫛比；一幢幢風格迥異的高層建築——豪華公寓、星級酒店與寫字樓拔地而起。當從機場乘車駛向市區時，我探頭窺視道路兩側，已難以找到過去熟悉的建築與街景了。晚間華燈齊放，五顏六色，閃爍變幻的霓虹燈與街心公園噴灑的水花銀柱交相輝映，更是一派繁榮景象。我暗自思量，雅加達確實是「舊貌換新顏」了。

劉新生臨時代辦（穿米色西裝者）在雅加達婆羅浮屠酒店的陽台上主持升旗儀式。從此，五星紅旗重新飄揚在「千島之國」上空。

五星紅旗重新飄揚

　　中國與印尼是亞洲的近鄰，自古以來兩國人民就有著傳統友好的往來，結下深厚的情誼。一九五〇年四月十三日，印尼同中國建交，成為同我國建交最早的國家之一。兩國之間曾有過良好的合作，共同為維護亞洲地區的和平與穩定作出了積極貢獻。儘管兩國關係出現過一段曲折，但這與兩國友好交往的悠久歷史相比，畢竟只是一段短暫的插

曲。

　　根據印尼外交部政治總司長維爾約諾先生建議，大使館臨時館址暫設在市中心區的婆羅浮屠酒店。該酒店是一座二十層的高層建築，屬五星級，設備齊全，娛樂與健身和服務設施應有盡有。酒店院內綠草如茵，灌木青翠，花卉繁多。低低的柵欄上攀緣著茂密的青藤，其間點綴著各色鮮花，相映生輝。酒店底層後院有一個很大的游泳池，池旁的桌邊支著五顏六色的太陽傘，傘下襬放著一排排摺疊椅，供旅客遊泳後休息。酒店雖地處鬧市，但「鬧中有靜」，是個很好的休閒之地。可是我們幾名先遣組人員肩負著建館的重任，很少有時間享用其中的娛樂與健身設施，大家都把精力放在建館初期千頭萬緒的事務上。這個酒店對我們來說，最大的優點是離印尼外交部僅五六百米。當時我們幾乎每天要與外交部聯繫，由於臨近，我們有急事往往步行前往。另一個優越性是酒店給中國大使館百分之三十的房價優惠，可給國家節省一筆外匯開支，而且酒店上至總經理，下至服務員，對中國大使館工作人員均非常熱情友好。

　　經過雙方協商，中國大使館定於一九九〇年九月二十七日正式開館。在開館儀式上，一面嶄新的五星紅旗在酒店二樓陽台的旗杆上冉冉升起，迎風飄揚。使館全體外交人員在莊嚴的中華人民共和國國歌樂曲聲中，向代表著國家尊嚴、象徵著國家主權的國旗行注目禮。在升旗儀式上，我發表簡短講

話說：中國與印尼是海水相連的近鄰，兩國人民之間有著長期友好交往的歷史。由於雙方的共同努力，現在這兩個亞洲大國之間恢復了正常的外交關係。這不僅符合兩國人民的共同願望和根本利益，而且有利於亞洲地區的和平、穩定和發展。希望大使館全體人員為維護和發展中國與印尼之間的友好關係而努力工作。印尼外交部禮賓司負責官員應邀出席了開館儀式，不少新聞記者也聞訊前來觀看和採訪。在寬闊的陽台上，儀式完而人不散，來賓們主動與使館工作人員握手歡談，共享復交後的喜悅。一些記者圍住我，問我此時此刻有何感想，對中印尼兩國關係發展前景有何看法，等等，我笑著回答說：今天我很高興，兩國互設使館標誌著經過將近四分之一世紀的隔絕之後，兩國關係完全正常化了。中國同印尼都是發展中國家，儘管國情相異，社會制度不同，但這不應該成為發展關係的障礙。應該說，中國同印尼之間的共同點還是很多的，可以合作的領域相當廣闊，潛力很大，在維護世界和本地區和平、發展民族經濟等許多重大問題上的看法是一致或相似的。結束過去，展望未來，兩國關係的前景正像一首中國民間詩歌所表述的那樣，「春梅已著一枝，繁花盛開的季節已是不遠了」。

次日，雅加達各大報紙在頭版報導了中國大使館正式開館的消息，刊登了使館升旗儀式的大幅照片，其中所用的標題和導語有：「五星紅旗重新飄

揚在雅加達上空」「中國人又回來了」，等等。當然，也有個別報紙別有用心地做點不友好的文章，但由於中國的地位和影響，加上兩國畢竟恢復了外交關係，所以輿論導向基本上還是客觀和友好的。

首次國慶招待會

我離京赴任前，外交部領導向我交代了兩項「政治任務」：一是抵達印尼之後，要設法儘快開館，正式對外辦公；二是要舉辦四十一週年國慶招待會。當時，我向有關領導表示，我將盡力去完成。但心裡還是在嘀咕，在短短半個月時間內既要開館，又要搞國慶招待會，任務確實艱巨。

抵達印尼後，我向先遣組七名同志傳達了這兩項「政治任務」，並研究了具體落實辦法。按照部領導國慶招待會「小型、雙邊、官方」的有關指示，我約見了印尼外交部亞太司司長布爾先生和禮賓司代司長蘇里雅迪先生，請他們予以協助。布爾先生和蘇里雅迪先生當即表示，「請代辦先生放心，外交部將全力協助大使館籌辦國慶招待會」。先遣組七名同志在籌備有關開館事宜的同時，全力以赴準備國慶招待會。國慶招待會時間定為十月二日晚七時。參照印尼外交部禮賓司提供的名單，我們發出了近百張請帖。

我們「因地制宜」，在婆羅浮屠酒店租用了一個小宴會廳，搞了一個冷餐招待會。酒店方面按照

我們的要求進行了一番布置。宴會廳正面懸掛一幅寫有「慶祝中華人民共和國成立四十一週年」橫幅，兩邊豎立著中印尼兩國國旗，冷餐檯上放著刻有「41」字樣的冰雕，宴會廳內一派喜慶氣氛。晚七時，客人們陸續光臨。七時三十分，印尼國防部長兼代理外長貝尼·穆達尼將軍作為主賓在外交部禮賓司總司長卡達裡斯曼先生陪同下步入宴會廳，在播放中印尼兩國國歌之後，招待會正式開始。穆達尼將軍對我說，阿拉塔斯外長去紐約出席第四十五屆聯合國大會，他作為代理外長向我表示「雙重祝賀」，一是祝賀中國大使館正式開館，二是祝賀中華人民共和國成立四十一週年。當他看到出席招待會的僅有五六十人時，問我為什麼不多請些客人。我說，因為我們剛來印尼，地生人疏，相信明年的國慶招待會會有更多朋友光臨。我轉而又說，將軍閣下的光臨使我們招待會光彩大增，我要向您表示衷心感謝；並說，我還要向將軍閣下祝賀。他

印尼國防部長穆達尼（左）和國務部長穆迪奧諾（中）應邀出席中國大使館慶祝中華人民共和國成立四十一週年招待會。圖為劉新生臨時代辦與兩位部長在招待會上合影留念。

愣了一下，問我：「你要向我祝賀什麼？！」我說：「今天是將軍閣下生日，我祝您生日快樂！」將軍對我剛到印尼不久竟知道他的生日感到既驚訝又高興。次日，我們在酒店定做了一個生日蛋糕，派專人送到他府上。此後，穆達尼將軍見到我時，對我贈送他生日蛋糕之事多次表示感謝。

在穆達尼將軍抵達十五分鐘後，卡達裡斯曼總司長通知我，穆迪奧諾國務部長要來出席招待會。一九八九年二月二十三日，錢其琛外長在東京出席日本天皇葬禮期間曾會晤過穆迪奧諾國務部長。會晤後，錢外長和穆迪奧諾國務部長曾共同會見記者，就中印尼兩國關係正常化問題發表了「三點意見」。此次會晤意味著兩國關係正常化進程的開始。卡達裡斯曼總司長還告訴我，穆迪奧諾國務部長有「兩個特點」，一是他除陪同蘇哈托總統出訪外，本人很少出國訪問；二是他很少出席外國使團的國慶招待會這類社交活動，今天國務部長親臨中國大使館國慶招待會是個「例外」。我一見到穆迪奧諾國務部長，首先轉達了錢其琛外長對他的問候，並感謝他為實現兩國關係正常化所作出的積極貢獻。我說，部長閣下是兩國關係正常化的開路先鋒。他謙虛地說，決策者是蘇哈托總統，他只不過是做些具體工作。他還愉快地向我講述了一九八九年二月他同錢外長「東京會晤」的一些情景，並一定要我轉達他對錢外長的問候。接著，他向我詢問了正在北京舉行的第十一屆亞運會一些賽事的情

況，並說，十月四日和五日將要舉行網球女雙和混雙決賽，他是印尼全國網球協會主席，要趕到北京為印尼運動員助威。由於時間和航班的關係，他決定十月四日繞道東京去北京，而且下飛機後從機場直接去比賽場地。我當即表示歡迎部長閣下去北京觀看比賽，並允將此事立即報告國內有關部門（事後得知，女雙和混雙兩項金牌均為印尼運動員摘取）。

一個半小時的國慶招待會時間已過，但來賓們個個不願離去。前來出席招待會的除印尼內閣兩位「重量級部長」外，還有雅加達特區省長、衛戍司令和外交部一些高級官員。印尼外交部禮賓司一名官員對我說：「你們的招待會出席人數雖不多，但出席的印尼官員規格之高，恐怕在雅加達使團慶祝國慶招待會中也不多見。」他祝賀中國使館重開後首次國慶招待會取得成功。

兩場拜會活動

一九九〇年十月八日，穆迪奧諾國務部長的秘書打電話給使館說，國務部長下午四點要見中國代辦，請提前一刻鐘抵達。穆迪奧諾部長辦公室——國務秘書處同印尼獨立宮（即總統府）僅一牆之隔，我和一名助手應約按時抵達國務秘書處。部長秘書已在樓下門口迎候我們，稍事寒暄後將我們領到二樓一會客廳等候部長接見。四時整，部長秘書

將我領到部長辦公室。一名攝影記者在為我們拍照留念後即退出。

我剛剛坐下，穆迪奧諾部長就開始暢談他不久前的北京之行。他說，在北京停留的兩天時間裡受到中方的熱情、友好和周到的接待，給他留下了美好的回憶。他十分感謝李鵬總理在百忙中接見了他，並要我轉達對李鵬總理的謝意和問候。他還說，遺憾的是，由於錢外長在紐約參加聯大會議，此次未能在北京相見，相信以後還有見面的機會。我首先祝賀他凱旋，然後問他「本屆亞運會冠軍是誰」，他不假思索地回答說：「中國是當之無愧的冠軍！」我說：「謝謝閣下。不過，我認為本屆亞運會的『絕對冠軍』是部長閣下。您看，閣下在北京停了兩天，印尼網球隊就拿了兩塊金牌。如果部長閣下在北京多停留幾天，印尼代表隊的金牌數目豈不是會成倍增加。」他聽後哈哈大笑。

接著，穆迪奧諾部長將話題轉到蘇哈托總統訪華問題上。他說，蘇哈托總統已愉快地接受楊尚昆主席和李鵬總理的邀請，決定一九九〇年十一月中旬對中國進行國事訪問。我當即表示，蘇哈托總統訪華是兩國關係中的一件大事，相信總統訪華將會進一步促進中國和印尼友好關係的發展。由於我們是用印尼語直接交談，因而氣氛十分融洽，不知不覺會見已持續了四十五分鐘，我起身告辭，並感謝他在百忙中接見我。話別時，他握住我的雙手說，在籌建使館過程中如有困難，可隨時打電話找他。

我對他的好意再次表示謝意。

在拜會穆迪奧諾國務部長四天之後，阿拉塔斯外長十月十二日又接見了我。阿拉塔斯外長在印尼人中可以說是體態端莊、五官端正、風度翩翩而又才華出眾的人物，他在任何場合總是舉止得體、穩重大方、談笑自如。他常以委婉的辭令但十分堅定地維護本國的基本立場或中肯地闡明對某個重大國際問題的看法，實在是一位不可多得的傑出外交家。他曾於一九九○年七月一日至四日訪華，與錢其琛外長簽署了中印尼復交公報。我當時在北京參與了阿拉塔斯外長訪華的接待工作。他一見面就解釋說，他剛從紐約出席聯合國大會回國。他歡迎我再次來印尼工作，並詢問建館工作進展情況，有什麼困難沒有。我表示，由於印尼外交部有關官員大力協助，建館工作十分順利，臨時館址就設在婆羅浮屠酒店。他聽後點頭說：「很好，很好，那我們就成了鄰居了！」他祝賀中國大使館不久前正式開館，並對兩國關係在復交後迅速發展感到滿意和高興。

會見中，雙方還談到了柬埔寨問題。阿拉塔斯外長說，他作為柬埔寨巴黎國際會議兩主席之一，高度讚賞中國在解決柬埔寨問題上所作的努力和所起的作用。並說，印尼和中國將為維護本地區的穩定與和平繼續進行合作，共同努力。我首先感謝他回國不久就接見我，感謝他多年來為恢復兩國外交關係所作的積極努力，並轉達了錢其琛外長對他的

問候。我還表示，中國領導人正期待著蘇哈托總統即將對中國進行的訪問。阿拉塔斯外長說，兩國高層領導人互訪將會加深了解和相互信任，他相信蘇哈托總統這次歷史性訪問必將把兩國友好合作關係推向一個新的階段。會見結束時，我向他表示，大使館將全力做好蘇哈托總統訪華的有關聯絡工作。

睦鄰友好譜新篇

中印尼兩國有著長期友好交往的歷史。在上世紀爭取民族獨立和解放的歷史進程中，兩國人民始終相互同情、相互支持。新中國成立後，印尼是最早同中國建交的國家之一。一九五五年，兩國同其他亞非國家攜手合作，在萬隆會議上共同倡導了以和平共處、求同存異為核心的萬隆精神——至今仍是國與國相處的重要準則，為推動建設新型國際關係作出了不可磨滅的歷史貢獻。中國和印尼兩國一九九〇年實現復交、二〇〇五年建立戰略夥伴關係，兩國關係由此進入新的發展時期。近年來，中印尼各領域友好合作不斷結出新的碩果，兩國關係呈現出全方位、多層次、高水平的良好發展勢頭。

首先是政治互信不斷加強。兩國高層互訪頻繁，政治、外交、經濟、防務、海上等對話機制運行順暢。二〇〇五年至二〇一二年，兩國建立了副總理級對話、防務磋商、海上合作等多層級、多領域合作機制。二〇一三年十月，雙方決定在二〇〇

五年四月二十五日簽署的《關於建立戰略夥伴關係的聯合宣言》和二〇一〇年一月二十一日簽署的《關於落實戰略夥伴關係聯合宣言的行動計畫》基礎上，將雙邊關係提升為全面戰略夥伴關係，從戰略高度為兩國關係的未來發展指明了方向。

　　第二是經貿和投資合作迅速擴大。過去五年雙邊貿易蓬勃發展，目前中國已成為印尼非油氣領域的第一大貿易夥伴，二〇一四年雙邊貿易額為六百三十五點八億美元，兩國正爭取實現雙邊貿易額到二〇二〇年突破一千五百億美元。中國對印尼的投資起步較晚，但增長迅速。二〇一四年，中國對印尼落實投資總額八億美元，與前一年相比增長百分之一百六十九，投資增幅連續兩年超過百分之百。與此同時，兩國的基建合作也呈積極進取之勢。截至二〇一三年，印尼已連續三年成為中國在東南亞的第一大工程承包市場，中國在印尼的基建項目也遍地開花。目前，作為亞投行意向創始成員國的印尼正與中方積極商談推進基礎設施、投資、產能等領域合作的機制化安排和務實舉措，共同推動「海上絲綢之路」建設儘快取得早期收穫。

　　第三是中印尼戰略夥伴關係範圍更廣，科技、航天、農林漁、衛生、海洋等新興領域的合作進展順利，初步形成「海陸空、全方位、立體式發展」的格局。近年來，兩國先後簽署了《關於漁業合作的諒解備忘錄》和《二〇一五至二〇二〇年航天合作大綱》，進一步明確了雙方在航行安全、海上安

全、海軍合作、海洋科研與環保、海上搜救、漁業、藍色經濟等領域以及未來在航天領域合作的重點方向。

第四是人文交流日益密切。目前，兩國互為重要的入境旅遊客源國和出境旅遊目的地國家，力爭兩國遊客往來數量到二〇二〇年達到一千萬人次。雙方同意繼續開展青年交流項目，將在未來五年每年向對方國家派遣一百名青年進行訪問，以傳承和弘揚兩國傳統友誼。與此同時，雙方地方政府交流活躍，兩國已締結的友好省際關係和城市十二對之多。在印尼人民遭受的那場罕見的地震海嘯災難中和中國汶川強烈地震後，兩國人民心手相連，患難與共，體現了互幫互助、同舟共濟的深情厚誼。

第五是兩國在東亞合作、亞太經濟合作組織、二十國集團、世界貿易組織、聯合國等多邊平台和機構保持密切溝通與協作，共同促進世界多極化進程，完善國際政治和經濟秩序，維護廣大發展中家的共同利益。雙方認為在氣候變化、多哈回合談判、能源和糧食安全、國際金融機構改革和全球經濟治理等重大全球性問題上擁有共同利益，同意就上述問題以及在聯合國可持續發展大會後續進程和二〇一五年後國際發展議程相關討論中加強協調。

二〇一五年適逢中印尼建交六十五週年。六十五年來，中印尼關係走過了不平凡的歷程，取得了歷史性進展。二〇一五年三月，佐科總統執政不到五個月第二次訪華。習近平主席四月赴印尼出席亞

非領導人會議和萬隆會議六十週年紀念活動，這是
習主席時隔一年半後第二次訪問印尼。這種頻密的
高層交往在中印尼關係史上前所未有，凸顯了兩國
關係的高水平運行。期間，兩國元首共同總結了中
印尼關係發展取得的成功經驗，對兩國未來合作作
出了規劃和部署，一致同意在過去六十五年友好關
係發展的基礎上，繼往開來，共同推動中印尼全面
戰略夥伴關係在新時期向前發展，為地區和世界和
平、穩定與繁榮作出貢獻。

營救三百零一名中國漁民的三百個日日夜夜

周　剛

（中國前駐印尼大使）

　　在二十一世紀的今天，中國每年上億公民走向國外訪問、經商、旅遊、探親。保護在海外的中國公民的安全和合法權益，成為中國駐外大使館和總領事館的一項大量的、緊迫的日常工作。中國政府對海外領事保護工作高度重視，有關指示十分及時和具體，充分體現了執政為民的宗旨。

　　一九八八年至二〇〇一年，我出使馬來西亞、巴基斯坦、印度尼西亞和印度的十三年中，曾多次處理中國公民在有關國家被綁架、扣留和傷害的事件。營救在印度尼西亞被扣留的浙江省舟山市十六艘漁船和三百零一名漁民，是歷時最長、難度最大，但效果相當理想的一例。

　　一九九七年二月十五日，浙江省舟山漁業公司十六條漁船和三百零一名船員在印度尼西亞東部杜阿爾港被扣，至同年十二月十九日船長等人和漁船平安回國，前後歷時十個月。在此期間，國內外密切配合，使館各部門全力以赴，經過長期艱巨複雜的交涉和大量艱苦細緻的工作，終於在尊重印尼法

一九九八年二月，周剛大使拜會印尼總統蘇哈托。蘇哈托總統在釋放中國舟山漁民和漁船事件中起到決定性作用。

律、照顧中印尼友好和對等的原則下取得圓滿解決。時間已過去十八年，但回憶往事，仍歷歷在目。

祖國大量船員被扣，使館立即全力營救

一九九七年二月十九日，在一個外交活動場合，印度尼西亞海軍參謀長阿里埃夫中將告訴中國駐印尼大使館武官荊炳坤，印尼有關部門近期加強了對印尼領海及專屬經濟區的外國非法捕魚船隻的抓捕，數日前在東部某港口扣押了十幾條中國漁船。

荊武官返館後立即向我報告了此事，我即指示大使館經商處向印尼友人核實有關信息。據朋友告，印尼海軍在東部杜阿爾港扣留了由印尼 P. T. CDP 私人公司代理的中國浙江省舟山市十六艘漁船和全部三百零一名船員。大使館馬上向外交部報

告了有關情況。二月二十八日，印尼駐華大使館照會中國外交部和公安部，通報印尼有關當局扣留浙江十六艘船和三百零一名船員的情況。國務院領導對此事非常重視，作了重要批示。外交部副部長唐家璇和領事司負責人分別向印尼駐華大使館做了工作。三月十一日，外交部向駐印尼大使館轉發了交涉情況，要求大使館向印尼有關部門多做工作，爭取對方早日放人放船。

上世紀九〇年代，中國每年出國的公民數量有限，中國公民在海外遭遇的突發事件尚不多，中國駐外大使館和總領事館還沒有建立海外領事保護的應急機制。對一般性個案，基本上是國內有關部委或省市同使領館聯繫，由使領館主管處室具體處理。

這一次，祖國三百餘親人在印尼被扣留的消息使我和大使館全館同志萬分焦急。一是被扣留的同胞數量太大，二是當年中印尼關係遠未達到今天十分友好的程度，三是大使館第一次處理如此大案缺乏經驗。但是，被扣留的祖國三百零一名船員牽動著大使館幾十位館員的心。緊急動員起來，千方百計營救被扣押的祖國親人，一下子成為大使館工作的重點。

我和大使館領導以及領事部、經商處、辦公室、研究室等部門立即開始了全方位的營救工作。首先，同國內主管部門和浙江省溝通信息，聽取指示，統籌應對。第二，根據外交部的指示，大使館於四月十三到十六日派領事部和經商處官員趕赴杜

阿爾港探視慰問船員，現場了解情況，並解決船員生活必需品和藥品。第三，我召集使館有關部門和已經趕到雅加達的舟山漁業公司負責人研究案情，部署救助措施。舟山漁船公司負責人前往杜阿爾港，慰問被扣留的船員，並為他們解決生活和治病困難。第四，由我和領事參贊劉永固、商務公參白敦松分別向印尼有關部門做工作，使館其他部門從旁協助。

我先後約見印尼外交部禮賓領事總司長蘇坎達爾、內閣建設調控秘書亨德羅普利約諾、印尼總檢察長辛基，並致函外交部秘書長伊爾桑、國家諜報統籌機構主任等高級官員。劉參贊和白公參分別約見印尼外交部領事司代司長和農業部漁業總司長進行交涉。交涉中，我們詳細介紹事件原委，說明舟山漁船在出發來印尼之前，印尼 P. T. CDP 公司和印尼海軍基金會主席伊曼・陶菲克均表示已為舟山漁船辦妥一切在印尼海域的捕魚證件和手續。舟山漁船是根據與 CDP 公司簽訂的合作協議，按該公司的安排前往杜阿爾港領取入漁許可證等有關證件。因此，責任在 CDP 公司和陶菲克，舟山漁船是無辜的，繫上當受騙。希望印尼方從兩國友好關係大局出發，妥善處理此案，早日放人放船。

艱苦交涉數月之久，不斷克服種種困難

大使館配合國內不間斷地進行了四個多月的營救努力，但面臨重重困難，實質性進展不大。主要

原因有四：（1）印尼方強調，舟山漁船沒有合法證件，卻懸掛印尼國旗，使用印尼船名，未經許可進入印尼領海，依照印尼法律應當查處，船隻沒收充公，船員判刑入監。（2）此案涉及印尼政府、司法和軍隊多個部門，已成立部際協調小組，啟動司法程序，因此處理需要時間。（3）印尼方對印尼「阿曼達‧格勞列」（ARMADA GLORY）號輪船 1996 年在上海港被扣長達十三個月之久心有怨氣。（4）部分印尼官員力主嚴懲，還有人積極策劃沒收舟山漁船，以便自己廉價收購。

另外，船員已被扣數月，生活和醫療條件都很差，他們的身心健康受到很大損害。舟山漁業公司也蒙受了巨大經濟損失。據浙江省人民政府告，一旦船員被判刑、漁船被沒收，舟山漁業公司的損失將達數千萬元。這將危及數百名船員和上千名家屬的生活，並可能在當地引發社會危機。浙江省和舟山市的殷切期望對大使館既是鞭策，又是巨大壓力。

工做作到高層，案件出現轉機

在異常困難的情況下，我和大使館沒有失掉信心，決心繼續多方努力。我向外交部建議，由我出面把工做作到印尼政府最高層。外交部指示使館進一步加大工作力度，同意由我出面致函印尼總統。七月十八日，唐家璇副外長約見印尼駐華大使尤瓦納，強調船員和船無辜被扣，船員和家屬身心健康深受影響，希望印尼方從友好大局出發，盡快放船

放人。

　　七月二十五日，我致函蘇哈托總統，信中詳細介紹了舟山漁船被騙經過，並附上有關材料，請總統和印尼政府充分考慮中國舟山漁船被騙事實，從兩國友好大局和人道主義出發，儘快從輕處理。

　　另外，六月二十五日和七月三十日，我先後兩次會見印尼政府實權人物穆迪奧諾國務部長，同他進行了親切友好、深入細緻的交談。此前，四月十四日，我曾給他寫信，詳細介紹了有關案情，並讚揚他為中印尼復交作出的積極貢獻，希望他作為中國的老朋友發揮崇高影響，力促該問題早日妥善解決。穆迪奧諾表示，此案涉及多個部門，法律程序業已啟動，很多部門參與其中，政府已派出部際小組。他必須尊重有關部門的權限。他建議解決此案應兼顧兩個方面：（1）印尼的法律。地方法院已於七月二十八日開庭，船長等人必須接受審訊。（2）考慮印尼中國友好關係，一般船員可全部釋放。我表示，雖然 P. T. CDP 公司負主要責任，但舟山漁船未及時取得有關證件，觸犯印尼法律，也有部分責任。希望穆從兩國友好大局和人道主義出發，推動有關方面從輕處理。

　　同時，我還通過華社領袖林紹良先生和蘇哈托總統的妹妹向總統做工作。經向總統府了解，總統已收閱我的去信，並於七月二十八日批轉穆迪奧諾國務部長。據友人告，總統批示的精神是，在處理中國漁船被扣案件時「不可以犧牲與中國的友好關

係」。這樣，經過雙方共同努力，解決舟山漁船一案出現了重大轉機。

其後，八至九月份，劉永固參贊同印尼官員就首先遣返二百五十二名船員的時間、費用、地點等問題進行商談。九月十九日，劉永固參贊專程去杜阿爾港落實遣返事宜。此前，我和夫人鄧俊秉參贊在國內述職期間，於九月四日至六日專程到寧波市和所屬舟山市，會見兩市負責人以及舟山漁船所在地的區、鎮負責人，交流情況，研究營救方案。

國內有關部門和中國駐印尼大使館幾個月來的辛苦努力終於取得了成效。印尼方同意釋放十六艘船的一般船員，但仍扣留漁船以及各船的船長和大副共四十九人另作處理。九月二十日，二百五十二名船員乘印尼遣返船離開杜阿爾港，於二十五日抵達雅加達丹戎不碌港。我和劉永固參贊等使館同志趕到丹港，登船看望船員。我代表大使館對船員表示親切慰問，並告訴他們，國務院領導、外交部、農業部、外經貿部、大使館和浙江省、舟山市一直關心他們的安危，通過各種途徑積極營救。我國政府和大使館現正積極營救其餘四十九名船長和大副。我們對船員們安抵雅加達感到十分欣慰，希望他們保重身體，早日平安回國同親人團聚。當天中午，使館為船員訂了熱騰騰的午餐。使館還要求印尼方保證船員的飲食、洗澡和安全。之後，大使館抓緊同印尼方聯繫，安排船員回國的班機。十月一日，在我國國慶的喜慶日子，二百五十二名船員乘

印尼航班離開雅加達，並於下午安抵廣州。

在船員抵達雅加達的當天，唐家璇副外長約見印尼駐華大使館臨時代辦，感謝印尼方釋放二百五十二名船員，並希望儘快釋放其餘四十九人和船隻。唐副外長表示，蘇哈托總統批示從友好大局出發解決此案，有利於增進雙方的信任和了解，以及兩國關係的順利發展。

堅持不懈努力，力爭圓滿解決

在歡送船員回國的同時，使館為爭取使船長、大副早日獲釋和印尼方放船而繼續努力。

九月二十二日、二十三日和二十五日，我先後會見總統府的維多多秘書、印尼總檢察長辛基和內閣建設調控秘書亨德羅中將，商談釋放船長和漁船事宜。雙方同意，按「尊重印尼法律、充分考慮中印尼友好關係、對等」三原則解決上述問題。

十月下旬和十一月初，杜阿爾地方法院先後作出判決：中國船長懸掛印尼國旗為國籍標誌觸犯印尼法律，處以刑事罰款一千六百萬印尼盾（約合5000美元）。法院不同意檢察官要求判處船長六個月監禁和沒收漁船的要求。其後，我館同印尼部際協調小組具體商談釋放船長和漁船問題。經商舟山漁業公司，我館照會印尼外交部，表示船長和十六艘漁船離開杜阿爾港後，將駛往公海，由中方派船接回。

十二月十三日晚，船長和漁船啟航離開杜阿爾

周剛大使（右3）和夫人鄧俊秉（左4）同蘇坎姆達尼（右4）等印尼中國經濟社會文化合作協會負責人合影。蘇坎姆達尼等人在舟山漁民事件以及天津少兒藝術團訪問印尼（1995年八月）過程中都作了貢獻。

港。按照我方安排，在杜阿爾港附近作業的舟山其他漁業公司派船尾隨護送十六艘漁船到公海，與舟山派出的船隊會合，並於十九日駛回祖國。至此，舟山漁船和船員被扣一案圓滿地畫上句號。

對使館的營救工作，國內給予很高評價。外交部致電說，使館通過多渠道做印尼有關人士特別是上層的工作，最終使全部漁船和漁民獲釋並安全回國，維護了國家利益，最大限度地減少了有關公司的損失。外交部對使館在大使親自領導和直接參與下為此事所做的大量有效工作和結果表示滿意，並特予表揚。農業部致函稱，使館創造性地開展工作，使數百漁民家庭得以保全生計，使漁民們感受到祖國的溫暖、親人的關懷，救活了一個集體遠洋漁業企業，同時又維護了國家尊嚴，樹立了外交部門竭力維護民族利益的良好形象。浙江省政府致電說，外交部和使館所做工作既維護了我國尊嚴，又減少了我方經濟損失，為此謹表示衷心感謝。

親歷印尼民主變革

陳士球

（中國前駐印尼大使）

一九九八年三月五日至二〇〇二年四月十二日我出任中華人民共和國駐印度尼西亞共和國第六任、復交後第三任特命全權大使。在這四年零一個多月的時間裡，印尼這個萬島之國發生了劇烈的政治動盪，民主變革的潮流勢不可擋，掌管這個國家長達三十二年之久的政治強人蘇哈托被迫退位，接下來的三年時間裡接連換了三位總統。我有幸在短短四年多任期內與四任總統打交道，親眼目睹印尼從蘇哈托軍事獨裁統治向民主政治過渡的變革過程。

蘇哈托專制獨裁走到盡頭

軍人出身的蘇哈托在一九六五年「9．30」事件後掌握了印尼的軍權，一九六七年經國會推舉成為代總統，一九六八年三月二十七日正式當選總統，之後七次蟬聯。蘇氏軍政強權統治延續了三十二年之久，長期的軍事和家族專制所積累的政治和社會矛盾經過一九九七年亞洲金融危機而發生了總

爆發，形成了一場全面的政治、經濟和社會危機。來勢洶湧的東南亞金融危機使印尼受到沉重的打擊。一九九八年二月中旬，這個二億多人口的世界第四人口大國的外匯儲備只剩下一百七十億美元，僅能支付四個月的非油氣產品進口；外債一千三百三十七億美元，房地產業和銀行業崩潰，公司企業紛紛倒閉，印尼幣對美元的比價從 3000：1 降到 10000：1，70%的國營和私營銀行開出的信用證不被外國承認。國家經濟靠從國際貨幣基金組織（IMF）借貸支撐，條件是按 IMF 的藥方治病，結果是：危機迅速惡化，物價飛漲，六千多萬人失業，半數國民的生活陷入貧困線以下，整個國家的經濟相當於倒退了二十年，民怨四起，社會動盪。面對危機四伏的局勢，蘇哈托仍然自信憑其一手掌控的強大的軍警勢力的支持，一定可以控制局勢渡過難關，遂於三月十一日高調宣布第七次當選總統，並將其女兒和幾個親朋納入內閣。

我恰巧在此時奉命於三月五日到達雅加達，就任兩國復交後的第三任中國大使。當時我國對印尼工作的基本方針是發展兩國間「長期、穩定、跨世紀的睦鄰互信友好合作關係」，支持其克服經濟危機、振興經濟，並提供力所能及的援助。在此背景下，唐家璇外長於四月十一日至十二日對印尼進行了工作訪問，會見了蘇哈托總統，轉交了江澤民主席的親署信，表達了中方支持印尼渡過難關的積極態度和繼續深入發展兩國關係的意願，蘇哈托總統

十分感激，再三致謝。唐家璇外長與印尼外長阿拉塔斯舉行了長時間親切友好的會談，雙方就亞洲金融危機、兩國關係和有關國際問題深入交換了意見。唐外長詳細介紹了中國政府為應對亞洲金融危機所採取的措施，特別說明：為了穩定東南亞金融局勢，中國甘願承受損失和犧牲，堅持人民幣不貶值，並向包括印尼在內的有關國家提供不附帶任何政治條件的援助。會談還就縮短申請簽證時間、簡化人員往來手續、加強漁業合作、重開中國銀行雅加達分行等雙邊具體問題交換了意見。這些問題在蘇哈托下台之後逐步得到解決。唐外長訪問印尼時，我還沒有遞交國書，但印尼方也同意我參加外長的訪問活動，顯示了印尼方的友好態度和外交禮儀上的靈活性。

我遞交國書的時間是四月二十九日，儀式莊重，規格高上，用印尼外交部禮賓司司長的話說，「歡迎中國大使，不得馬虎」。儀式前兩天，禮賓司司長專門向我詳細介紹了儀式的程序，並給了一幅儀式路線圖。他還特別交代向總統呈交國書時，一定要站在總統面前最合適的距離內，既不能太近，也不能太遠。他特別強調「千萬不能離得太遠」。當時我有點納悶，禮賓司司長為什麼如此強調「距離問題」，難道總統手臂有問題，伸不遠？後來得知，在我之前的一次遞交國書儀式上，那位大使由於站得離總統太遠，國書掉到了地上，總統很不高興。好在我遞交國書那天，風和日麗，陽光

明媚，我站的距離非常合適。總統笑容滿面，接下來的交談氣氛熱烈友好（印尼禮賓改革，取消了宣讀頌詞的環節，改為比較隨意的寒暄交談）。總統談話給我的印象是信心滿懷，一切都在掌控之中。

但時局的發展並不以總統的意志為轉移。總統府內莊嚴肅穆，萬事如常，但在遠離總統府的街道路旁、校園以及首都以外的地方，遊行示威、抗議集會正在發酵蔓延，政治社會矛盾正朝著動亂和衝突的方向發展。一向自信的總統依然我行我素，毅然於五月九日赴開羅出席十五國集團首腦會議，藉以向國內外發出「一切正常，不會出事」的信號。但此舉遭到國內民眾強烈否定，反政府的示威遊行非但沒有停歇，反而變得更加猛烈，於是忠於蘇哈托的軍警開始使用武力進行鎮壓。五月十二日，在雅加達，軍警向遊行示威的大學生開槍，打死六名學生；次日又發生軍警開槍阻止舉行悼念死亡學生

一九九八年四月二十九日，陳士球大使向印尼總統蘇哈托遞交國書。

的追悼會的事件。緊接著，在雅加達發生了震驚世界的暴力騷亂，延續數天，五百多家華人商鋪被燒被搶，三百多輛車輛被焚，一千多幢房屋被毀，二百五十九人死亡，許多婦女遭到強暴，其中多數是華人。這次事件被稱為「五月騷亂」。

這次暴亂事件受到國際輿論的強烈譴責，也對印尼國內反蘇哈托政權運動起到火上澆油的作用。此時仍在開羅的蘇哈托陷入內外交困的境地，開始考慮退路，於是利用接見印尼僑民的方式表示，他無意成為國家和民族發展的障礙，更不會置國家和民族於死地，如人民不信任他，他會自動讓位。次日，印尼人民協商會議議長哈爾莫科在與反政府人士對話時表示，他將面見從開羅回國的總統，確認其主動下台的表態，並作好召開人協特會的準備。

五月十五日凌晨四點，蘇哈托回到雅加達，經過一天的籌劃，十六日接見議長和五名副議長，拋出他的應對之策，讓議長對社會宣布：（1）尊重社會各界通過議會反映的所有意見；（2）運用總統現有權力，保障全體公民的人身、財產安全，維護民族統一，捍衛「建國五基」和《四五憲法》；（3）進行全方位改革；（4）立即改組內閣，建立強有力的政府。

蘇哈托的四點意見公布後，沒有收到任何積極效果，國會開始考慮如何讓總統體面下台。五月十八日，議長接見記者時表示，為順應不斷變化的形勢和人民持續高漲的改革呼聲，議會領導人已決定

要求總統明智下台，並將於次日徵求議會各派系的意見，將結果遞交總統。五月十九日一早，蘇哈托發表公開講話聲稱：出於國家民族利益考慮，目前暫不離位；將成立改革委員會，成員包括社會人士、專家學者，負責修改八項政治法令，而後根據新選舉法舉行大選；立即改組內閣，取名「改革內閣」；對學運和騷亂中的死者表示深切哀悼，對社會各界支持改革表示感謝。

蘇哈托講話聲音還未落地，大批學生已聚集到議會大廈前示威，示威學生爬上議會大廈屋頂，要求蘇哈托立即下台，敦促立即舉行人協特會，罷免總統。當日下午議長宣布，議會領導與各派系領導協商一致決定：（1）根據人民的意願和要求，議會贊成國家應進行全面改革，並要加快政治、經濟和司法改革進程；（2）關於總統退位事，議會同意依憲法行事。五月二十日下午，在被學生團團包圍的議會大廈裡，議長召集四名副議長舉行緊急會議，一致決定敦促總統最遲於二十二日體面下台，否則將於二十五日開始準備召開人協特會。

這等於是給總統下了最後通牒，但蘇哈托仍不死心，同日下午通過國務秘書拋出了他的改革方案，作最後的爭取，主要內容是：三日內組成一百人的「改革委員會」，九個月內完成新的選舉法、政黨法、議會組成法，實行政黨政治，舉行大選，組成人協，選舉總統和副總統，期限為一九九八年六月一日至一九九九年三月三十一日。

但此時的形勢已發展到不可挽回的地步，民眾對蘇哈托的任何招法都不感興趣，議會已完全站到了總統的對立面。過去一呼百應的蘇哈托，終於於五月二十一日上午正式宣布辭職，同時宣布由副總統哈比比接任總統職務，哈比比當即宣示就職。至此，蘇哈托強勢經營了三十二年的「新秩序」政權畫上了句號。

哈比比艱難過渡十七個月

蘇哈托下台時，宣布哈比比接任總統至二〇〇三年，但反對派和民眾不答應，認為蘇哈托是在玩「金蟬脫殼」的把戲。倒哈派廣造哈比比總統地位非法的輿論，但由於蘇哈托是和平下台，他經營三十多年的依靠力量基本未損，他們當然支持哈比比。軍隊率先表態支持，再加上哈比比滿口答應實行改革，倒哈勢力一時成不了氣候。

哈比比立即組成了「改革發展內閣」，宣布了改革時間表，承諾立即動手制定選舉法和政黨法並修改有關法律，一九九九年五月舉行大選，年底選舉總統和副總統。哈比比比較理智地把自己置於過渡的地位，而沒有堅持按照蘇哈托的授意幹到二〇〇三年，這是明智的抉擇。

哈比比為能站穩腳跟和贏得民眾的信任，四處演說，竭力樹立民主、開放、改革的形象，同時做一些關心平民百姓溫飽的事情，在國內外贏得了一

印尼總統哈比比會見
陳士球大使。

些同情和好感。印尼第一大黨「專業集團」通過特
別年會選出全力支持哈比比實行改革的國務部長阿
克巴爾‧丹戎為該黨的新主席,使哈比比的地位得
到加強。

　　哈比比的演說頗具感染力,他就職第二天發表
的總統演說非常投合民意。他說:「我將恪守並遵
循對人們要求實現綜合改革意願的承諾,建立一個
與履行政府職能所需相一致的負責任的政府。我將
認真關注學生、學者、國會代表和全印尼人民要求
進行全面改革的願望,而這種願望是改革進程中不
斷發展的動力。」……「哈比比將以人民意願為己
任,提高政治生活質量,以適應當前發展之趨勢,
建立一個擺脫了效率低下、裙帶成風和貪污腐敗的
廉潔政府;在經濟生活中,倡導公平原則,並開放
更多市場機會。」(《哈比比的生活與事業》中文
版,第 255 頁)

　　哈比比上世紀五〇年代中赴德國就讀飛機製造

一九九九年九月七
日，陳士球大使探望
即將獲釋的東帝汶獨
立運動領袖夏納納·
古斯芒。

專業，七〇年代初回國，在蘇哈托總統親自關心下
開創了印尼的飛機製造工業，一九七八年入閣擔任
研究與技術部長，一九九八年三月蘇哈托第七次連
任總統時被挑選為副總統。哈比比為技術官僚，在
一定程度上受西方民主文化的影響，比較開明，也
具有演說家的天才，談起話來滔滔不絕。記得我第
一次拜訪他時，他興高采烈地給我講述了他一九九
七年作為研究和技術部長訪華的情景，還用很長的
篇幅講述伊斯蘭教是如何從中國傳到印尼的故事。
他擔任總統期間，不時會請使節們去總統府他的辦
公地參加以各種名義舉行的活動，實際上都是聽他
演講：一開頭海闊天空侃個十幾分鐘，然後才掏出
講話稿來宣讀，即使是念講話稿，有時也會脫稿自
由發揮。

哈比比一再強調，他這屆內閣的主要任務是為
在政治、經濟、法制領域進行的改革作好準備。關
於制訂政黨法和選舉法、開放黨禁、重新審定顛覆

法、制訂反壟斷法和公平競爭條例等許諾，均不同程度地得到實施。蘇哈托時期印尼只有「專業集團」、印尼民主黨和建設團結黨三個政黨。哈比比時期，印尼的政黨如雨後春筍，一時間冒出上百個。

「五月騷亂」發生在蘇哈托政權垮台的前夜，哈比比接任總統之後親自到現場視察，與民眾對話，聽取意見，表示「政府無論如何都不會寬恕那些騷亂分子」。之後成立了專門調查委員會，可惜這個調查委員會後來公布的報告也就是盡人皆知的一些事實，既未查出誰是兇手，更沒有任何人受到懲罰。這並不奇怪，因為真兇其實就是蘇哈托自己的死黨團隊，他們在蘇哈托政權岌岌可危之時，蓄意製造一場暴亂，企圖由軍警出面，以平暴為名控制局勢，挽回敗局。這是蘇哈托時期常用的招數，可惜時局不同了，陳舊的伎倆這回不管用了，反而加速了蘇哈托的垮台。騷亂地點選擇為華人商店聚集的商業街，也符合故伎重演的模式——犧牲華人的利益，讓華人做替罪羊，對蘇哈托死黨而言既方便又不心疼。華人應對的方針是破財消災，商店被砸被搶暫且不顧，逃命要緊，騷亂中死亡的人絕大多數都是進入商店搶東西的流民，華人人身受到傷害最嚴重的主要是性強暴，有些婦女遭殺害。在蘇哈托勢力、影響與社會基礎未被徹底清除的背景下，調查委員會不可能查出真相，更不要奢望公正處理了。

關於「五月騷亂」，唐家璇國務委員在《勁雨煦風》一書中作了精闢的論述，包括中國政府、他本人（時任外交部長）和駐印尼使館所作出的反應、交涉及所做的大量的應急、救人、保安等工作。唐國委對「五月騷亂」的定性論述具有歷史性的指導意義，他寫道：「客觀地講，『五月騷亂』是印尼多年來積累的政治、經濟和社會矛盾的總爆發，並不是完全針對華人華僑的，也不是針對中國的，但不幸的是華人華僑在騷亂中受到的傷害最深。」（《勁雨煦風》，第 93 頁）這是對歷史事件的結論，也將經受歷史的檢驗，具有歷史性的重要意義；它具有重要的指導意義，因為關於印尼一九九八年五月「反華排華」的言論需要得到釐清。「反華排華」之說在一九九八年夏秋兩季流傳甚廣，言辭相當嚴厲，我對此有些焦慮，經過慎重研考，以個人名義向國內報告我的想法和意見，要點為：第一，譴責暴亂，維護華僑華人的權益和尊嚴，要求印尼政府徹查真相，嚴懲兇手，並採取措施保障華僑華人的生命財產安全和合法權益，防止類似事件再次發生；第二，對事件的定性要慎重，避免使之成為兩國關係的障礙，重複過去的老路，不宜提「反華排華」，因為整個事件中沒有出現反對中國的言論和口號，暴行未傷及中國機構和人員，與印尼歷史上發生過的反華排華事件性質不同；第三，面對現實，著眼長遠，多做哈比比政權的工作，保持和加強兩國間的正常交往，開創後蘇哈托時代兩

國關係的新局面。

　　哈比比實行民主改革的一項重大措施是釋放政治犯以及被囚禁的學生和東帝汶獨立運動被捕者，與此相關的更大動作是容許東帝汶以公民投票的方式脫離印尼。東帝汶原是葡萄牙的殖民地，一九七四年葡萄牙主動放棄了東帝汶，一九七五年十二月印尼出兵占領了東帝汶，並於次年將之定為印尼的第二十七個省，遭到東帝汶獨立運動持久不斷的反抗和國際社會的普遍指責。聯合國大會每年都通過決議，批評印尼侵犯人權，要求印尼撤軍。東帝汶問題成為印尼的大麻煩，背了二十多年的沉重包袱。蘇哈托倒台後，國際壓力加大，哈比比權衡再三，決心甩掉這個包袱，遂於一九九九年一月宣布同意東帝汶進行公民投票，選擇自治或脫離印尼。東帝汶全民公決於一九九九年八月三十日舉行，結果 87.5%的選民選擇脫離印尼。十月印尼國會通過決議，正式批准東帝汶脫離印尼。

　　東帝汶獨立已成定局，印尼得開始準備後事，包括撤出軍政人員、讓居住在印尼或流亡在外的東帝汶人回到東帝汶以及如何處理仍被軟禁在印尼監獄裡的東帝汶獨立運動領袖夏納納‧古斯芒的問題。夏納納一九九二年被印尼軍隊逮捕，次年被判終身監禁，後減為二十年徒刑。一九九九年二月，哈比比政府在國際壓力下，被迫將夏納納改為軟禁。眼看東帝汶馬上就要獨立了，不可能再不放他了，哈比比決定用特赦的方式於一九九九年九月七

日釋放夏納納。那天早晨，我獲悉夏納納將於當天下午出獄，便立即與有關方面聯繫，獲准於上午十一時在軟禁夏納納的地方（實際是監獄的一部分）與其見面，交談了一個小時。夏納納非常激動，再三感謝中國政府對他的關心，表示他出獄後將立即回到東帝汶，希望繼續得到中國的堅強支持。我抓住機會搶先與夏納納接觸，是為中國與即將獨立的東帝汶發展關係做鋪墊工作。夏納納於當天下午二時被某西方國家人員接走，幾天後回到了東帝汶。

在聯合國籌備東帝汶獨立和中國與東帝汶聯絡與建交的過程中，我幾度往訪，每次都受到夏納納的熱情接待，有求必應。很顯然，監獄會見建立的友誼與信任起了大作用。遺憾的是，當時的東帝汶基礎設施太差，城裡很難找到適合住宿的地方，每次都得住在停泊在海上的船上旅館裡，那個船上旅館還是新加坡人辦的。當時東帝汶還未完成獨立進程，負責管理其內外事務的權力機構是聯合國東帝汶過渡行政當局，負責人是聯合國高官、巴西籍的德梅洛，是我八〇年代在日內瓦工作時結識的一位老朋友。每次與他打交道也非常順利，包括中國向東帝汶派遣維和警察和向他掌管的「聯東當局」派駐工作人員。德梅洛先生結束在東帝汶的任務後被聯合國秘書長任命為聯合國人權事務高級專員，不久他作為秘書長的特別代表赴伊拉克執行任務時，不幸被爆炸襲擊奪去生命，那是二〇〇二年夏天巴格達發生的一幕慘劇。

為兌現改革承諾和順應民意，哈比比不得不成立一個委員會負責調查蘇哈托及其家族貪污受賄、營私舞弊、聚斂財富的問題，他既不情願，也很畏難，但又不得不做。也正如人們預測的那樣，這個委員會始終沒有搞出什麼成果，道理很簡單：蘇哈托三十多年建立起來的威武王國和雄厚的人脈堡壘怎麼可能在他下台之後不久就完全坍塌崩潰呢？不僅哈比比辦不到，後來的幾任總統也未能辦到。

　　平心而論，哈比比真有改革的意願，只不過生不逢時罷了。從三十多年的專制獨裁體制轉向民主改革，絕不是一件容易的事情，歷史決定了哈比比只能開個頭。這個頭開得還不算太差：他啟動了立法機構的改變和政黨法改革，蘇哈托實行三十多年的軍隊的雙重職能被削弱，議會裡的軍人派系被取消，軍警人員不得參加政黨；一九九八年底解除了黨禁，實行新聞自由，廢除了一些限制言論自由的法律和條例，批准了一批國際人權公約，等等。哈比比相對平穩地走完了他十七個月的過渡期。一九九九年十月二十日，印尼通過多黨競爭，選舉產生了第一位真正意義上的民選總統阿卜杜勒·拉赫曼·瓦希德，這位雙目幾乎完全失明的宗教領袖接過了民主改革的接力棒。

瓦希德執拗不馴半途被黜

　　瓦希德當選總統，外界頗感意外，其實是當時

印尼黨派角逐妥協的結果。蘇哈托倒台後，哈比比開放黨禁，一時間印尼冒出上百個大大小小的政黨。按照新的選舉法，只有三十八個黨具備參選的資格，可見的幾個體量較大的黨也都達不到一黨獨大的程度，所以直到選舉的當天早晨，都沒有正式公布確定的總統候選人名單。代表們經過一整天的磋商，直到接近黃昏時，才商量出各方都能接受的兩位候選人：民族復興黨主席瓦希德和民主鬥爭黨主席梅加瓦蒂。當晚進行投票，結果瓦希德得票多於梅加瓦蒂，當選總統，梅加瓦蒂成為副總統。

瓦希德出身宗教世家，祖父為印尼伊斯蘭教士聯合會創始人，父親一九四五年擔任過宗教部長。他本人早年在埃及、伊拉克留學，回國後從事伊斯蘭教和哲學教育工作。一九八四年起擔任伊斯蘭教士聯合會全國代表大會總主席，八〇至九〇年代發起成立「民主論壇」，經常發表抨擊蘇哈托政權的言論，一九九九年創立「民族復興黨」。瓦希德學識淵博，思想敏銳，能言善辯，說話大膽，常常發

印尼總統瓦希德會見陳士球大使。

表一些引人爭議的言論。他對中國有深入研究和了解，有濃厚的中國情結。他坦然公開他的祖先來自中國福建的晉江，名叫陳金漢。我第一次見他時，他拉著我的手高聲說，「嗨！我們是一家人，都姓陳！」接著念出毛澤東、朱德、周恩來及一些中國元帥和將軍的姓名，還講出《水滸》和《三國演義》中一些人物的姓名。

瓦希德一上任就宣告，要把中國作為他首訪的國家。一個多月後的十二月一日，他如願飛到北京，實現了印度尼西亞共和國第四任總統的第一次國事訪問，帶著他坐輪椅的夫人一同到中國做客。通過這次訪問，江澤民主席同瓦希德總統就建立和發展中印尼長期穩定的睦鄰互信、全面合作關係達成共識，使兩國關係的定位上升了一大格。這是我就任駐印尼大使時我國政府希望與印尼達成的目標，由於印尼政局動盪，政府更迭，這一目標推遲了近兩年才得以實現。二〇〇〇年五月，兩國間簽署了《關於未來雙邊合作方向的聯合聲明》，決定成立由雙方外長牽頭的政府間雙邊合作聯委會。二〇〇〇年七月胡錦濤作為中國國家副主席正式訪問印尼。瓦希德一上任就為發展和提升中印尼兩國關係作出了寶貴的貢獻。他對中國的善意和友好情誼非同一般，對於發展兩國關係和對待中國關注的問題能做到配合默契。我與他之間可以直接通話聯繫，他遇到涉華敏感問題，如與台灣交往、達賴企圖與他接觸等，會親自給我打電話詢問我的意見。

瓦希德夫人在一次車禍中致殘，一直坐輪椅。瓦希德本人也因中風和糖尿病，雙目幾乎完全失明。應瓦希德請求，我國派出三人醫療小組為他們夫婦二人治療，為首的是中國頂級眼科專家唐由之教授。唐教授曾為毛主席和金日成主席治過眼疾。經過唐教授的診斷，瓦希德的左眼完全失明，右眼還剩下一絲微弱的視線，視距大約八十釐米，不能識別物體，更不可能閱讀。但瓦希德記憶力非凡，執政期間頻繁出訪，足跡遍及五大洲，有時一天跑一個國家，講話稿、受訪國領導人和出場的主要官員的姓名職務等全靠腦子記，據說從未出差錯，也未發生過張冠李戴的情況，真的很神奇。

瓦希德實行民主改革的最突出貢獻之一是果斷堅決地從法律上和實際上取消印尼長期存在的基於種族、宗教的歧視政策，特別是對華人的野蠻歧視。蘇哈托鐵腕統治的所謂「新秩序」時代，華人被打壓到社會最底層，當年的華僑被迫一律加入印尼國籍，但在他們的身分證上註上特殊的標記；華人不得使用中文姓名，都得用印尼文姓名；華人不能參軍，不能從政，求學就業也受到限制，大學裡的華人學生受比例限制；不准辦華文學校，不准辦華文報紙、雜誌、電台、電視台，街道上不准有華文招牌，中餐館不得用中文菜單。還有更荒唐的規定：進入印尼國境的旅客不准攜帶中文印刷品。一九九八年三月我赴印尼就任，飛機上發給客人填寫的入境單上，在違禁物品一欄裡印著「火器、黃色

物品及中文印刷品」字樣。作為中國的特命全權大使，對此我無法容忍。一次，我私下跟阿拉塔斯外長嚴肅提出這個問題，他說：「這是過時的做法，現在不適用了，可能他們庫存了太多老的入境表格，再印新表格就不會出現這樣的問題了。」這一切表明，蘇哈托時代對華人和華文的歧視與壓迫在世界上算是絕無僅有的。

瓦希德勇敢地決定，從改變華人政策為起點，向種族歧視開刀。二〇〇〇年一月十七日，瓦希德簽署第 6 號總統決定書，宣布撤銷一九六七年頒布的限制華人公開慶祝自己節日的第 14 號總統決定書。二〇〇〇年二月春節期間，印尼華人時隔三十多年第一次公開慶祝春節，恢復舞龍舞獅的習俗。二月十八日，瓦希德在印尼孔教總會舉行的慶祝春節晚會上宣布，承認孔教為印尼的合法宗教，與其他宗教享有同等地位。二〇〇一年春節前夕，瓦希德宣布春節為華人自選節日。瓦希德取消歧視華人和華文的政策，使得華人的地位得到大幅度改善，他的內閣裡有了一位華人部長，中央和地方議會有了華人議員，華人政黨也開始登台，華文學校、華文報刊、華文電台和電視台全面開花。瓦希德開闢了華人入閣的先河，從此以後，每屆政府都有華人部長。

瓦希德在消除歧視、推進民族和解和種族宗教平等、改革選舉制度以及整治腐敗等方面發表了不少主張，願望很好，可惜未能得到全面貫徹實施，

可能也觸及了某些利益集團的利益，因此造成政令不暢，內閣裡常常發生意見不一和掣肘的現象。瓦希德的解決辦法是不斷換人，他刻意命名的「國家團結」內閣，不久就被他自己頻繁的撤換和改組變得四分五裂，十個月後徹底改組。他在位二十個月，七次撤換或改組內閣，先後換了三十五位部長，弄得大家怨聲載道。而他自己卻並不在乎，最後與他一向稱呼為好妹妹的副總統梅加瓦蒂也鬧得不可開交。其實，早在二○○○年八月就有人指控他涉及兩起經濟醜聞（後來未得到證實），二○○一年二月，國會開始對他進行調查。四月三十日，國會投票決定對他進行第二次調查。此後，瓦希德與國會進行了兩個月的拉鋸戰，國會要啟動彈劾總統的程序，總統威脅要宣布緊急狀態，解散國會。七月二十三日雙方攤牌，總統宣布國家進入緊急狀態，中止國會和人協會議，但無人響應。人協仍然開會通過彈劾總統的決定，同時任命梅加瓦蒂為第五任總統。瓦希德頭頂光環、懷揣遺憾離開了政壇。

梅加瓦蒂鬥爭求民主穩中有韌

　　梅加瓦蒂一九四○年出生，是印尼第一任總統蘇加諾的長女，少女時代起就常常隨出國訪問的父親參加社交活動，八○年代中步入政壇，一九九三年當選印尼民主黨總主席，一九九六年連任，後因

遭到蘇哈托的排擠而退出。一九九八年十月，梅加瓦蒂創立印尼民主鬥爭黨，任總主席。該黨成員多為中下層民眾，以印尼國徽中象徵民主的牛頭標誌為徽標，因此被稱為「牛頭黨」。從民主鬥爭黨的名字就可看出該黨的綱領是通過鬥爭求得民主，目標明確，旗幟鮮明，號召力、戰鬥力很強，黨員出席活動時一律身著紅色服裝，頭系紅色條帶，手舉印有牛頭徽標的紅色黨旗，集會和遊行時遍地鮮紅，氣勢磅礴。梅加瓦蒂的執政理念也非常明確：重整經濟，司法公正，消除歧視，整治腐敗，推進民主。她的黨名含有鬥爭的氣勢，但她執政的風格並不具硬邦邦蠻幹的特點，反倒以沉穩和諧、謹言慎行著稱。她為內閣起名「互助合作內閣」，擺平了幾個主要大黨的利益，緩和了黨派紛爭，穩住了局勢，贏得了民心。她的重要政績包括平息了地方分離主義運動和一些地方發生的宗教種族衝突，並實施有限的地方自治。在消除對華人的種族歧視和改善華人地位方面，她在前任瓦希德奠定的基礎上又推進了一大步。在她的大力推動下，印尼正式將印尼文裡「中國」的稱謂從「Cina」（意為支那，帶有貶義）恢復為「Tiongkok」，春節被定為全國法定的公共假日，華校、華教、華文媒體得到更大發展，華人身分證上的特殊標記也被取消，華人終於在法律上和事實上獲得了同印尼其他種族平等的地位。

梅加瓦蒂二〇〇一年七月任總統，九個月後，

印尼總統梅加瓦蒂出
席中國使館舉行的國
慶招待會。

　　我於二〇〇二年四月十二日離任。期間，朱鎔基總
理正式訪問了印尼，梅加瓦蒂總統對中國進行了國
事訪問，中印尼兩國關係提升到了嶄新的水平，基
本實現了「開創後蘇哈托時代兩國關係新局面」的
目標，蘇哈托時期不可能解決的難題一一獲得突
破。我駐印尼使館外交官名額由二十五名增加到三
十五名；中國公民赴印尼簽證難的問題基本解決，
旅遊禁區已打破，印尼方主動積極採取措施吸引中
國遊客；我國在印尼恢復設立領館和中國銀行；兩
國政黨間、宗教界開始交流；印中友協沉睡四十二
年之後甦醒過來，兩國廣泛開展建立友好省城和民
間交流活動。兩國在國際和地區問題上的合作與配
合十分默契，印尼在台灣、西藏、法輪功、人權、
宗教、反恐等問題上理解和支持我國立場。我出使
印尼經歷了四任總統，見證了印尼民主變革的起步
與發展，贏得了兩國關係直線上升的大好局面，圓
滿完成了特命全權大使的光榮使命。

中印尼復交的前奏

—— 兩國恢復直接貿易

余洪耀

（中國駐印尼使館原參贊，前駐蒙古、馬爾代夫大使）

我曾三次常駐印尼工作，先後任使館二秘、一秘和公使銜參贊。作為一名從事中印尼雙邊關係工作多年的外交官，我有幸參與和親歷了兩國恢復直接貿易的主要過程。在兩國確立全面戰略夥伴關係和我「一帶一路」戰略得到印尼方積極回應的今天，希望通過個人對當年雙方接觸過程中一些具體細節的回憶，來更廣泛地挖掘中印尼兩國未來互利合作的巨大潛力，推動雙方合作共贏，共創兩國關係的美好未來。

恢復直貿談判歷時十年之久

中國和印尼一九六七年中斷外交關係（印尼語用的是「凍結」一詞，意在強調兩國並未斷絕關係），直到七〇年代初中國在聯合國的席位得到恢復、中美建交、中日邦交正常化後，印尼方才開始通過第三國向中方轉達有關願改善兩國關係的信息，我雖及時給予了積極回應，但實質進展卻十分

緩慢。一九七七年九月，印尼外長馬利克在聯合國會見黃華外長時正式表示，印尼願在復交前同中國加強貿易和其他方面的接觸。

此後，隨著兩國政府官員在國際場合的接觸不斷增多，雙方的復交願望也日益迫切。一九七八年四月，印尼工商會主席率團參加廣交會，同中國貿促會就逐步恢復兩國直接貿易達成口頭協議。一九八五年四月，吳學謙外長應印尼外長穆赫塔爾邀請，率團赴印尼參加在萬隆舉行的亞非會議三十週年紀念活動，並同印尼外長就包括恢復直接貿易在內的雙邊關係等問題充分交換了意見。同年五月，印尼工商總會主席蘇坎姆達尼率團正式訪華。不到兩個月，中國貿促會主任王耀庭又組團率我各大總公司負責人對印尼進行了回訪。恢復兩國直接貿易，實際上是雙方的共同願望，不存在誰有求於誰的問題。但為照顧印尼工商總會，使其對印尼政府有所交代，雙方商定，在我貿促會代表團七月五日途經新加坡時，同印尼工商總會正式簽署兩國恢復直接貿易諒解備忘錄。至此，雙方完成了長達十多年的恢復直貿談判，恢復了兩國中斷十八年之久的直接貿易，為中印尼兩國復交奠定了堅實基礎。諒解備忘錄簽署的當年，兩國貿易額即達十一點八億美元，比直接貿易恢復前的一九八四年（二億多美元）翻了幾番，潛力之大可見一斑。二〇一三年習近平主席訪問印尼時，僅雙方簽署的貿易合同和意向書總金額就高達二百億美元。兩國領導人還表

示，希望到二〇二〇年中印尼雙邊貿易額能達到一千五百億美元。

我於一九七四年秋進入北京外國語學院亞非語系學習印尼語，一九七八年五月畢業進入外交部，從而開始了同印尼打交道的外交生涯。當年我們班共有十名學生，大家雖對學習小語種略有微詞，但更多的是對印尼已開始鬆動對華關係抱有希望，渴望將來畢業後有用武之地。外語學院當時隸屬外交部，從為我們配備的五位老師，就足見有關方面對恢復中印尼關係的重視。老師中的四位是印尼歸僑，其中二人曾是我駐印尼使館外交官及當年黃鎮大使的翻譯，二人曾參加過毛選四卷的翻譯工作，而另一位則是學院自己培養的首屆印尼語高才生。師生配備比例之高真可謂首屈一指，前無先例。當時，能為尚擺不上議事日程的中印尼復交問題提前培養專業人才，可謂煞費苦心、未雨綢繆。從政治層面來說，中國政府早已開始著手為中印尼復交談判做準備了。

進入外交部亞洲司後，我被分配主管印尼工作。當時處裡主管印尼事務的已有數位老同志，一下子又加上我們新入部的四位小年輕，可說是陣容龐大，坐滿了整整兩個辦公室。除日常工作外，我們在老同志的帶領和輔導下，通過各種方式方法積極學習和提高印尼語的口筆譯水平，主管領導還時不時地出些題目考考我們。在這段時間裡，亞洲司領導通過幹部司聯繫中國國際廣播電台，讓我在國

際台印尼語組學習進修了近兩年。這充分表明，中方對恢復中印尼關係一直持積極態度，給予高度重視和主動應對，並在人力物力等各方面作好了應有和必要準備，充分體現了中國外交不打無準備之仗的一貫作風。

我的首次印尼之行

　　一九八五年，是著名的萬隆亞非會議三十週年。周恩來總理當年在大會上提出求同存異的方針，為會議的成功作出了巨大貢獻，因此印尼方早早就向我方發出邀請，希望中國派高級別代表團出席有關紀念活動。當時我作為年齡最小、級別最低的外交官，有幸隨吳學謙外長赴印尼出席了有關活動。這是我入外交部近七年首次出國，更是我們同學中第一個有機會去印尼的，在滿懷喜悅的同時，更多的則是擔心能否圓滿完成好這次光榮又神聖的使命。

　　我們一行出發前認真做了預案，並設想了多種可能，包括是否能單獨見一下蘇哈托總統。我們此行的主要任務是應邀參加紀念活動，但同時也希望能摸清印尼方對恢復兩國直接貿易及復交的具體考慮和時間表。因當時沒有從北京直飛雅加達的航班，我們在印尼又沒有任何機構和官方代表，只能途經香港轉機，並同我方委託代管的羅馬尼亞駐印尼使館事先打了招呼。

　　抵達雅加達的當天已是晚上六點多，我們從剛
建成的蘇加諾—哈達國際機場經新修建的機場高速
路直奔市區的下榻酒店。第二天，派人禮節性拜訪
羅馬尼亞駐印尼使館後，即乘印尼方安排的專列逕
赴萬隆。陪同前往的印尼外長穆赫塔爾同吳外長在
火車上就此次活動及雙邊關係幾乎談了一路：從當
年周恩來總理為萬隆會議成功舉行作出的貢獻、和
平共處五項原則和萬隆十項原則（也稱「萬隆精
神」），到我不干涉別國內政及我黨對外交流的四
項原則，以及我對恢復兩國外交關係的具體考慮和
設想等。針對對方拐彎抹角的解釋和一些含糊其辭
的表態，吳外長明確表示，在復交問題上，如印尼
方有困難，我方可以等待。如印尼方願先恢復兩國
直接貿易，我方也願意積極推進。總之，我方利用
赴萬隆途中的幾個小時，幾乎完成了此次出訪的大
半任務。

　　但遺憾的是，吳外長作為兩國中斷關係後中國

第一位訪問印尼的高級別政府官員，此行卻未能單獨見一下蘇哈托總統。事實上，吳外長希望單獨拜會總統的意願、我代表團抵離印尼的時間和航班都是提前告知了印尼方的。穆赫塔爾外長雖曾表示願積極安排，並希望吳外長能將我有關想法向蘇哈托總統當面陳述，但印尼方最後通知的時間卻是在我代表團原計劃離境後的數小時，並強調這已是他們為此作出的特殊安排。這種不符合外交慣例的安排和解釋似乎過於強人所難，不知是印尼方故意刁難還是想借此考驗一下中方的誠意。鑑於吳外長第二天已另有重要活動安排，故代表團只能對印尼方的所謂特殊安排表示歉意和遺憾。事後聽說，印尼方對此有所不悅，蘇哈托「一氣之下」，只同意先與中國恢復直接貿易，兩國復交又被整整拖了五年，直到一九九〇年。現在看來，主要原因還在於印尼當時在政治上對我仍存有較大疑慮。

我從印尼回國後，外語學院的老師想請我給當時在校的新一屆印尼語班學生介紹我首次印尼之行的有關情況和感想。我對此頗感糾結，因為可以說的差不多媒體都已公開報導了，有的內容則受外事紀律的約束，即使要說，也輪不到我這小字輩。但我還是很自豪地向老師和同學們說，我作為「文革」後外院印尼語專業畢業的首個赴印尼的學生，此行最值得向大家匯報的是，我在印尼期間，當地人說的印尼語我基本都能聽懂和理解，我說的印尼語大家也都能聽懂和接受。以此來報答和寬慰老師

們近四年的授課和培養，同時也激勵新一屆的學生們能更刻苦地努力學習。當然，我也向他們介紹了第一次攜帶兩萬美元「巨款」出國，當了幾天「萬元戶」的感受。

說起我們這個班同學的印尼文水平，或許是當年受幾位歸僑老師的影響，或許是由於入外交部後在老同志的輔導和幫助，加上我本人還曾在中國國際廣播電台學習進修近兩年，因此在使館工作期間，我們經常受到當地印尼朋友對我們口語流利、語音語調標準所給予的表揚和認可，有的甚至還問及我們是否出生在印尼，為何我們的口語中會帶有北蘇門答臘的口音。我在此說這些，無非是想說明，回想中印尼關係的歷史坎坷，我們老一代的印尼語語言工作者及從事中印尼友好關係的前輩們所作努力沒有白費。我也想借此機會，向他們表示誠摯的敬意和衷心的感謝，安慰那些已逝的在天之靈。

我的第二次印尼之行

我的第二次印尼之行，是一九八五年七月作為印尼語翻譯隨王耀庭主任率領的中國貿促會代表團回訪印尼。此次訪問不僅時間相對長了許多，所到城市也多，除雅加達外，還訪問了歷史名城泗水和風光旖旎、文化獨特的峇里島，接觸的人就更多了。不像第一次訪問印尼，除了機場、車站、酒店

就是會場，要不是那次回國航班是中午，使我能在赴機場途中透過車窗多看了幾眼的話，否則連雅加達是一座什麼樣的城市都毫無概念。貿促會代表團是兩國恢復直接貿易後我國訪問印尼的首個民間代表團，東道主印尼工商總會事先作了詳盡周到的安排。這次訪問，不僅讓我領略了雅加達現代化的城市建設——處處綠樹成蔭、鮮花錦簇，禮賓大道兩旁的高層建築設計新穎、各具特色，更使我第一次親眼看到了真正意義上的現代化機場和立交橋，體會了一把雅加達—茂物高速公路寬闊平坦、幾無顛簸的舒適，領略了泗水、峇里島等地的人文景觀，品嚐了當地頗具特色的小吃和菜餚，尤其是不比其他任何品牌差的印尼咖啡。我至今還保留著當年一路所拍攝的若干照片，其中有一張就是在泗水街頭拍到的當地男童頭戴北芝帽、身著襯衣紗籠，女童盤髮、身著格巴亞爪哇族服飾，步行前往參加節日紀念活動的情景。

　　但此次訪問也有一段令我沒齒難忘的插曲。我

們從新加坡轉機到雅加達已是傍晚時分，按印尼工商總會的安排，當晚他們為代表團舉行歡迎晚宴。但行李因較多，未能與代表團同車抵達酒店，正當大家翹首盼望行李急著更衣時，突然被告知：印尼海關人員已隨行李抵達酒店，要求對我團行李全部開箱檢查。因代表團中有持外交護照的，大多則是持公務護照，故我們當即向對方提出交涉，指出持外交護照者應享受免檢，持公務護照者作為印尼工商總會邀請的客人理應也享受必要的禮遇。但對方強調，兩國尚未恢復外交關係，即使是外交護照也無法享受免檢禮遇，他們只是按上級領導旨意前來執行任務。雙方為此僵持了近兩個小時，貿促會外聯局局長和我們幾個翻譯不得不放棄出席宴會，留在現場處理行李。一些公司老總也只能穿著休閒裝出席宴會，好在宴會東道主對此也心知肚明。最終，通過無數輪的「討價還價」，雙方同意抽查十個行李箱。當他們打開一些禮品箱，發現帶有中文的商品宣傳冊和廣告時，又提出這違反印尼海關法有關中文印刷品不得入境的規定。在我們作出不會在公眾場合任意散發的允諾後，他們又拿出幾個茶葉罐，問我們裡面裝的是什麼。當我們回答是茶葉後，不知是他們故意找茬還是對前面幾項的處理結果不解恨，硬說聽不懂我們所答英文 Tea 和印尼文 Teh 為何物，反而懷疑我們罐裡的東西有可能是毒品。最後，我們不得不借來酒店的杯子，開罐沏茶喝了幾口後，他們才好不情願地硬帶走了幾桶禮

茶，稱要在送檢通過後才能返還。

　　從這一小事也不難看出，儘管印尼高層有早日同中國恢復直接貿易，從而逐步走向兩國復交的願望，但印尼有關部門和一些「戴著有色眼鏡」的人仍對改革開放後的中國存有偏見，擔心中方藉機對印尼進行所謂「干涉」，擔心中文書籍刊物的流入會引來「橫禍」。兩國復交後，中國使館一直堅持多層次多方位進行交涉並反覆做工作，直到瓦希德總統和梅加瓦蒂總統執政後，印尼才開始重新修訂海關法，取消有關禁令，恢復華文的使用和流通，同意恢復使用「Tiongkok」（閩南方言）為印尼文中國國名的稱謂。從中我們可以看到，中印尼關係能有今天，確實來之不易，值得我們共同好好珍惜和維護。

　　從我一九八五年最初兩次赴印尼的個人感覺看，印尼當年的經濟發展水平，包括人均 GDP、市政建設等確實遠遠領先於我國，雖趕不上亞洲「四小龍」，但也是「四小虎」之一。或許，除政治原因外，印尼在經濟上自以為是的態度在某種程度上也拖延了同中國恢復直接貿易和復交的進程。記得當時有一位印尼朋友曾興致勃勃地向我們表示，他們已有計劃將雅加達—茂物高速公路儘快延長至西爪哇省省會萬隆市，並要在爪哇其他地方和蘇門答臘等島嶼上修建新的高速公路。但歷史和事實是不以人的意志為轉移的。當我二○○二年第三次常駐印尼時，其城市建設和基礎設施不但沒有太

大改觀，反而是空氣污染嚴重、交通擁堵不堪，百姓叫苦連天。而正是在這期間，政治穩定和改革開放給中國經濟帶來了翻天覆地的變化，使老百姓享受到了真真切切的實惠。這一切，與印尼那些年政治動亂、金融危機、天災人禍形成了鮮明對照。這也正是印尼後來的幾任總統訪華後都要求部長們到中國學習取經的原因。如今的中國，無論是資金、技術、設備、管理，都是印尼急需引進的，諸如自貿區、工業園區、高科技、通信、航天航海、高鐵、高速公路等方面的發展經驗和教訓，都是印尼迫切需要學習借鑑的，這就為兩國今後如何落實全面戰略夥伴關係明確了任務、提供了方向。

歷史和事實證明，中國的發展為周邊國家發展開闢了更大空間、創造了更多機遇。「堅持與鄰為善、以鄰為伴，鞏固睦鄰友好，深化互利合作，努力使自身發展更好惠及周邊國家」，是中央在新形勢下對我周邊外交工作提出的明確要求。展望未來，包括印尼在內的所有周邊國家必將從中國發展中分享更多機遇、得到更多實惠。只要我們共同努力，中國同周邊各國的睦鄰友好合作關係必將呈現更美好的明天。

中印尼復交之初的難忘經歷

陸春林

（中國駐印尼使館前武官）

從一九九一年九月我受命出任中印尼兩國復交後中國駐印尼大使館首任武官，至一九九五年七月離任回國，我在印尼工作了將近四年時間。這四年正是兩國復交初期雙邊關係由冷變暖、快速發展的時期。記得我初到印尼時，儘管兩國已經打破堅冰恢復了外交關係，但我總感到印尼官方和民間對我國仍心存疑慮，兩國關係猶如中國北方早春二月的天氣——乍暖還寒，河面上還結有一層薄冰。那時候，印尼官方人士和普通民眾大都還不太敢與中國使館人員接觸；我使館人員的活動有時會受到跟蹤監視；印尼的報紙時不時發表一些關於「中國威脅論」的文章；印尼軍隊的一些軍事演習中所設想的假想敵還「來自北方」。總之，在我內心裡，當時的兩國關係還真不大好用「友好」兩字來形容。但當我一九九五年七月離任時，兩國關係恰已是春暖花開：兩國政府和軍隊之間的交往日益頻繁；印尼政府官員和民眾對我國的疑慮已漸漸減少，開始樂於與中國外交官交往；當地報紙已很少登載關於「中國威脅論」的文章；軍隊的軍事演習中也不再

設想假想敵「來自北方」。在這四年間，我身為大使館武官，與印尼軍方和各界人士有過廣泛的接觸，親身感受到了印尼人民對中國的友好情意，其中一些感人的故事，至今回想起來仍令我感到興奮和激動。

印尼國防部長爆冷出席我館八一招待會

一九六五年發生「9‧30」事件後，印尼軍隊在印尼的政治舞台上一直起著舉足輕重的作用。我在到任後不久就注意到，印尼軍方對中國仍有較大疑慮，對華態度比較冷淡。印尼軍方的兩份主要報紙《印尼武裝部隊報》和《戰鬥報》還經常發表一些所謂「中國威脅論」的文章。印尼軍方的這種態度在很大程度上影響著兩國關係的發展。

為了促使印尼軍方改變對我國的態度，我在到任後不久就積極開展了對印尼軍方的軍事外交活動，向印尼軍方領導人介紹我軍情況，宣傳我國的外交和國防政策，以消除他們對我國的疑慮和擔心。在不到兩年的時間裡，我先後拜訪了兩任印尼武裝部隊總部參謀長、陸海空三軍參謀長、雅加達等三個軍區司令、國防學院院長、空軍參謀指揮學校校長等印尼軍方領導人。我的這些拜訪活動，印尼軍方報紙大都作了報導，並登載了會見時的照片。由於我拜訪印尼軍方領導人的照片不時見諸報端，一些外國駐印尼武官跟我開玩笑說：「你已成

了這裡的新聞人物。」我的這些拜訪照片在客觀上對外界產生了重要影響，給人的印象是：兩國軍隊之間的友好氣氛正在逐步上升。

在與印尼軍方領導人的交往中，最令我難忘的是與印尼國防部長穆爾達尼（L・B・Moerdani）先生的交往。穆爾達尼先生是爪哇人，中等身材，臉龐寬闊而略黑，平時面部表情冷峻，不苟言笑。在很長時間裡他受到蘇哈托總統的信任和重用，曾連續兩次擔任印尼武裝部隊總司令，後被任命為國防部長。由於兩國關係長時間中斷，加之受西方思想的影響，他對中國的態度比較冷淡，沒有出席過我使館舉行的招待會。但由於他在印尼軍隊中有著很大的影響，因此，他對中國態度的轉變將會在很大程度上改變印尼軍方對我國的態度。為了改變他對中國的態度，在到任後不久的一九九二年初，我即建議錢永年大使對他進行拜訪。我參加了那次拜訪。錢大使重點向他介紹了我國的外交和國防政策，表示希望兩國的友好關係得到進一步發展，兩軍之間開展廣泛交流。穆爾達尼先生神態鎮靜，聽得十分認真。拜會結束時，他起身與我們握手，並送我們到門口。此次拜會後不久，我夫人在一次印尼軍方的招待會上聽穆爾達尼夫人說要帶家人到中國旅遊，並打聽到了所乘飛機的航班和到達北京的時間。我立即將此消息告訴了國內，建議有關單位給予接待。穆爾達尼夫人從中國旅遊回來見到我夫人時告知：出乎她的意料，她在北京機場受到了我

軍方人員的迎接，旅途中每到一地都得到了熱情照顧。此後不久，穆爾達尼先生對中國的態度即發生了重大轉變。

雅加達外交界都注意到，穆爾達尼先生一般很少出席各國使館招待會，尤其是各國的建軍節招待會，幾乎見不到他的身影。但一九九二年八月一日，他卻出人意料地獨自一人出席了我館的八一建軍節招待會。這也是他首次出席我國使館的招待會。他步入宴會大廳時，用雙手緊緊握住我的手，握得很有力量，同時兩眼注視著我，顯得十分真誠。他首先對我建軍節表示祝賀，然後對他夫人在中國一路受到的接待表示感謝。我當時感覺到，這不是一般的禮節性握手，而是一種發自內心、表達真情的握手。儘管他在招待會上逗留的時間不長，

印尼國防部長穆爾達尼（左）在中國使館八一建軍節招待會上與陸春林武官交談。

但他首次現身我使館招待會所產生的影響卻是巨大的。印尼報紙對此作了報導，立即引起當地社會和雅加達外交界的極大關注。這一消息猶如一股春日暖流，逐漸化解了印尼軍方對中國的疑慮，轉變了印尼軍方對中國的冷淡態度，使中印尼兩國和兩軍友好關係的發展敞開了大門。此後不久我就注意到，印尼軍方人士和政府各級官員漸漸開始樂於與我使館人員交往，而且在交往中變得熱情和活躍起來；印尼報紙上關於「中國威脅論」的文章也漸漸減少，乃至絕跡。

印尼副總統給予的特殊禮遇

我剛到使館上任時，中印尼兩國軍隊之間尚未開展正式交往。為了推動兩軍之間的交往和交流，一九九一年年底，我即向國內建議在一九九二年邀請當時的印尼武裝部隊總司令特里・蘇特里斯諾（Tri Sutrisno）上將訪華。一九九二年上半年，國內發來了正式邀請信，並很快得到印尼方的確認。

這是中印尼兩國復交後印尼軍方高層領導人首次訪華，雙方都非常重視。不久，印尼武裝部隊總部外聯局局長就邀請我到他辦公室商談特里總司令的訪華日程安排。商談完畢後，他即提出要我和我夫人一起在特里司令訪華期間回國陪同訪問。由於當時中國還沒有駐外武官回國陪同外國軍方領導人訪問的慣例，因此我表示，此事我必須請示國內。

不久，國內就給予答覆，表示同意。

正是這次回國陪同訪問，使我結識了這位後來成為印尼副總統的特里將軍，與他有了近距離的密切接觸。他身材魁梧，性格柔和，平易近人，思想開放。在一九九二年九月特里將軍訪華期間，我幾乎每天與他同乘一車，參觀遊覽時也總陪在他身邊。他每有提問，我總是盡我所知給予詳細回答。待彼此熟稔之後，話題也就多了起來，談得也很輕鬆隨意。有一次我在車上問他：「聽說你明年就要當副總統了，你是不是已經知道？」他不作回答，而是微笑著反問：「你是從哪裡聽說的？」我回答說：「雅加達外交界現在都這麼說。」聽了我的回答，他仍微笑不語，但眼裡充滿了興奮的神色。他的目光告訴我，關於他要當副總統的傳聞看來並非空穴來風。果然，一九九二年底，他被蘇哈托總統選為副總統候選人，在大選後擔任了印尼副總統職務。

這次陪同訪問結束後，我原以為大概不會再有同他近距離接觸的機會了。想不到的是，這種機會卻很快就出現了。一九九四年一月，中央軍委副主席劉華清訪問印尼時，安排了拜會印尼副總統。在與印尼武裝部隊總部外聯局局長穆達里約諾（Mutaryono）談日程安排時，我曾表示希望參加這次會見，但穆達里約諾局長告訴我，參加會見的必須是准將以上人員，我不能參加。所以，當劉副主席到特里副總統官邸拜會時，我和其他陪同人員都

一九九二年九月，印
尼武裝部隊司令特
里・蘇特里斯諾（左
1）夫婦與陸春林夫婦
在長城上合影。

只能在官邸外的廊道裡等候。拜會結束後，穆達里
約諾局長急匆匆朝我走來，告訴我特里副總統要單
獨見我。我原本對再次見到副總統已不抱希望，因
此心裡沒有絲毫準備，聽說他要在此時單獨見我，
感到很突然。我趕緊整了整軍容，快步朝等在客廳
門口的特里副總統夫婦走去，向他們致敬。致禮
畢，特里副總統微笑著握住我的手與我敘話。他首
先問到我在雅加達的工作情況，我告訴他，我與印
尼軍隊外事部門的同事們關係很好，因此工作順
利，心情很好。接著他又問起我夫人的情況，我簡
要地作了回答。由於劉副主席等人都在官邸前等
著，我知道不能讓見面時間太長，所以在對副總統
夫婦表示感謝並祝他們身體健康後，即同他們握手
告別，整個接見時間大概不超過三分鐘。這次見面
雖十分短暫，卻給我留下了終生難忘的印象。特里
將軍以副總統的身分接見一位外國的武官，這無疑

是一種特殊的禮遇，它所表達的不只是對我個人的關懷，更是對中國的友好情意。

我軍領導人訪問受到高規格接待

　　一九九四年一月，作為對特里總司令的回訪，印尼軍方邀請我軍領導人訪問印尼。我國防部外事局通過武官處向印尼軍方發出正式答覆函，告知將由我中央軍委劉華清副主席率團對印尼進行友好訪問。在收到我方答覆函後，印尼武裝部隊總部外聯局穆達里約諾局長就約我去商談。我剛坐下，他就劈頭提出問題：劉副主席是什麼人？他為什麼要來印尼訪問？我頓時感到有可能要遇到麻煩。因為我知道，由於體制的不同，不少國家對我國中央軍委的地位缺乏了解。我曾在中國駐加拿大使館工作過，當時就遇到過同樣的問題。一九八七年五月我國中央軍委副主席楊尚昆訪問加拿大時，加軍方硬是以軍委副主席不是正式官方職務為由，堅持不同意安排楊副主席會見加拿大國防部長，只安排會見了總參謀長。因此，當穆達里約諾局長提出上述問題時，我並不感到奇怪。於是我立即向他說明：印尼軍隊的最高統帥是總統，中國軍隊的最高指揮機構是中央軍委，最高領導人是軍委主席。現在中國中央軍委的主席是江澤民主席，劉副主席是軍委第一副主席，是中國軍隊中僅次於江澤民的二號人物，地位高於國防部長。我一面解釋，一面還擔心

他可能會像加拿大軍方接待楊尚昆副主席時那樣固執己見，聽不進解釋。顯然，我的擔憂是多餘的。穆達里約諾局長很快就理解了我的解釋，對我說：「那好，我們就開始商談劉副主席的訪問日程吧。」日程安排談得很順利，不僅安排了拜會印尼總統，而且還因為一九九二年特里副總統以印尼武裝部隊總司令身分訪華時劉副主席曾接待過他，同意應我要求拜會特里副總統。劉副主席訪問期間，一切活動都按照訪問日程進行。但出乎意料的是，劉副主席抵達雅加達當天，印尼軍方雖沒在機場舉行迎賓儀式，但迎賓車隊經過的道路實施了交通管制。這種接待規格顯然是超乎尋常的，充分表達了對劉副主席身分的尊重和對中國的友好情意。我當時心想，印尼軍方官員們的思維完全是亞洲人的思維，比西方人睿智靈活得多，他們既懂得尊重人，更懂得友情。

一九九五年四月，張萬年總參謀長訪問印尼時，印尼方給予的高規格禮遇更令我感動。在與印尼武裝部隊總部外聯局局長蘇加納（Soedjatna）上校商談訪問日程時，我按慣例提出，希望安排蘇哈托總統接見。蘇加納局長告訴我，在張總長訪問期間，正趕上蘇哈托總統要在萬隆參加萬隆會議四十週年紀念活動，因此不能安排總統接見。我聽後馬上就非常誠懇地請求說：如果總統不接見代表團，張萬年總長的訪問就不夠圓滿，對我來說，這就意味著沒有完成任務，你是否再幫忙想想辦法，務必

安排總統接見。蘇加納局長滿臉為難地說：「這太難了，我再試試看吧。」聽他這麼說，我估計安排總統接見的可能性是微乎其微了。可萬萬沒有想到，當張總長訪問印尼時，蘇哈托總統竟然接見了代表團。接見的安排非常特殊：為參加萬隆會議週年紀念活動，蘇哈托總統當時人已在萬隆。為了接見張萬年總長，他當天上午從萬隆乘飛機回到雅加達，十點開始在雅加達總統府接見張總長代表團。接見完畢，他又匆匆飛往萬隆，參加下午在那裡舉行的萬隆會議四十週年紀念大會。總統接見時我沒有參加，與其他陪同人員在總統府外等候。我一邊等候，一邊在心裡想：蘇哈托總統已年過七十，為了接見一位外國的總參謀長，竟不辭辛勞，在半天的時間裡乘飛機往返於萬隆和雅加達之間，實屬不易。

在接待我軍領導人這兩次訪問後，我深深感受到了印尼軍方對中國軍方態度的變化。我很清楚，印尼軍方為我軍領導人作出如此高規格的接待安排，首先得有印尼武裝部隊總部外聯局局長的建議，其次得有印尼軍方上層領導的同意，最後還得有蘇哈托總統的親自批准。在任何環節上產生障礙，就不可能有這樣的安排。

走後門進入亞太經合組織領導人會議會場

一九九四年十一月，印尼成功舉辦了第二次亞

太經合組織領導人非正式首腦會議，江澤民主席率領中國代表團參加。會議在離首都雅加達五十多公里的茂物印尼總統行宮舉行。該總統行宮位於茂物植物園一側，其院子占地面積二十四公頃，行宮建築面積為五萬平方米，會場就設在行宮的主廳。會議舉行的當天上午，各代表團車隊按順序從雅加達出發，於九點前全部到達行宮，會議計劃於十點正式開始。按印尼方規定，各代表團正式成員方能進入行宮，而且人數有限制。我是陪同人員，在隨中國代表團車隊到達行宮院子北門（正門）後，便到北門西側臨時搭建的大棚裡休息等候。我剛坐下不久，就見我代表團負責禮賓事務的外交部禮賓司司長張業遂匆匆向我走來，神色緊張地告訴我，他原以為可以跟隨代表團正式成員進入會場，卻被擋在了院門外。他身上帶有會上要用的書面材料，被擋在門外那一刻他忘了將其交給錢其琛外長。他請求我趕快想辦法幫忙解決。事情十分緊急，我靈機一動，立即去找在場的印尼負責會議禮賓和安全事務的官員協商。我用印尼語向他說明了情況，請他無論如何給予關照。幸好，那位印尼禮賓官稍加思索後便同意張業遂從行宮後門進入會場。可是行宮的院子很大，張業遂未曾去過，不知院內路徑。由於我此前曾陪同為代表團打前站的工作人員進過行宮，了解院內情況，於是我就請求印尼禮賓官允許由我帶張業遂一同前往，並請他先給門衛和院內警衛打招呼。印尼禮賓官爽快地表示同意，並用手機

通知了門衛和院內崗哨。我立即帶著張業遂步行一里多地來到院子西南側門，門衛看到我身著中國軍裝，胸前掛著由印尼軍方發的武官胸牌，即予放行。從該側門又步行一里多地，院內設有多道警衛，但我們一路暢通地來到了行宮的後門。我在將張業遂引進後門後，即按原路返回。在返回的路上，我一面為自己剛剛完成了一個緊急而重要的任務而高興，一面暗自思索：首腦會議的安全保衛如此森嚴，印尼禮賓官為什麼同意我們從後門進入會場呢？我立即意識到，這是出於他對中國的信任和尊重。回到休息大棚，我再次向那位印尼禮賓官表示衷心感謝。

　　無獨有偶，此事發生後不久，我又因中國要舉辦亞太經合組織非正式首腦會議而與印尼官員打交道，並得到了熱情的幫助。一九九五年上半年，國內指示使館，要求了解印尼舉辦亞太經合組織首腦會議的經驗。我當時立即想到了印尼外交部研究發展中心的波爾諾莫（Poernomo）司長。我與波爾諾莫先生結識已久。一九八九年十一月至一九九一年八月我在中國駐聯合國代表團工作過，波爾諾莫先生那時也在印尼駐聯合國代表團任職，我與他已有了初步交往。到雅加達任職後不久，我就到他辦公室拜訪了他，並在此後不斷和他有交往，彼此成了好朋友。我不知道他是否了解相關情況，就抱著試試看的態度直接去辦公室找他。想不到的是，他恰好參與了一九九四年印尼舉辦亞太經合組織非正式

首腦會議的策劃工作。在我向他說明來意後，他沒有絲毫猶豫便開始向我詳細地介紹首腦會議籌備工作的情況。為使介紹的情況準確無誤，他還從辦公桌抽屜裡拿出筆記本，對照著給我講解。他的熱情和友好令我非常感動，告別時，我一再向他表示感謝。

印尼陸軍參謀指揮學校學員與我熱情握手

印尼陸軍參謀指揮學校設在萬隆，是印尼陸軍培養高級指揮官的高等學府，學員都為上校級軍官。一九九二年初，學校請錢永年大使去作演講，我曾陪同大使一同前往。一九九三年上半年，他們再次請錢大使去作演講，演講的主題為「中國軍隊情況和中國的國防政策」。由於錢大使有其他重要活動不能應邀前往，便讓我代他去演講。我接受任務後，便認真進行準備，不僅寫了英文演講稿，而且針對學員們可能要提出的問題準備了預案，對一些敏感問題，我沒有採用簡單的官方表態說辭，而是誠懇地講述我個人的理解和看法。

演講當天，大約有三百名左右學員來學校禮堂聽講，其中有一些外國留學生。我先宣讀我準備的演講稿，然後用印尼文回答提問，以便讓印尼的學員們聽起來更親切些。提問很踴躍，我現在已記不起所有提出的問題，但其中有兩個較為敏感的問題仍然記得很清楚：一是關於我國從烏克蘭購買航母

的問題，二是關於中國對印尼華人的政策問題。對第一個問題，我作了如下回答：「中國官方對此已經表態，中國目前沒有購買或建造航母的計劃。但這並不表明，中國今後永遠不會購買或建造航母。中國擁有遼闊的海域，與世界各國有著大量的貿易，我們有了航母，就能更好地保衛我們的海域，保護我們的對外貿易航線。現在西方一些國家媒體借航母問題做文章，宣揚『中國威脅論』，似乎中國擁有了航母，就會對其他國家構成威脅，這是毫無道理的。你們可能都知道，現在聯合國五個常任理事國中，美國、俄羅斯、英國、法國都擁有航母，而且美國的航母多達十幾艘，甚至連印度都擁有航母，中國是聯合國安理會五個常任理事國之一，為什麼就不能擁有自己的航母？如果說中國有了航母就會對其他國家構成威脅，那麼美國有那麼多航母，難道就不對其他國家構成威脅嗎？請你們不要相信美國等西方國家媒體的宣傳。中國執行的是和平外交政策，從不搞對外擴張，從不干涉別國內政，即使中國擁有了航母，也不會對其他國家構成什麼威脅。對印尼來說，完全用不著擔心中國購買或自己建造航母。」對第二個問題，我回答說：「我國政府對華人的政策是非常明確的。我們不承認雙重國籍，加入了其他國家國籍的華人，都成了當地國家的公民，中國政府對他們沒有管轄權，對印尼華人也一樣。但我個人認為，各國華人的祖籍在中國，很多人在中國還有親戚，他們與祖籍國的

親情是割不斷的，應該得到尊重。印尼華人現在已經是一個較大的族群，人口約占印尼總人口的百分之三，比你們一些少數民族的人口還多。他們都已成為印尼公民，你們的政府就應像對待其他族群一樣，尊重他們應有的權利。比如，他們有自己的文化，使用的是中國的文字，說的是中國的語言，印尼政府就不應該禁止他們學習中國的語言和文化。現在華人對你們的政府仍然用『orang cina』（支那人）稱呼他們非常反感，因為這是對他們的侮辱。用侮辱人的詞語來稱呼自己的公民，這是很不明智的。還有，不少印尼人認為華人都很富裕，他們掠奪了印尼的財富。其實這種看法是不正確的。我在這裡與華人有廣泛接觸，據我了解，大多數華人像其他印尼人一樣，只是普通的工人、店員、職員，還有不少華人在從事農業生產，當大老闆的華人只占少數。其實，當老闆的華人們對印尼國家的經濟發展也都作出了很大的貢獻，在你們國家的經濟生活中起著非常重要的作用。」我在回答問題中，實際上批評了印尼政府對華人的政策，擔心會引起學員們的反感。但演講結束後，學員們卻報以長時間的熱烈鼓掌，有一些學員還走上講台與我熱情握手。那一場景令人難以忘懷。在他們與我握手的那一刻，我真切地感受到了發生在印尼軍人身上的變化：對中國的疑慮減少了，對中國的信任增加了，對中國人的態度更友好了。

我與印尼武裝部隊總部外聯局局長在工作中建立的友誼

　　印尼武裝部隊總部外聯局和三軍外事處是印尼軍隊對外聯繫的窗口，在印尼軍隊對外交往中起著重要作用。我到印尼上任之初就認識到，要推動中印尼兩軍之間的友好交往，就必須與它們建立良好的工作關係。為此，我非常注意積極開展與這些機構人員的交往，以便彼此熟悉和了解。每當這些機構的領導上任，我都會前往拜訪。我館舉行重要的招待會，我都邀請他們出席。過中國春節時，我還邀請他們和夫人到我館進行聯歡，吃中國菜和餃子，共唱中國和印尼歌曲，看中國電影。在與他們商談事務時，我十分注意自己的言行，務必做到平等友好地協商，言辭真誠直率。我還關心他們的生活和工作，如在兩任武裝部隊外聯局局長生病住院時，我都前去看望，並借拜會他們頂頭上司（武裝部隊總參謀長）的機會替他們說話，說他們手下工作人員太少，他們太忙、太辛苦。我的熱情和真誠也得到了回報，印尼武裝部隊總部兩任外聯局局長都與我建立了密切而友好的關係，在商談兩軍交往事務時，他們總能認真聽取我的意見，盡可能作出令人滿意的安排。尤其是蘇加納局長，給了我很多關照。如有一次我去他辦公室商談事務，由於商談內容較多，直到午飯時間才結束，他便留我到他們軍官食堂吃午飯。另有一次我去他辦公室談事，我

的司機不小心將車撞壞了，待我談完事出來找不到車和司機，蘇加納局長得知後馬上派車送我。我感覺到，蘇加納局長待我誠如兄弟。最難忘的，是他在我離任告別午餐會上給予我的真情擁抱。

在各國首都的武官團中，都有每月舉行一次午餐會的慣例，其作用是增加相互接觸和了解，有武官到任或離任時，兼作歡迎或告別宴會。在一九九五年七月我離任回國前的武官團午餐會上，我在向全體武官致告別詞後，特地用印尼語對在場的印尼武裝部隊外聯局局長蘇加納上校和三軍外聯處處長及他們的夫人們致辭。我有點激動地說：「我在年輕時學習了印尼語，因此我對印尼這個美麗的國家有著特殊的感情。我熱愛這個國家，熱愛這個國家的人民。我記得，在第一次到任拜會時我就說明，我來印尼的主要任務是將自己作為中國和印尼兩國軍隊之間溝通的橋樑，促進兩軍的交往，增進雙方的了解、合作和友誼。現在，我非常高興地看到，我們兩國軍隊之間的交往和交流在日益增加，彼此的了解和友誼在不斷加深。在過去的近四年中，我的工作得到了你們熱情和真誠的幫助，我在這裡向你們表示衷心的感謝。我現在就要離開印尼回國了，但我將永遠記住在這裡度過的時光，永遠記住你們，永遠記住我們之間的友誼。」我致辭完畢，蘇加納上校立即走上前來，伸出雙臂同我熱烈擁抱。他與我貼得很緊，眼中含著淚水。我也激動得眼睛濕潤了。我們擁抱完，他夫人也上前與我緊緊

握手（註：印尼信仰伊斯蘭教的婦女不能與男人擁抱），在場的三軍外聯處處長和他們夫人們的臉上也都顯得有些激動。我當時深深地感受到，蘇加納局長的擁抱是真誠的，所表達的友情是濃烈的。

在我離任回國一年之後的一九九六年六月，我忽然接到我軍國防部外事局通知，說印尼使館要給我舉行授勳儀式，授給我印尼總統頒發的勳章。授勳儀式很隆重，印尼駐華使館全體人員列隊出席，由印尼大使授給我勳章和證書。事後印尼報紙還登載了這次授勳儀式的照片和相關報導。所授勳章為「戰鬥貢獻勳章」，授權證書上有印尼總統蘇哈托的簽名。在給我的通知信中說明，該勳章授予為發展外國軍隊與印尼軍隊的友好關係作出過貢獻的外國武官，與我一起被授予勳章的共五人，是從一九九〇年至一九九五年期間各國歷任駐印尼武官中選出的。在被授予勳章的那一刻，我的心情比較複雜：一方面感到榮幸，因為我為發展中印尼兩國和兩軍之間的了解、合作和友誼所作出的努力得到了印尼軍方的肯定；另一方面則感到很平靜，因為我覺得自己個人所作出的努力是有限的。同時，我想起了印尼武裝部隊總部外聯局局長蘇加納上校等印尼軍方的朋友們，是他們給了我許多支持和幫助，使我較順利地完成了我的使命，我將永遠珍惜他們的幫助和友情。

《羅盤報》記者對中國態度的轉變

　　我在印尼工作期間，結識了一些印尼新聞界的朋友，其中與我交往最多的是《羅盤報》記者勒奈（Rene Pattiradjawane）先生。他對中國態度的轉變經歷了一個較長的過程，從某種意義上來說，他的這一轉變過程也就是印尼政府對中國態度轉變的過程。

　　勒奈先生是印尼馬魯古人，當時年齡三十多歲，曾在台灣接受中文教育。由於受西方思想影響，他對中國存有不少偏見。我在與他結識後不久就注意到，《羅盤報》上經常登載一些他根據西方通訊社消息編寫的關於中國的負面報導和文章。有一次我們見面時，我就針對此事態度誠懇地對他說：「你在《羅盤報》上發表的許多文章使用的都是西方通訊社的消息。西方通訊社的記者中有不少人對中國存有偏見，他們編發的關於中國的消息往往都是負面的，有些甚至是無中生有編造的，你們怎麼能相信並採用呢？現在中國和印尼兩國之間的關係正在日益加強，你寫這樣的報導和文章將會誤導印尼的廣大讀者，不利於兩國友好關係的發展。」他回答說：「我們沒有機會去中國採訪，所以只好採用西方通訊社的消息。」我說：「那怎麼行呢？我介紹你去中國旅行和採訪一次，看看中國的實際情況怎麼樣？」他立即高興地說：「那太好了，謝謝你！」此次談話後，我即建議我國防部外

事局接待他訪華，安排他訪問了北京、西安、上海、廣州等地，並參觀了我軍的部隊和軍事設施。他訪問回來後，對中國的態度有了較大的轉變。他很快就寫了一篇長篇報導，比較客觀地介紹了中國改革開放後的經濟形勢和我軍建設情況，此後再也沒有寫過有關中國的負面報導和文章。

然而，在印尼政府對中國的稱謂問題上，我始終未能使勒奈轉變立場。為使印尼政府改變對中國的稱謂，我使館在建館之初就提請印尼政府部門，在發給我館的信函上可使用蘇加諾總統時期使用的對我國的稱謂「Tiongkok」，或使用英文的「China」，但不能使用對中國有侮辱性含義的「Cina」一詞；並提出，如信封上或信中出現「Cina」一詞，將退回信件。印尼政府一些部門在發給我使館的信函中仍經常有使用「Cina」一詞的，一律都被我使館退回。我曾試圖在這一問題上說服勒奈，與他有過一次如下的談話：

「現在中國和印尼的關係已大大改善，印尼政府應該考慮改變對中國的稱謂。現在你們政府使用的『Cina』一詞，是過去日本人使用的對中國有侮辱性含義的詞語，現在繼續使用這個詞語，那是對中國的不尊重。在這一點上，印尼應該向中國學習。中國過去曾將莫桑比克的國名譯為『莫三鼻給』，後來莫桑比克政府認為這個名稱不雅，向中國提出要求改變名稱，中方尊重他們的意見，很快將他們國家的名稱改為『莫桑比克』。」

「我不知道『Cina』一詞的來歷，但我們現在使用這個詞時，不帶有蔑視性的含義。」

「可是中國人民感到它是一個帶侮辱性的詞語，印尼的華人也不能接受，他們對你們用『orang cina』（支那人）來稱呼他們感到非常反感。印尼華人現在已是你們國家的公民，你們政府用帶侮辱性含義的詞語來稱呼自己的公民，你認為有道理嗎？再說，中國不是建議可以使用英文詞『China』嘛，你們為什麼不用它呢？」

「印尼語裡只有『ci』的拼法，沒有『chi』的拼法。」

「那你們為什麼不改用過去蘇加諾總統時代使用的『Tiongkok』呢？」

「使用『Cina』這個稱呼是 1966 年的總統條例規定的，總統條例是不能隨便更改的。」

這次談話給了我一個啟示：兩國在解決中國稱謂問題上的障礙一時是難以消除的，因為一九六六年關於中國稱謂問題的總統條例是由蘇哈托總統制定的，要取消這一條例，等於是要他承認過去制定這一條例是錯誤的，同時也意味著屈服於中國的壓力。因此，在蘇哈托繼續執政的情況下，撤銷這個條例幾乎是不可能的，我們需要耐心等待。後來，情況果然發生了變化。一九九八年五月，蘇哈托離開印尼政壇後，印尼一些報紙便發生改變，開始使用「Tiongkok」來稱呼中國。

自這次談話後，我仍然繼續與勒奈先生交往，

彼此求同存異，珍惜對方的情誼。時隔多年之後，彼此心中仍牢記著對方。二〇一三年三月，他利用到中國採訪的閒暇時間在北京約見我，我和夫人請他共進晚餐，彼此暢敘往事，交談甚歡。他曾對我們說：「現在好了，印尼和中國之間再無大的障礙，雙方關係越來越好，我希望兩國能永遠友好下去。」

以上所述故事，只是中印尼兩國復交後初期雙邊關係發展進程中的一些片斷，我有機會參與其中，與故事中的人物有直接或間接的接觸。他們為促進中印尼兩國和兩國人民之間的友好交流與合作作出了各自的貢獻，值得我銘記，值得我珍惜。我真誠希望我的印尼朋友及印尼人民同中國人民一樣，共同繼續努力，為發展中印尼友好合作關係作出更大貢獻，使中印尼兩國之間的友好合作關係像常青樹，永遠根深葉茂、鬱鬱蔥蔥。

我與印度尼西亞半個世紀的情緣

武文俠

（北京外國語大學教授）

我學習印尼語、從事印尼語教學將近半個世紀
（1960-2007），期間曾在中國駐印尼使館工作近兩
年。直至今日，可以說，在這半個多世紀中，我與
印尼語，並通過印尼語與印度尼西亞結下了不解之
緣。

學習印尼語，與印尼初結情緣

我與印度尼西亞結緣始於學習印尼語。一九六
〇年我高中畢業，經推薦並通過考試被中國外交學
院錄取。八月下旬我到外交學院報到後，先被分配
學習俄語 —— 當時學校還沒有印尼語專業。九月
初，為適應形勢需要，外交部指令外交學院增開一
個印尼語班。學校接到外交部指示後，馬上從俄、
日、西班牙語班抽調出十名學生組成印尼語班，我
就是這十名印尼語學生中的一員。

被抽調到印尼語班後，我們根本沒有學習印尼
語的思想準備，對印尼語及印尼這個國家的認識幾
乎為零。但大家很快就認識到，這是國家的需要，

國家的需要就是我們的需要，在國家利益面前不應計較任何個人利益。我們之中沒有一個人產生過絲毫的思想波動，更不要說有怨言、鬧情緒了。我們滿懷報效祖國、促進中印尼友好關係的志向，跟著老師發憤學習印尼語。節假日，我們幾乎沒人睡懶覺、逛大街，總是把寶貴的時間用來讀書和練口語。當時北京電力供應不足，每當晚上學校停電時，為了不浪費時間，無論冬夏，我們經常到校外的路燈下看書、會話。

一九六二年九月，北京外國語學院（即現在的北京外國語大學，簡稱「北外」）劃歸外交部領導，外交學院除了英、法語班，其餘的班級全都調入北外。當時，中印尼關係發展順利，雖然印尼也發生過排華事件，但兩國正常外交關係並未受到太大影響。印尼總統蘇加諾旗幟鮮明地反對新老殖民主義，提出發展亞非新興力量，加強亞非團結。為此，印尼政府採取了一系列具體行動，如一九六三年在雅加達成功地舉辦了第一屆新興力量運動會。蘇加諾總統的主張和行動得到了我國政府和人民的有力支持，兩國關係不斷升溫，兩國政府及民間往來日益增多，各個領域互訪的代表團絡繹不絕。在這種形勢下，國內印尼語翻譯力量明顯不足，我們班同學陸續被借調到有關外事部門陪團，我從大三下學期起就多次被借去當生活翻譯。工作的需要進一步激起了同學們學習印尼語的熱情，我們對印度尼西亞的了解逐步加深。

一輩子教授印尼語，一輩子情寄中印尼兩國關係發展

　　一九六五年七月從印尼語專業畢業後，我即被指定留校任教，開始了教授印尼語的生涯，長達四十多年。在這四十多年中，中印尼兩國關係跌宕起伏，歷經波折，它的每一步發展變化都牽動著我的心。

　　一九六五年九月三十日之前，中印尼兩國關係非常密切，雙方的交往和互訪活動非常頻繁。是年九月下旬，我被全國人大常委會借去陪印尼臨時人民協商會議副主席哈魯爾·薩勒率領的代表團。九月三十日晚，我陪代表團成員在人民大會堂參加了由周總理主持的國慶招待會。其間，我遇見了許多印尼語界的同仁，招待會的情景令我們又驚又喜：印尼的北芝帽（peci）成了宴會廳的一大亮點，幾乎每桌都有戴北芝帽的人。據後來的報導說，當晚共有一百多個大大小小的印尼代表團的成員參加了招待會，真是盛況空前。然而，就在那些印尼人與我們中國人一起歡慶我國國慶十六週年時，印尼國內發生了重大的政治事件，即後來眾所周知的「9·30」事件以蘇哈托為首的軍人集團推翻了蘇加諾政府，形勢急轉直下，中印尼關係隨之發生了急遽的轉折：我國駐印尼使館被衝擊，我外交人員被打受傷，一九六七年十月，兩國正式斷絕了外交關係。在此大背景下，我們的印尼語教學、學生的學習情緒及學生畢業後的工作分配都直接受到了影

響。從兩國斷交至一九八五年恢復直接貿易的十八年中，我校共培養了三屆印尼語學生，他們畢業後有三分之一的人沒有找到對口的工作，不得不從事與印尼語無關的工作；而那些分配到有關外事部門工作的人，幾乎也都是坐冷板凳，用印尼語的機會少得可憐。我和我的學生們無不為兩國關係的中斷而感到惋惜。

一九八五年，兩國關係出現了轉機。在兩國有識之士的倡議和推動下，兩國於當年八月開始了直接貿易談判，接著印尼派了一個由印尼工商總會組織的民間貿易代表團來北京參展。這如同冬天裡的一把火，給我們印尼語專業師生的心裡帶來了些許溫暖之感。我們立即與國內的主辦單位聯繫，為學生爭取到了去展會實習的機會。這是兩國斷交後我和我的學生們首次有機會同印尼人接觸。由於彼此長期隔絕，在與參展的印尼人的交往中，開始雙方都不免有些拘謹。但學生們不願失掉這個良機，始終以飽滿的精神、高度的熱情大膽地工作，順利地完成了接待印尼展團的任務。隨著兩國直接貿易大門的打開，我們師生漸漸看到了兩國關係未來發展的曙光。

中印尼雙方經過多次接觸與磋商後，終於在一九九〇年八月結束了凍結長達二十三年之久的非正常關係，恢復了大使級外交關係。在新形勢下，雙方官方和民間的多方面、多渠道的交流與合作變得日益頻繁，在貿易、旅遊領域尤為突出。印尼資源

豐富，但基礎設施相對滯後，國內一些國有或民營企業不失時機地前往印尼實地考察，尋找商機，為此他們需要印尼語翻譯人才，尤其需要精通印尼語且熟悉印尼國情的人才，於是印尼語翻譯便成了搶手貨。我本人就有過「被挖」的經歷。我當時雖已年近半百，但有的單位急需翻譯，對此並不介意，執意要以高薪把我從大學挖走。我們有些畢業生已多年不用印尼語，舌頭硬了，單詞忘了，但由於工作需要，有的單位還是要派他們去印尼工作。兩國關係發展的勢頭令他們興奮，他們趕忙看課本、聽錄音，複習起印尼語。他們的印尼語終於有了用武之地，我當時真為他們感到高興。

復交後，兩國間頓時掀起了探親、旅遊熱。眾所周知，斷交期間印尼政府對華人採取了種種限制，設置了種種障礙，致使他們與我們國內的親屬無法直接往來，親情受到阻隔。復交的大門一打開，印尼華人探親、旅遊的洪流便滾滾而來。加之很多本土印尼人也想看看與他們隔絕了二十多年的中國是什麼樣子，便也加入到來華旅遊的洪流中，一時間，國內印尼語翻譯、導遊人員奇缺，大大小小的旅行社感到壓力巨大。我們的學生從大學二年級起便被一些旅行社拉去當導遊或翻譯，致使學生缺課的現象非常嚴重，正常的教學活動受到極大沖擊。面對此種社會需要與教學工作之間的矛盾，有關各方看法不同，但我們印尼語專業的師生們卻從中看到了兩國關係發展的春天已經來臨。我們為之

振奮，學生學習印尼語的積極性大大提高。

從一九六〇年到二〇一三年，我們北京外國語大學印尼語專業共培養了十一屆、一百六十多名畢業生，他們先後活躍在國內及印尼的各個領域和部門，成為溝通中印尼兩國關係的使者和橋樑。我為我的同學和學生們感到驕傲。

倡議成立北外印尼中心，使之成為兩國關係發展的紐帶

上個世紀末，印尼國內形勢發生了巨大變化。一九九八年，即在兩國復交後的第八個年頭，印尼國內矛盾加劇，民眾經常因燃油價格、日用品價格上漲等原因舉行示威或罷工，表達對蘇哈托家族及政府官員腐敗的不滿，而一小撮別有用心的人則操縱、煽動民眾將矛頭指向華人，導致雅加達等多個大城市發生焚燒華人商店、搶劫華人財物、姦污華人婦女、屠殺華人的惡性反華事件。我國人民及印尼絕大多數具有正義感的民眾對此義憤填膺，迫於國內外強大的壓力，蘇哈托引咎辭職。蘇哈托政權倒台後，在瓦希德及梅加瓦蒂擔任印尼總統期間，印尼國家政治生活逐步邁出了民主化的步伐，特別是在蘇西洛連任兩屆總統期間，印尼民主化進程邁出了更大步伐。過去蘇哈托時期的許多反華、排華、歧視華人的政策、規定被取消，中印尼兩國政治、經濟、軍事、文化、教育等領域的交流不斷加

強。印尼各地掀起了一浪高過一浪的學習漢語熱，不少大學增設了漢語課，各種漢語培訓班如雨後春筍般應運而生；一批批年輕人到中國來留學。在我們國內，不論國企還是私企，與印尼的經貿往來日益頻繁，到印尼公費或自費留學的人數也不斷增加，開設印尼語專業的院校增加了三四所。

在這種兩國關係發展的可喜的新形勢下，為了更好地促進雙方的了解、交流和合作，我作為北外印尼語專業教研室主任，在上世紀末就曾給當時的印尼駐華大使提議，在北京外國語大學成立印尼中心。印尼大使當時回答說印尼方有困難，因此成立印尼中心的事便被拖了下來。直至二〇一一年下半年，印尼駐華使館教育參贊海倫·安瓦爾才重提此事，經與我校多次協商，雙方終於在二〇一二年初達成一致意見，確定在北外成立印尼中心。學校領導請我出任該中心主任一職。我那時已經從教師的崗位上退下來多年，但為了進一步推動兩國友好關係的發展，我還是接受邀請，擔任了該中心主任的職務。我校領導、印尼語教研室與印尼使館都為該中心的成立做了大量準備工作，花費了不少心血。

值得一提的是，印尼駐華使館對該中心的成立非常重視，他們請求蘇西洛總統在二〇一二年三月下旬訪華期間來我校為印尼中心揭牌。由於訪問日程安排太滿，實在無法前來我校為中心成立揭牌，蘇西洛總統便決定派其夫人代他出席成立儀式並揭牌，以示他對中心成立的重視和支持。但不巧的

是，在蘇西洛總統訪華前夕，其夫人患急病做了手術。考慮到還在恢復期，醫生要求她只陪同總統來華，但不能參加任何活動。面對這突如其來的變化，為了不影響中心的成立，且盡量不降低儀式的規格，在印尼駐華大使易姆龍及教育參贊安瓦爾等的請求下，總統在來華的前夕臨時通知印尼文化教育部長努赫先生（原本不是代表團成員）隨團訪華，並指示他不參加代表團的其他活動，專門為印尼中心成立揭牌。三月二十三日下午，努赫部長如期為印尼中心揭牌。我校領導及我本人在成立儀式的講話中由衷地表達了我們對印尼總統、易姆龍大使及安瓦爾參讚的高度讚賞和謝意。努赫部長在致辭中對兩國關係的發展給予了高度評價，並祝願北外印尼中心成為進一步加強兩國關係的紐帶。

在使館工作，與印尼各界人士結下友誼

我是在兩國復交後的第二年，即一九九一年秋隨同丈夫陸春林被派到我國駐印尼使館工作的。陸春林為復交後的中國首任駐印尼國防武官，我協助他工作。我在使館工作了僅兩年，時間雖短，但卻給我提供了一個使用我所學專業——印尼語的大好機會。我充分利用印尼語比較嫻熟和對印尼國情比較了解的優勢，積極參加相關的外事活動，結識了印尼各界人士，促進了兩國人民之間的交流，並同他們結下了友誼。

在使館工作初期，我真切地感受到，印尼普通人對與我們中國外交人員接觸心懷疑慮，與我們有一種距離感。比如，我給早年相識的老朋友們打電話時，他們總是以讚揚印尼建設成就、總統功績等為鋪墊，讓我感到他們的話有些言不由衷，是講給別人聽的，分明是怕與我們的通話給他們帶來政治上的麻煩；我們去書店買書，立即引起書店保安的注意，總是滿臉嚴肅地緊隨在我們身後，目不轉睛地盯著我們。我們摸不透他們是在保護還是監視我們，但總感覺是後者的成分更多一些。

一次，應一位文學界朋友的推薦，我出席了在蘇門答臘巨港舉辦的為期兩天的全國印尼語研討會。兩天中，我深感研討會舉辦方對我這個中國武官夫人的「重視」，他們派了省裡一位廳長夫人陪同，與我形影不離。期間，一位對我國不很友好、在知識界被戲稱為「研討會專業戶」的著名作家約我喝茶。剛開始時，他顯得十分拘謹，寒暄過後我們談起兩國交往的歷史，談到兩國文化的交流。見我態度誠懇，他漸漸變得輕鬆起來，臉上也露出了笑容。喝完茶，他主動與我握手告別，對中國的疑慮和戒心似乎有所減少。

又如，在一次招待會上，我認識了印尼老作家阿里沙巴納夫婦。老作家從年輕時起就主張民主及個性解放，是印尼著名作家中最有爭議的一位。他對我們很熱情，我們談到了他的代表性作品《揚帆》及其影響，還談到了他早年創辦的國民大學。

我知道那所大學裡多年來一直有漢學專業，出於多年從事教學的習慣，我建議該專業的師生到中國大使館做客並交流教學情況。他支持我的建議，並邀請我到國民大學參觀。回使館後，我向大使請示能否將我使館的舊中文報紙贈送給國民大學作為教學資料，大使欣然同意。一週後，國民大學漢學專業的三位教師到使館見我，我們談了一些關於教學方面的問題，氣氛融洽。他們臨走前，我主動表示願意將《人民日報》送給他們作為教學資料。他們很高興，但當我將事先捆紮好的報紙遞給他們時，他們顯得有些遲疑，其中一個人說「以後再拿吧」。我解釋說，《人民日報》語言信息量大，對學生很有幫助，這些報紙是我們用過的，可以廢物利用，節省學校的開支。經我這麼一說，他們每人帶走了一捆。沒想到過了幾天，我發現那三捆《人民日報》靜靜地躺在使館會客廳的桌子底下。原來他們怕字當頭，怕惹出事端，沒敢帶走。印尼民眾對我們的這種距離感令我感到痛心，促使我更積極耐心地做宣傳釋疑工作，並通過友好交往結識更多印尼朋友。

在與印尼各界人士的交往中，因為工作關係，我與印尼軍方主管外事的官員及其夫人們的交往最多。我利用各種外交場合，與他們接觸和交談。通過接觸和交往，我感到他們之中有不少有識之士。他們有駐外使館的工作經驗，視野開闊，對中國有較多了解，對中國的發展及國際影響給予充分肯

定，希望發展中印尼兩國友好關係，對我們都比較
友好。在我離開印尼回國之前的兩個多月，一外聯
處長易人，新上任的處長夫人非常願意與我交談，
對中國表現出強烈的興趣。我們使館的活動，只要
受邀她都前來參加。在我回國前與我告別時，她眼
含著淚花，深情地對我說：「咱們真是相見恨晚
啊。」有的夫人還常與我聊家常，聊在市場買東西
時的注意事項等。一九九二年九月，印尼軍方組織
武官團到印尼東部地區旅遊參觀，軍方幾位外聯局
局長和處長夫人及另外兩位將軍夫人也參加了，我
和她們在一起活動的機會較多。我們常常手挽手同
行，有時一起唱歌，有時一起拍照留念。武裝部隊
戰略情報機構外事局局長夫人還向我傳授手掌按摩
方法，並在我感到疲勞時為我拍打肩背。後來，她
丈夫庫斯迪亞先生出任印尼駐華大使（2001-
2005），他剛到任就與我們聯繫，並邀請我們到他
官邸參加活動。沒想到，那是他到任後與印尼使館
全體館員及家屬的首次見面會。令我們吃驚的是，
會場裡除了我們夫婦外，沒有其他外國人。見面會
開始後，庫斯迪亞大使鄭重地向印尼使館人員介紹
說：「今天在我們中間有一對中國夫婦，他們是我
和我夫人的老朋友。這位陸先生是復交後中國第一
任駐印尼的國防武官。他夫人武女士是印尼語教
授，是我夫人的朋友。」當時我感到，我們在雅加
達結下的友誼現在又延續到了北京。

　　我隨丈夫在使館武官處工作的期限只有兩年。

期滿前，我單位幾次催我回國，說是教學工作需要。兩年間，我協同丈夫克服了武官處建立初期遇到的種種困難，打開了武官處工作的局面，我的工作可以說是得心應手。在這種時刻要我離開印尼回國，我真感到有些不捨，使館也希望我能繼續留下來。但我還是決定聽從學校的召喚。臨行前，我到印尼武裝部隊總司令特里家與其夫人告別。前一年，我和丈夫曾陪同他們夫婦訪華，我們相處得很好。見面時她對我說：「你在印尼工作如魚得水，為什麼急著回去？」我說明情況後，她嘆了一口氣說：「既然這樣，你就安心回去吧，咱們都是自己國家的工作人員，無論幹什麼都是為了國家的利益和需要，都是為國家服務……」她的話如此語重心長，就像一位知心大姐。我當時感到，我們的心是彼此相通的。

與印尼普通百姓接觸和交往中難以忘懷的故事

在印尼的兩年時間裡，除了與印尼官方人士交往外，我也曾與眾多印尼普通百姓進行了接觸和交往，經歷了許多動人的故事，這些故事永遠地留在了我的心間。

印尼老友與我敘舊

我到雅加達後不久，便試著聯繫以前認識的幾位印尼朋友。最先聯繫上的是我大學三年級當翻譯

時接待的第二個代表團——一個體育代表團的成員。代表團的團員來自印尼爪哇、巽達、馬來、巴達、布吉斯、華族等不同的民族，他們彼此間團結一致，因此給我留下了深刻印象。雖然時光已經逝去近三十年，但根據他們當年給我的名片上的名字和地址，我還是順利地聯繫上了兩位：一位是當年的游泳運動員，另一位是當年的跳水教練。如今，她們都沒有繼續當年的行當，前者是一位從事兒童讀物推薦與創作的作家，後者經營著一家飲食店。我與她們分別見了面。多年之後，特別是中印尼兩國斷交二十多年後，大家又能重聚，自然無比喜悅。我們興致勃勃地談了各自及原代表團團員的情況，回憶起代表團訪問中國時的情景：他們每到一處都受到運動員及體育愛好者的熱烈歡迎，賀龍元帥還親切地接見了他們，他們遇到的每一個具體問題都及時得到解決，等等。

她們的話勾起了我為該團當翻譯時的記憶。比賽本來很緊張，但比賽之外又有許多事情需要處理和解決。比如伊斯蘭教徒要吃清真飯菜，一些佛教徒要吃齋；不同的教徒要到不同的地方做禮拜；部分華裔運動員要求設法與祖籍地親朋聯繫，給他們寄錢、寄物；比賽受傷的運動員需要及時治療和護理；等等。凡此種種，我方的工作都做得非常到位，他們非常滿意。她們說，有的情景至今仍記憶猶新。她們對中國仍懷著如此美好的回憶，怎不令人感動。

招待會上遲到的印尼朋友

　　印尼大學國際政治系教授巴‧阿利博士是我一九八五年結識的朋友，當時他抱著希望了解與印尼斷交近二十年的中國的目的和願望隨印尼工商總會代表團訪華，訪問期間曾跟我探討過兩國關係中的一些問題。他在印尼國內還是非官方的一同化華人的組織的負責人，因而對印尼政府的華人政策及華人狀況非常熟悉。在跟他的交往中，他跟我談了一些他做的工作。坦白地講，我認為蘇哈托政府對華人的種種限制政策及同化做法是不可取的，但當時此事太敏感，大家都未敢去深入探討、交流。一九九一年我到使館工作後，便與他取得了聯繫，他很快就到使館拜訪我們。談話中，我發現他對華人的看法與以前有所不同。他還說，印尼政府對華人的政策也在慢慢改變。後來他常與我們夫婦來往，常常對印尼政府的對華政策發表看法和評論，我們總是耐心地傾聽。他對我們的態度和人格表示讚賞和信任。我們經常邀請他出席使館的各種招待會，尤其是「八一」建軍節招待會，每次他都準時出席（他曾在德國留學十二年，做事嚴謹、守規矩）。但我回國前的那次「八一」招待會有點出乎尋常，招待會開始好久還不見他的身影，我和丈夫覺得那不是他的習慣和風格。正在納悶時，他氣喘吁吁地趕到了。原來他的女兒生病住院，他完成工作任務後趕到醫院探望孩子，之後才又急匆匆地趕到我們的招待會。從他被汗水浸濕的「巴迪克」上衣上我

們可以看出，他是多麼急迫地趕來參加宴會的。他把朋友之間的情分看得如此之重，著實令我們感動。

大學教師的一張紙條

我在巨港參加印尼語研討會時，曾遇到過這樣一件事：一次在大禮堂召開的大會上，坐在我右手旁的一位中年與會者主動與我搭訕，相互自我介紹之後，我得知他是某大學的教師。他說他了解中國，簡單說了幾句後便用手遮著在本子上寫了起來。過了一會兒，他小心翼翼地將寫好的東西撕下來遞給我，並低聲說：「您看吧，這是我要說的話。」我學著他的樣子，也用手把那張紙條遮起來。紙上密密麻麻地寫著：「我們很多印尼人早就認識到當今的印尼政府對中國、對印尼華裔的政策不對頭，一部分印尼百姓受媒體的宣傳煽動，對華裔有偏見，只看到個別華裔的不法行為，看不到他們對印尼獨立鬥爭以及當代經濟建設的貢獻。」我看過後將紙條還給他，他迅速地將它撕碎並長長地嘆了一口氣。我看到了他一吐心中塊壘後的表情。我後來再也沒見到過他，但他紙條上的話卻一直記在我心間。

出租大巴司機的肺腑之言

一次，武官夫人團乘一輛出租大巴去一處旅遊景點參觀遊覽，我因身體臨時不適沒進去，留在大巴車內休息。司機將車停好後便坐到我身邊問寒問

暖，當他知道我來自北京後，便開始斷斷續續地與我交談起來。他說話的聲音很低，還時不時地探頭向車窗外張望，生怕車外有旁人聽見。他談到了他的身世，我靜靜地聽他講述。他又說到印尼一些傳媒對中國的不實報導，如把蘇加諾政府時期中國政府跟印尼政府之間的正當貿易包括軍火貿易說成是對印尼左派的支援，讓中國一直蒙受不白之冤。他還說印尼社會中有些人對華裔印尼人有成見，實際上他們絕大多數是普通勞動者，行坑蒙拐騙之術、發不義之財的只是一小撮人，不能以偏概全……總之，他對我完全敞開了心扉。他說：希望中國人能聽到正直、友好的印尼人的心聲。

班達群島鄉長的熱情好客

一九九二年武官團東部之行時，我們在印尼東部班達海的班達群島逗留了兩個晚上。該群島是由十個小島組成的迷你群島，我們住在其中的哈達島上。下榻酒店的老闆是一位阿拉伯人後裔，又是該小群島的鄉長，他家與印尼共和國首任副總統哈達博士是世交。哈達博士上世紀二〇年代末被荷蘭殖民當局流放到該島，得到了身為酋長的他父親的大力幫助，得以平安地度過多年的流放生活。他父親便成了哈達先生的摯友，而他本人也做了哈達先生的義子，是哈達先生的崇拜者和追隨者。為了紀念哈達先生，在哈達先生家人及包括酒店老闆在內的朋友們的積極努力下，政府在該島建立了哈達紀念

館，而這位鄉長、酒店老闆、哈達的義子就是紀念館的負責人。

該鄉長熱情好客，我們多次與他交談，相處中彼此從陌生到融洽。他說，以前他對中國不十分了解，也沒到過中國，並說我丈夫是來哈達島的第一位中國官方人士。第二天中午休息時，他還親自駕駛小船帶我們夫婦游海、撈魚。我們邊欣賞海景邊跟他聊天，向他介紹中國的發展現狀。他說將來爭取去北京看看，看看它的古蹟和新貌……在酒店為武官團舉辦的歡送會上，他約我同他一起唱印尼獨立時期的革命歌曲，隨後熱情洋溢地即席講道：「以前這二十多年，我們印尼只與台灣有關係，與中華人民共和國中斷了外交關係，中斷了各種來往，現在看來令人遺憾。現在復交了，我們印尼應該更多地了解中國，與這個古老而富有生命力的大國保持並發展各方面的交流與合作。」最後他甚至

呼籲說：沒到過中國的人，有機會去那裡走走看看。我們為這位鄉長老闆的熱情所感動。

一位小島老人樸實善良的心

在美麗的哈達島上，我還經歷了這樣一件事：到達該島的當天中午，趁團隊還沒開始活動，我急不可待地獨自走出酒店去看街景，並想了解一下當地的民情、民風。剛出酒店門口，迎面就走來一位手提竹籃的老伯，我們打過招呼後他問道：「您是台灣人嗎？您要中國古錢幣嗎？」我回答說：「我不是台灣人，我是北京人，我們和台灣人都是中國人。」他一聽我是中國人，便搶著說他從收音機裡聽到過中國。然後把他竹籃子裡的紙包打開，讓我看他的一小堆中國古幣，並解釋說，這是從前他給荷蘭人當園丁時主子送給他的。我問他一美元能買幾個，他伸出三個手指。我給了他一美元，挑了三個古幣後便離開了。

沒想到，次日清晨我到大門外溜躂時，一眼就看見那位老伯坐在旅館門口的地上。我上前與他打招呼，他立即站起身說：「我正等您呢。昨天我真是對不起您。」正在我不解之時，他解釋說：「昨天我要的價錢太貴了，你是中國人，這是中國的東西，今天我把這些都給您。您收下吧。」說完，他就把籃子裡的紙包往我手裡塞，還邊塞邊說：「要是早晨我等不到您，我就中午來。中午再等不到，我就晚上來。反正我得把這東西給您。」他執意要

給我,我執意不肯收,你推我搡了好一陣子。他的言語和舉動令我心裡一陣發酸,多麼樸實、善良的老人啊!我把東西放回他的籃子,然後深深地向他鞠了一個躬,返回了酒店。

　　半個世紀以來,我為教授印尼語投入了畢生精力,亦為兩國之間的溝通、了解、交流和合做作過一些工作,得到了國內和印尼有關方面的肯定。上個世紀末,我獲得了「北京市優秀教師」稱號。二〇〇六年八月十七日,在印尼駐華使館舉行的印度尼西亞共和國獨立六十一週年慶祝會上,印尼大使蘇德拉查特(Sudrajat)先生向我和另外兩位中國人士頒發了「加強印尼—中國合作與交流貢獻獎」,表彰我們長期以來為加強中印尼兩國的交流與合作所作出的貢獻。二〇〇八年六月,印尼《羅盤報》女記者喬伊絲對我進行了專訪,後來她的專訪文章以「武教授的印尼語情結」為題刊登在當年七月二十六日的《羅盤報》人物專欄上。這篇專訪介紹了

KEDUTAAN BESAR REPUBLIK INDONESIA
BEIJING

*Menyampaikan terima kasih
dan penghargaan yang tinggi kepada :*

Prof. Wu Wenxia

*Atas jasanya dalam upaya turut meningkatkan
hubungan dan kerjasama
Republik Indonesia dengan Republik Rakyat Tiongkok*

Beijing, 17 Agustus 2006

*Sudrajat
Duta Besar LBBP*

印尼駐華大使蘇德拉查特頒發給武文俠的「加強印尼一中國合作與交流貢獻獎」獎狀。

我一生獻身於印尼語教學事業的歷程，文章發表後引起了一定的反響，一些讀者曾給報社打電話，還有一些網友在網上詢問如何與我聯繫。是的，半個多世紀以來，我鍾情於印尼語，鍾情於印尼這個美麗國家的人民，鍾情於中印尼兩國關係的發展。我衷心希望在未來的歲月，兩國和兩國人民能求同存異、和睦相處、攜手並進，共同發展。

中印尼經濟文化交流中的兩段記憶

鄧俊秉

（中國駐印尼大使館前參贊）

自古英雄出少年 —— 記天津華夏少兒藝術團訪問印尼

一九九五年八月二十四日，我隨丈夫周剛大使抵達雅加達履新的第三天，就迎來了一支不同尋常的友好使者隊伍——天津華夏少兒藝術團。這個由三十九名兒童組成的演出團，年齡最小的只有五歲，最大的十二歲，全團平均年齡不足十歲。然而，這群天真爛漫的孩子在印尼為期十天的訪問演出轟動了雅加達和泗水兩大城市。看過他們演出的印尼朋友無不交口稱讚中國兒童了不起，中國未來大有希望。周剛當時作為候任大使無法參與該團的公開活動，只能在幕後關照，我則代表他全程陪同。

這些來自天津的少年使者，沒有辜負中國印尼經濟社會文化合作協會主席王光英副委員長、天津市領導以及他們的爸爸媽媽、爺爺奶奶的殷切期望。孩子們不顧印尼旱季的炎熱，克服了長途旅行、不斷演出的疲勞，即使是吃不下和睡不好，只

一九九五年八月，周剛大使和夫人鄧俊秉教授同天津華夏少兒藝術團的孩子們在一起。

要一登台，個個精神抖擻，全神貫注，發揮出最佳水平。泗水的一場演出尤其感人。在沒有空調降溫設備的體育館內，印尼朋友奮戰了一個夜晚，突擊搭起了一個舞台。前來觀看演出的觀眾竟多達三千五百多人。歌喉甜美的小歌手陳淼用印尼文演唱的《梭羅河》，贏得了全場觀眾比這體育館內的高溫更加熱烈的掌聲。京劇小演員高航，全副行頭粉墨登場，字正腔圓地演唱了兩段包青天的戲文，活脫脫再現了一個剛正不阿小包公的風采。在女孩子占壓倒多數的舞蹈演員中，六歲的侯博是唯一的「男子漢」。他在「英雄自古出少年」和「小鬥牛士」兩個舞蹈中突出而認真的舞姿，使所有觀眾為之傾倒。這個人見人愛的小不點兒，睜著一對圓圓的大眼睛，緊抿著一張稚氣的小嘴，與眾多女扮男裝的女孩相比，更加顯示出一股銳不可當的陽剛之氣。木琴獨奏演員小齊奇，站在踏腳凳上還得踮起腳，兩條小胳膊才能勉強夠到木琴鍵盤。然而，當小傢

伙聚精會神演奏時，儼然是個氣度不凡的小演奏家。年齡最小的要數五歲的女娃娃左春芳。小姑娘是個多面手，既是舞蹈演員，還精於打擊樂器。別小看她兩條纖細的手臂，打出的鼓點和鑼聲鏗鏘有力，極有感染力，著實令人興奮。演出結束，孩子們來到台前謝幕時，個個汗水淋漓，氣喘吁吁。印尼觀眾們被深深感動了。他們爭先恐後簇擁著小演員拍照留念，拉著孩子們的手問長問短，久久不願離去，盛讚這群可愛的少兒小小年紀志氣高昂，演技精湛，態度認真，紀律嚴明，精神可嘉。

印尼官方、民間和媒體給予天津華夏少兒藝術團熱情而高規格的接待和報導。蘇哈托總統夫人婷女士在繁忙的日程中擠出時間接見了藝術團的主要領導和兩名小演員代表。她表示，這個藝術團若再次訪問印尼，將親自去觀看孩子們的演出。事後，總統夫人委託印尼中國經濟社會文化合作協會總主

席蘇坎姆達尼博士代表她向藝術團所有團員贈送了禮品。前總統蘇加諾夫人哈蒂尼女士專程來到藝術團下榻的飯店，拜訪了該團的名譽團長、王光英副委員長夫人應伊利大姐。她饒有興趣地聽了兩個司儀小演員的朗誦後，稱讚他們口齒伶俐，印尼文說得地道。印尼文教部長特地在藝術團結束訪問前夕會見了該團主要代表，熱情讚揚我國注重從小培養具有藝術天賦的少兒並成績斐然。印尼電視台不止一次地播放了孩子們的精彩演出；印尼報刊發表專文稱讚來自中國的友好小使者，並刊登了他們動人的演出的照片。作為東道主的印尼中國經濟社會文化合作協會全力以赴做好接待工作，總主席蘇坎姆達尼博士和夫人設宴兩次，歡迎和歡送來自中國天津的友好使者；第一主席納瓦維碩士親自前往機場迎送；秘書長塔哈、副秘書長邦邦還有藍天龍先生不辭辛勞，全程陪同。藝術團在印尼訪問期間，幾乎頓頓飯有人請，個個小演員都得到不少飽含印尼朋友真情厚意的禮物。

朱鎔基副總理訪問印尼出席經濟高級論壇

一九九六年五月十二日至十六日，朱鎔基副總理率團（包括其夫人勞安女士）前來雅加達出席印尼舉辦的多國經濟高級論壇並順訪這個萬島之國。

鑑於朱總理是中國資深的常務副總理，又是中共中央政治局常委，國內有關部門希望主辦國印尼

委派該論壇主席、印尼工商統籌部長哈爾塔托屆時前往機場迎接。為此，周剛和我分別努力做哈爾塔托統籌部長夫婦等人的工作，完成了國內交辦的這一任務——按照印尼的外交禮儀，舉辦這樣由多國高官出席的高級論壇，論壇主席不必前去機場迎送。幸運的是，我倆與統籌部長夫婦早已成為了朋友，相互來往甚密。該部長曾於一九九一年年底訪華時拜會過朱鎔基副總理。其夫人具有華裔血統，與我很親密友好。

　　為了促成此事，我和周剛首先邀請了部長夫婦，之後還請了部長全家前來我館聚會和品嚐地道的中國佳餚（他們對我館廚師李師傅做的糯米八寶飯情有獨鍾，所以逢年過節，我常常親自登門將這一美味食品贈送給夫人）。四月中旬，周剛又專門約見統籌部長，介紹朱副總理將出席論壇和訪問印尼的有關事宜，並請求部長能親自前去機場迎接朱副總理以示友好情誼。哈爾塔托很友好和坦率地表示，他個人的確對華友好，但他不能違背有關規定，只去迎接朱副總理而得罪其他國家前來與會的高官。之後，周剛又做了印尼外交部禮賓司司長的工作，仍是沒有結果。怎麼辦呢？我與周剛商量後決定，由我出面去做統籌部長和其他有關部長夫人的工作，另闢蹊徑。五一勞動節，我專程登門拜訪哈爾塔托統籌部長夫人。我先向夫人介紹了勞安女士的情況和在印尼的活動日程，然後向她談到中方期盼統籌部長夫婦能親自前往機場迎接朱副總理夫

婦的願望。聽完我的敘述後，這位深明大義、對華友好的夫人先是感謝我將她視為知己，接著誠懇地表示，雖然她無法承諾能起什麼作用，但是為了增進印中兩國友好關係，她將一定盡力做她丈夫和有關人士的工作，並讓我耐心等候她的消息。此外，我還拜訪了總檢察長辛基赫的夫人。事後，我將統籌部長夫人的友好積極態度告知周剛，我倆決定不再另外找人幫忙，一心靜候她的佳音。

隨著時間的推移，我館為接待朱副總理而成立的接待小組有序而緊張地工作著。然而，統籌部長夫人遲遲未有音訊。我又不能食言再去打擾她，只有強忍心中的焦慮等待她的消息。時間一天天過去，直到五月十一日，即朱副總理飛抵雅加達的前一天，接待小組正在開會最後檢查各項準備工作時，值班的同志匆匆跑進會議室要我去接統籌部長夫人的電話。我氣喘吁吁地跑進了值班室，心怦怦跳著，拿起聽筒就聽見：「Prof. Deng, there is a piece of good news I'm going to tell you…（鄧教授，我要告訴你一個好消息⋯⋯）」頓時，壓在我心中的一塊石頭撲通落了地。聽完她的振奮人心的消息並感謝她和統籌部長為中方所做的工作後，我立刻回到會議室，忙不迭地向接待小組的同志們宣布了印尼統籌部長哈爾塔托夫婦將於次日（五月十二日）親自前往機場迎接朱副總理夫婦的消息，小小的會議室中頓時響起了熱烈的掌聲。功夫不負有心人，我們總算完成了國內交辦的這項任務。

五月十二日下午四時，當朱副總理乘坐的專機降落在雅加達國際機場後，哈爾塔托統籌部長夫婦率領印尼外交部高官夫婦，周剛和我引領我館主要外交官夫婦一同上前迎接緩緩走來的朱鎔基副總理和勞安夫人。代表團下榻在次日將舉行高級論壇的香格里拉飯店。當晚，朱副總理率中國代表團出席了由哈爾塔托統籌部長和 IHT 總裁麥克萊恩（Richard Mclean）共同主持的盛大招待會。作為中國大使夫人，令我尤其感到自豪的是勞安夫人，這位朱副總理早年的大學同窗、紅顏知己，多年相濡以沫的終身伴侶，氣質高雅，當她身穿一襲富有民族特色的華麗旗袍，彬彬有禮、落落大方地出現在大廳裡時，廳內的女賓不禁為之一怔，交口稱讚中國副總理夫人極有品位的穿著和深厚的文化底蘊。

　　五月十三日，高級論壇在香格里拉飯店如期開幕。印方專門為勞安夫人安排了另外的活動日程。當天早上，我陪同她來到了享譽海外的巴迪布工藝商店（Keris Gallery），哈爾塔托統籌部長夫人笑容滿面地歡迎中國客人進入一個色彩繽紛的樂園。然後，她請商店女主人引導我們參觀了這工藝品琳瑯滿目、極富印尼民族特色的展覽窗口，讓我們親眼領略了巴迪布的有趣製作過程。最後，賓主來到了一個擺放著 T 型舞台、充滿熱帶風光的大廳。統籌部長夫人興致勃勃地告訴勞安女士，她將為中國客人舉行一場富有印尼特色的時裝表演，再飽餐一頓民族菜餚。在美妙而悠揚的樂曲伴奏下，印尼的年

輕模特款款走在 T 型台上；這些訓練有素的俊男靚女，身著顏色鮮豔、款式各異的巴迪布時裝，一招一式，一顰一笑，均風姿綽約，台下觀眾無不為之傾倒。當賓主仍陶醉在模特兒創造的美妙氣氛中時，身穿巴迪服的服務員已站在他們身後，輕聲請他們前去就餐。正如統籌部長夫人所說的一樣，這是一頓極富印尼風味的午餐，令我們大飽口福。

次日早上，勞安夫人仍在我的陪同下驅車前往野生動物園參觀。該園主人蔡先生與夫人均系印尼華人，多年經營下來，該園已成為印尼之最，名震海外。蔡夫人首先為勞安女士舉行了一場別開生面的歡迎儀式：讓經過訓練的幾隻小象排成整齊的一列橫隊做著迎客的動作，其中一個鼻子上掛著藍花花環的小象走到勞安夫人面前，用它的長鼻將花環獻給了中國貴賓。然後，女主人熱情陪著我們，一路講解，讓我們盡情欣賞了珍禽奇獸，還讓我們體會了摟抱小虎仔的親切感覺。參觀完畢，蔡夫人請我們來到她家寬敞明亮的餐廳，請中國客人享受了一頓她親自烹飪的中國印尼合璧的美味午餐。

十五日早上，朱副總理（十三日下午開始正式訪問印尼）攜夫人率全團參觀了蘇哈托總統夫人創建的 Daman Mini（微縮景觀公園），還擠出時間到使館看望使館全體同志和中資公司代表。當天下午，在印尼外交部長助理巴赫魯姆等官員的陪同下，代表團飛抵聞名全球的峇里島訪問。當晚，峇里省省長夫婦設宴招待中國客人，席間有印尼民族

音樂和舞蹈助興。由於朱副總理在雅加達日程緊湊，沒時間會見印尼華商代表，一些知名的華商如林德祥和唐裕等人也專程從雅加達來到峇里，在朱副總理下榻的賓館見到了中國領導人，完成了他們的心願。次日早上，代表團一行馬不停蹄地參觀了峇里畫廊、木雕中心和當地的工藝品商店。遺憾的是，由於日程太緊，中國客人無暇到海濱休閒，觀賞海上美景。十六日下午，朱副總理率團告別峇里，飛赴泰國訪問。

這是周剛和我在印尼的兩年半（1995 年八月至 1998 年二月）任期內接待的唯一的高級政府代表團。雖然時間已經過去了十幾年，當時的情景和我倆事先做的工作回想起來仍恍如昨天，歷歷在目。

習近平主席提出的「一帶一路」戰略構想，得到沿途各國的積極呼應。它必將成為相關國家傳送友誼的紐帶、經濟合作的橋樑、戰略互信的架構，其積極意義已日漸顯現。

為推進「一帶一路」的積極思維，外交筆會和五洲傳播出版社合作，編輯出版「我們和你們」系列叢書，將中國與這些國家的友好故事編撰成冊，作溫故知新的介紹。我受託主編《中國和印度尼西亞的故事》，情理所繫，義不容辭，在各方協助下，終於付梓。

中國與印尼的關係源遠流長。西元一世紀前後，華人陸續移居印尼，十五世紀初已形成華人社會，兩國經貿文化交流興起。鄭和下西洋在印尼的遺跡和紀念場所，迄今仍為當地人們憑弔的勝地。在印尼被殖民統治時期，兩國往來受阻。兩國各自獲得獨立和解放後，中印尼關係得到突飛猛進的發展，在當時反對帝國主義和新老殖民主義的國際舞台上，雙雙旗幟鮮明，互相支持，堪為「同志」。在印尼舉辦的亞非會議和新興力量運動會等具有劃時代的重大國際意義的事件中，印尼作出了獨特的貢獻，中國付出了巨大的努力。印尼針對美國的霸道採取的一系列反制行動，也都得到中國的全力支持。兩國在合作中創造了多項典範。雙方往來之廣泛、合作之密切，一度被西方新聞媒體稱為「北京─雅加達軸心」。這是因為兩國人民有著同樣的歷史遭遇和維護獨立、發展民族經濟的共同目標。

毋庸諱言，中印尼兩國有過長達二十餘年中斷外交關係的歷史。這是兩國當時各自所處的極端不正常的社會氛圍造成的，令人扼腕為憾。此間，中國冀望、等待印尼的復交積極信息，印尼則始終尊重、保留中國與印尼的建交國地位。這不僅表現出雙方的大國戰略思維，也驗證了中印尼人民的友誼是牢

不可破的。中印尼恢復正常外交關係後，很快步入戰略夥伴關係，不僅兩國關係得到大踏步的全面發展，也大大促進了中國和東盟的關係，使中國成為東南亞各國集體的朋友。

此書得到各方的支持。印尼駐華大使和中國駐印尼大使親自作序，中國外交部原主管領導和幾位前任駐印尼大使積極賜稿。一些長期主管、研究印尼，為發展中印尼關係作出過貢獻的官員和學者踴躍來搞，從不同側面回顧、介紹了大量事例。特別是印尼朋友們的文章，更令人讚賞。上述文章鄭重地、全景式地反映了中印尼兩國人民之間的友誼，開闊了讀者了解、觀察的眼界。在此，向他們致以衷心的感謝。周剛大使、劉新生大使以及五洲傳播出版社的領導和編輯為此書的出版竭盡全力，特表謝意。

劉一斌

二〇一五年十二月

一帶一路研究叢刊　AA301006

中國和印度尼西亞的故事

作　　　者	劉一斌
版權策畫	李煥芹
責任編輯	呂玉姍
發　行　人	陳滿銘
總　經　理	梁錦興
總　編　輯	陳滿銘
副總編輯	張晏瑞
編　輯　所	萬卷樓圖書股份有限公司
排　　　版	菩薩蠻數位文化有限公司
印　　　刷	維中科技有限公司
封面設計	菩薩蠻數位文化有限公司

出　　　版　昌明文化有限公司

桃園市龜山區中原街 32 號

電話　(02)23216565

發　　　行　萬卷樓圖書股份有限公司

臺北市羅斯福路二段 41 號 6 樓之 3

電話　(02)23216565

傳真　(02)23218698

電郵　SERVICE@WANJUAN.COM.TW

大陸經銷

廈門外圖臺灣書店有限公司

　　電郵　JKB188@188.COM

ISBN 978-986-496-453-6

2019 年 3 月初版

定價：新臺幣 500 元

如何購買本書：

1. 轉帳購書，請透過以下帳戶

    合作金庫銀行　古亭分行

    戶名：萬卷樓圖書股份有限公司

    帳號：0877717092596

2. 網路購書，請透過萬卷樓網站

    網址 WWW.WANJUAN.COM.TW

大量購書，請直接聯繫我們，將有專人為您

服務。客服：(02)23216565 分機 610

如有缺頁、破損或裝訂錯誤，請寄回更換

版權所有・翻印必究

Copyright©2016 by WanJuanLou Books CO., Ltd.

All Right Reserved　　　　　Printed in Taiwan

國家圖書館出版品預行編目資料

中國和印度尼西亞的故事 / 劉一斌著.-- 初
版.-- 桃園市：昌明文化出版；臺北市：萬
卷樓發行, 2019.03

　面；　公分

ISBN 978-986-496-453-6(平裝)

1.中國外交　2.印尼

574.18393　　　　　　　　　108003193